FÜR IMMER IM KOPF

Wolfgang Ising

Für immer im Kopf

**Schockierende und berührende
Erlebnisse eines Feuerwehrmannes –
24 Einsätze der besonderen Art**

SCHWARZKOPF & SCHWARZKOPF

INHALT

VORWORT

Die Idee, ein Buch über »nicht ganz alltägliche« Einsätze zu schreiben, an denen ich während meiner 38-jährigen Tätigkeit bei der Hamburger Berufsfeuerwehr beteiligt war, spukte bereits seit längerer Zeit in meinem Kopf herum. Sie wurde jedoch immer wieder sofort verworfen, weil ich der Ansicht war, dass man derartige Erlebnisse keinem Leser zumuten kann.

Denn die Einsätze, um die es hier ging, waren selbst für Leute unserer Berufsgruppe nicht immer leicht zu verkraften. Sie führten uns nicht selten bis an die Grenzen unserer physischen und psychischen Belastbarkeit. Manchmal auch darüber hinweg. Deshalb hielt ich es stets für besser, diese Erlebnisse weiterhin in meiner ganz persönlichen Chronik zu verwahren. Kurz vor dem Ende meiner aktiven Dienstzeit erwähnte ich dann aber doch einmal in einem Gespräch mit Kollegen meine Idee und der spontane Zuspruch, den ich erhielt, hat bei mir einen Umdenkprozess in Gang gesetzt.

Ich sprach mit meiner Familie darüber, mit Freunden, mit weiteren Kollegen. Sie alle bestärkten mich in meinem Vorhaben. »Warum soll nicht auch ein Außenstehender endlich einmal erfahren, was sich wirklich bei solchen außergewöhnlichen Einsätzen im Kopf eines Feuerwehrmannes abspielt? Was er empfindet, wenn ihm Verwesungsgeruch entgegenschlägt oder wenn er mit ansehen muss, wie jemand verbrennt? Wie geht er mit seiner eigenen Angst um, wenn er von Rauch und Hitze eingeschlossen ist? Was fühlt er, wenn er ein totes Kind im Arm hält?« – »Warum soll die Öffentlichkeit nicht einmal ein wirklich realistisches Bild von all dem bekommen, was direkt vor Ort passiert? Einblicke, die kein Reporter auf der Welt bieten kann. Denn niemand ist dichter dran als ihr.« Diese und viele andere Argumente führten schließlich irgendwann dazu, dass ich mich an den PC setzte, um mein Projekt zu realisieren.

Herausgekommen ist ein Buch, das Ihnen einiges abverlangt. Denn alles, was sie hier lesen, ist wirklich passiert. Sie werden mich bei insgesamt vierundzwanzig Brand-, Hilfeleistungs- und Rettungseinsätzen begleiten, die aufgrund ihrer Besonderheit für alle Zeit einen festen Platz in meinem Gedächtnis haben. Es sind keine spektakulären Großeinsätze. Nicht, dass ich die nicht auch erlebt hätte.

Nein, wovon ich berichte, das sind die Einsätze, die mich persönlich extrem gefordert haben, bei denen ich Dinge tun musste, die mich sehr viel Überwindung gekostet haben oder bei denen mir das Schicksal der Betroffenen oder deren Angehörigen sehr naheging. Einsätze, die ich einfach nicht vergessen kann und die jeder Feuerwehrmann so oder ähnlich schon einmal erlebt hat oder irgendwann erleben wird. Egal, ob er nun bei einer Berufsfeuerwehr seinen Dienst verrichtet oder sich in einer Freiwilligen Feuerwehr engagiert. Irgendwann erwischt es jeden von uns.

Der Zeitrahmen meiner Geschichten umfasst beinahe vier Jahrzehnte. Von 1972, als ich bei der Feuerwehr anfing, bis 2010, dem Jahr meines Eintritts in den Ruhestand. Sie sind jedoch nicht chronologisch geordnet. Alles, wovon ich Ihnen berichte, habe ich selbst erlebt. Um allerdings Rückschlüsse auf die hier geschilderten Ereignisse möglichst auszuschließen, habe ich Namen, Zeit- und Ortsangaben sowie einige Handlungsabläufe bewusst verändert. Meine persönlichen Wahrnehmungen und Empfindungen jedoch nicht. Hier gebe ich genau das wieder, was ich zum Zeitpunkt der Ereignisse gesehen, gehört, gerochen, gedacht oder gefühlt habe. Und zwar sehr detailliert. Also machen Sie sich auf einiges gefasst.

Und noch etwas. Der allgemeine Fortschritt macht natürlich auch bei der Feuerwehr nicht halt. Immer neue Erkenntnisse führen zu immer besseren und effizienteren Rahmenbedingungen für die Einsatzkräfte. Dies gilt sowohl für die technische Weiterentwicklung des Equipments, als auch für Art und Umfang von Einsatztaktiken und Arbeitsweisen. Gerade im Rettungsdienst sind die Veränderungen gravierend. Also wundern Sie sich nicht, wenn ich Fahrzeuge und Geräte erwähne, die es inzwischen gar nicht mehr gibt. Oder wenn von Erste-Hilfe-Maßnahmen die Rede ist, die heutzutage längst der Vergangenheit angehören. Zum Zeitpunkt der geschilderten Ereignisse waren sie brandaktuell. Alles, was nicht erwähnt wird, gab es damals auch nicht. Was es allerdings schon immer gab, auch damals, sind feuerwehrspezifische Abkürzungen. Ich habe, wenn möglich, versucht, deren Bedeutung in den entsprechenden Textpassagen zu erläutern. Falls Sie trotzdem einmal Probleme mit der Interpretation eines dieser Kürzel haben, finden Sie im Anschluss an dieses Vorwort eine Tabelle mit sämtlichen Abkürzungen, die Ihnen in diesem Buch begegnen.

Nun wünsche ich Ihnen, dass Sie in der Lage sind, dieses Buch bis zum Ende zu lesen. Wenn ja, dann könnte es durchaus sein, dass der Begriff Feuerwehr für Sie in Zukunft eine ganz andere Bedeutung bekommt.

Wolfgang Ising

ABKÜRZUNGEN

TLF	*Tanklöschfahrzeug*	*RW*	*Rüstwagen*
HLF	*Hilfeleistungs-Löschfahrzeug*	*RTW*	*Rettungswagen*
		NAW	*Notarztwagen*
DL	*Drehleiter*	*ELW*	*Einsatzleitwagen*

ERSTE BEGEGNUNG MIT DEM TOD

Es ist ein sonniger Herbsttag und wir sind mit unserem Rettungswagen auf dem Rückweg vom Krankenhaus an die Feuerwache,
als der Einsatz über Funk kommt. »Unfall auf dem Westbahnhof,
Gleis drei. Mehr wissen wir nicht, aber der Anrufer war ziemlich
aufgeregt«, teilt uns der Disponent der Einsatzzentrale mit. »Verstanden. Wir übernehmen«, ist die knappe Antwort des Kollegen
auf dem Beifahrersitz. Ein gestandener Oberbrandmeister, der über
eine sehr lange Berufserfahrung verfügt und der hier auf dem Fahrzeug als Einsatzleiter fungiert. Auch der Oberfeuerwehrmann, der
hinten im Patientenraum auf dem Begleitersessel neben der Krankentrage sitzt, kann bereits auf einige Dienstjahre zurückblicken
und agiert dementsprechend routiniert.

Ganz anders sieht es da bei mir aus. Für mich ist es die erste Wache nach meiner Ausbildung an der Feuerwehrschule und
mein zweiter Tag auf dem Rettungswagen. Bis gestern hatte ich ausschließlich Funktionen auf dem Löschzug, war als Trupp-Mann auf
dem Tank- oder dem Löschgruppenfahrzeug eingeteilt. Das war
bereits eine sehr spannende Angelegenheit für einen Neuling wie
mich. Denn jeder noch so kleine Einsatz ist gefühlt spektakulär.

Nun aber soll ich für drei volle Wochen auf einem unserer Rettungswagen mitfahren. Als dritter Mann. Praktische Erfahrungen
im Bereich Rettungsdienst sammeln und Fahrpraxis erlangen.
Eine ganz andere Nummer, jedenfalls für mich. Wobei das mit der
Fahrpraxis im Klartext heißt, dass ich die Rückfahrten vom Krankenhaus an die Wache mache. Also noch keine Alarmfahrten. Die
kommen erst, wenn ich mindestens fünfzig solcher Rückfahrten
absolviert habe. Deshalb schalte ich jetzt auch die Warnblinkanlage
ein und halte an, um dem Kollegen, der hinten im Wagen sitzt, das

Lenkrad zu überlassen und mit ihm den Platz zu tauschen. Doch unser Chef entscheidet anders. »Ein Fahrerwechsel ist mir hier zu riskant«, sagt er. »Zu viel Verkehr. Schalte das Blaulicht ein und fahr ganz ruhig weiter. Der Bahnhof ist gleich da vorne. Das kriegst du locker hin.« Ich bin etwas irritiert, schaue in den Innenspiegel und habe durch das halb geöffnete Glasschiebefenster hinter unseren Köpfen, welches die Fahrerkabine vom hinteren Teil des Rettungswagens trennt, Blickkontakt zu dem Kollegen im Patientenraum. Doch auch der nickt mir nur aufmunternd zu und macht keinerlei Anstalten, sich von seinem Platz neben der Trage zu erheben. Ja, wenn das so ist?

Augenblicklich beginnt mein Herz schneller zu schlagen. Die erste Alarmfahrt. So plötzlich und völlig unerwartet. Damit habe ich überhaupt nicht gerechnet. Ich schalte also das Blaulicht ein und gebe Gas. Viel zu viel. Der Dieselmotor unseres Mercedes 340 heult auf und von rechts kommt prompt die Ermahnung: »Blaulicht heißt nicht Bleifuß!« Ich spüre, wie mir die Röte ins Gesicht schießt. Sofort ziehe ich meinen rechten Fuß wieder nach oben, nehme den Druck vom Pedal und versuche es erneut. Gefühlvoller als beim ersten Mal. Diesmal gibt es keine Beanstandungen.

Hochkonzentriert schlängle ich mich durch den Verkehr. Die Innenflächen meiner Hände hinterlassen kleine feuchte Abdrücke am Lenkrad. Ich bin ziemlich aufgeregt. Ein-, zweimal muss ich das Horn betätigen, um durchzukommen. Alle machen mir Platz oder halten an. Ein irres Gefühl. »Den arbeiten wir noch ab, dann ist Mittag«, bemerkt unser Ältester und klopft mit der Hand auf seinen Bauch. »Heute gibt's Leber. Mit Kartoffelmus und ordentlich viel Zwiebeln. Mag ich gerne.« Ich muss innerlich grinsen. Er mag eigentlich alles gerne, was auch nicht zu übersehen ist. Die silberfarbenen Knöpfe seiner Uniformjacke haben einige Mühe, den darunter befindlichen Bauch in Schach zu halten. Aber das Essen an der Feuerwache ist auch verdammt gut. Wenn man bedenkt, dass es nicht von Profiköchen, sondern abwechselnd von Feuerwehrleuten zubereitet wird, denen es Spaß macht, neben ihrem eigentlichen Job für die Kollegen den Kochlöffel zu schwingen, sind die Resultate bemerkenswert. Und die Portionen sind reichlich, selbst ein Gewichtheber würde davon satt werden.

Nach noch nicht einmal zwei Kilometern ist meine erste eigene Alarmfahrt beendet. Wir sind am Westbahnhof. Vor dem Eingang erwartet uns ein Mann in dunkelblauer Uniform, auf dem Kopf trägt er eine rote Schirmmütze. Als er den Rettungswagen sieht, winkt er aufgeregt mit beiden Armen. »Oh, oh.« Mit diesen zwei Wörtern bringt der alte Hase genau das auf den Punkt, was uns allen jetzt blitzartig durch den Kopf geht. Das ist was Ernstes.

Ich halte auf dem Bahnhofsvorplatz an und noch bevor ich den Zündschlüssel gedreht und den Motor abgestellt habe, reißt der Mann die Tür an der Beifahrerseite auf. »Ich bin der Stationsvorsteher. Kommen Sie schnell!«, ruft er und rennt sofort in das schmutzigrote Backsteingebäude, vor dem er auf uns gewartet hatte. Ehe wir ihn fragen können, was passiert ist, ist er auch schon darin verschwunden. »Nehmt alles mit«, sagt unser Chef. »Sani-Tasche, Sauerstoff, Pulmotor, das volle Programm. Ich schau mal, wo der Kerl hingelaufen ist. Ihr kommt nach.« Dann ist auch er weg. Mein Kollege im Heck greift sich die Tasche mit dem Sanitätsmaterial, ich nehme das Equipment für die Wiederbelebung, dann spurten wir ihm hinterher.

In der Schalterhalle müssen wir uns den Weg durch eine größere Menschenmenge bahnen. Viele von denen sehen sehr betroffen aus, einige diskutieren aufgeregt, rauchen nervös eine Zigarette. Weiße Emailschilder an den Wänden weisen uns den Weg. Auf der linken Seite gelangt man zu den Gleisen 1 und 2, rechts zu 3 und 4. Dort müssen wir hin. Fast im Gleichschritt trippeln wir die flachen Stufen der Treppe hinunter, die von der Halle auf den Bahnsteig führt. Unten ist, außer unserem Einsatzleiter, der mit dem Rotbemützten redet, und zwei weiteren Männern in orangefarbenen Arbeitsanzügen, bei denen es sich wohl um Gleisarbeiter handelt, alles menschenleer.

Die vier warten auf uns in etwa dreißig Metern Entfernung vor einem Waggon eines im Bahnhof haltenden Nahverkehrszuges. Fast alle Wagentüren stehen weit offen. Anscheinend haben die Fahrgäste den Zug verlassen. Während wir auf den grauen Betonplatten des Bahnsteiges am Zug entlang zu den vier Wartenden laufen, fallen mir viele rote und gelbe Spritzer und Flecken auf dem Boden und an den gefliesten Wänden der Wartezone auf. An einigen Stellen liegen und kleben auch größere Stücke. Es sieht aus, als hätte jemand fettiges Fleisch mit großer Wucht dorthin geschleudert. Aus den Stücken, die an den Wänden kleben, läuft eine wässrige Flüssigkeit, der Schwerkraft gehorchend, träge in Richtung Bahnsteig.

»Was sind das denn hier alles für Flecken?«, frage ich meinen Kollegen. »Wirst du gleich sehen«, antwortet er. »Ich hoffe, du hast gut gefrühstückt.« Und langsam dämmert nun auch mir, was ihm wohl längst klar war. Da ist jemand vor den Zug gefallen … oder gesprungen, liegt unter einem der Waggons. Da, wo die vier auf uns warten. Somit stammen die Spritzer auf dem Bahnsteig von dieser Person. Ebenso die Stücke. Und das dürften dann tatsächlich Fleischstücke sein. Meine Gedanken überschlagen sich und ich merke, wie es in meinem Gesicht plötzlich zu kribbeln beginnt. Es wäre meine erste Leiche. Klar, dass dieser Moment irgendwann kommen würde. Schließlich bin ich bei der Feuerwehr. Aber dass er so unverhofft kommt, darauf bin ich nicht vorbereitet. Und dann gleich so etwas.

»Was ist los?«, frage ich vorsichtig, während ich die Geräte für die Wiederbelebung auf dem Bahnsteig abstelle, insgeheim hoffend, dass es sich vielleicht doch um einen weniger schweren Fall handelt. Unser Chef zeigt unter den Waggon. »Da ist nichts mehr zu machen«, sagt er. »Wir haben abgedeckt, so gut es ging«, ergänzt einer der Gleisarbeiter mit zitternder Stimme. »Wir hatten aber nur Papier.« Also doch, denke ich bei mir und merke, wie auch ich zu zittern beginne. Und zwar vor Anspannung. Mein Kollege stellt seine Tasche neben meine Geräte und wirft einen Blick durch den breiten Spalt zwischen Bahnsteig und Zug. Er dreht sich zu mir um und nickt. »Alles zu spät«, sagt er. »Kannst dich selbst überzeugen … wenn du willst.«

Eigentlich will ich nicht. Aber was würde das wohl für einen Eindruck auf meine Kollegen und ganz besonders auf die Leute von der Bahn machen? Also nehme ich meinen ganzen Mut zusammen und mache einen Schritt nach vorne. An die Kante. Das helle Tageslicht, das sowohl von hier als auch von der gegenüberliegenden offenen Gleisseite unter den Waggon einfällt, ermöglicht einen guten Blick auf das, was dort im Gleisbett liegt. Und das ist, obwohl teilweise unter einer dünnen Lage braunem, von Blut und Gewebsflüssigkeit durchtränktem Packpapier verborgen, für mich schon jetzt sehr heftig.

Es muss sich um eine große, korpulente Person handeln, denn der abgedeckte Teil füllt fast die gesamte Breite zwischen den beiden Fahrschienen aus. Was das Papier nicht zu verbergen vermag, ragt an den Seiten heraus oder liegt abgetrennt links und rechts auf den Schwellen und im Schotterbett. Und das auf mehrere Meter Länge verteilt. Ein halber Oberschenkel mit einem Stück Gesäß daran, von einem blutigen Fetzen Stoff noch spärlich umhüllt. Eine schmutzig weiße Hand. Ein großer Haarschopf auf einem Stück Schädelplatte, die für mich sehr viel Ähnlichkeit mit der Schale einer zertrümmerten Kokosnuss hat und an deren Rändern Hirnmasse klebt. Ein Fuß ohne Schuh mit einem Teil des Unterschenkels, aus dem ein paar Zentimeter des Schienen- und Wadenbeinknochens wie blutige Spieße herausragen.

Schwerste Körperzertrümmerungen, so lautet der Fachausdruck für derartige Verletzungen. Niemand überlebt sie und sie machen jede weitere Untersuchung des Patienten durch das Rettungsdienstpersonal überflüssig. Haben wir zwar alles in der Feuerwehrschule gelernt, auch Bilder davon gesehen, aber die Realität stellt alles locker in den Schatten. Und überall wieder diese eklig gelblichen Fleisch-und Hautfetzen. Meine Güte, sieht das alles fürchterlich aus.

Doch das Schlimmste ist der Geruch von Exkrementen, der aus dem Gleisbett aufsteigt und in meine Nase eindringt. Wenn das Leichengeruch ist, dann hatte ich eine völlig falsche Vorstellung. Ich verspüre eine leichte Übelkeit und wende mich angewidert ab. Jetzt bloß keine Schwäche zeigen.

Spontan geht mir wieder so einiges durch den Kopf. Wieso sind eigentlich nur wir hier? Normalerweise rückt bei so einer Schadensart doch auch der gesamte Löschzug an, um die Rettung oder, wie in diesem Fall, die Bergung aus dem Gleisbett durchzuführen. Konnte der Disponent aufgrund fehlender Informationen die Lage nicht richtig einschätzen? Wahrscheinlich ist es so. Alles ist so verwirrend. Wie aus weiter Ferne dringen die Worte unseres Einsatzleiters an mein Ohr.

»Sind alle Fahrgäste aus dem Zug?«, fragt er die Leute von der Bahn. »Die sind alle oben in der Halle«, ist die mehrstimmige Antwort. »Stimmt nicht«, widerspricht mein anderer Kollege, »da drüben sitzt noch einer.« Er zeigt auf einen schmächtigen Mann, der auf einer Bank in einer Wandnische sitzt und auf etwas starrt, was er in den Händen hält. »Hallo! Verlassen Sie bitte den Bahnsteig!«, ruft ihm der Stationsvorsteher zu und geht zu ihm rüber. Der Mann reagiert überhaupt nicht. »Hallo, hören Sie nicht?«, fragt er nach. Wieder keine Reaktion. Der Bahnmensch winkt uns zu sich. »Können Sie mal herkommen? Ich glaube, mit dem stimmt was nicht.«

Wir gehen zu der Bank und blicken in ein graues, schweißbedecktes Gesicht. Und jetzt sehen wir auch, was der Mann in den Händen hält. Es sind zwei Fahrkarten. Der alte Oberbrandmeister geht in die Hocke, legt seine Finger auf eines der Handgelenke des Mannes und fragt ihn mit ruhiger Stimme, was denn passiert sei. Der Mann starrt weiter auf seine Hände und stammelt immer nur: »Was mach ich jetzt mit der zweiten Fahrkarte? Was soll ich bloß mit der zweiten Fahrkarte machen?« Ich bin wie gelähmt. Der gehört zu dem Opfer. Er hat alles mit angesehen und steht jetzt unter einem schweren Schock. Vielleicht ist das da unten sogar seine Frau? Was für ein furchtbarer Gedanke.

Unser Chef sieht zu uns auf: »Der Puls ist kaum tastbar. Wir müssen ihn hinlegen.« Seine Stimme klingt wieder ganz ruhig und ohne die geringste Spur von Hektik. Sie dringt wohltuend an mein Ohr und sie gibt mir schlagartig mein Selbstvertrauen und meine Sicherheit zurück. Meine vorübergehende Fassungslosigkeit weicht einer wiedererlangten Konzentrationsfähigkeit und klaren Gedanken. Gemeinsam und sehr behutsam legen wir den Mann flach auf die Bank. Dabei habe ich das Gefühl, dass der das gar nicht wirklich mitkriegt.

»Holt schnell die Trage, ich kümmere mich so lange um ihn«, sagt der alte Haudegen, während er die Beine des Mannes hoch hält. Damit bewirkt er, dass das Blut in dessen Kopf zurückfließen und das Gehirn versorgen kann, was hoffentlich schnell zu einer Verbesserung seines Zustandes führen wird. »Und fordert einen zweiten Rettungswagen an.« »Was ist mit dem Löschzug?«, will mein Kollege wissen und ich vermute schon, dass jetzt doch noch das ganz große Aufgebot anrückt. Aber zu meiner großen Verwunderung schüttelt der Altgediente nur den Kopf. »Wir warten erst mal ab, was die Polizei sagt. Fragt doch mal nach, wo die bleiben.«

Wir laufen los, erreichen die Treppe, hasten nach oben. Auf halber Höhe kommen uns zwei Polizisten entgegen. »Eine Person unter Zug! Eine Person mit Schock! Unser Chef ist unten! Ihr werdet erwartet!«, ruft ihnen mein Kollege im Vorbeilaufen zu. »Wir holen die Trage!«, ergänze ich und halte diese zusätzliche Information für unbedingt erforderlich.

Oben, am Ende der Treppe, hat sich ein weiterer Bahnmitarbeiter postiert. Er verwehrt den Reisenden den Zugang zu den Gleisen 3 und 4, schickt sie alle zurück in die Halle. Die hat sich in der Zwischenzeit noch mehr mit Leuten gefüllt, sodass wir uns regelrecht durchquetschen müssen. Draußen auf dem Vorplatz hält mein Kollege mich am Arm fest. »Du nimmst alle Reservelaken, die du findest, und packst sie auf die Trage«, sagt er. »Wir werden vielleicht jedes Einzelne davon brauchen.« Dann steigt er in den Rettungswagen, setzt sich ans Funkgerät und fordert einen zweiten RTW für den Schockverletzten an.

Ich öffne die Heckklappe, ziehe die Trage ein Stück heraus, lege alle Laken, die wir als Reserve mitführen, übereinander und fixiere sie mit dem Haltegurt auf der Liegefläche. Während ich das mache, wird mir eines immer klarer: Wir bleiben nach der Erstversorgung des geschockten Herrn und dessen Übergabe an unsere Kollegen weiterhin für die Person unter dem Waggon zuständig. Oder, besser gesagt, für das, was davon noch übrig ist. Wir werden alles auf unsere Trage laden müssen. Wie das gehen soll, ist mir allerdings schleierhaft. Aber die Kollegen werden es schon wissen. Und dann werden wir mit unserer blutigen Fracht in die Gerichtsmedizin fahren. Eine weitere Premiere für mich, der ich mit äußerst gemischten Gefühlen entgegensehe. Wie sieht es dort wohl aus? Werden die Toten alle in Kühlfächern verwahrt oder sehe ich etwa noch mehr Leichen? Eigentlich reicht mir die eine für heute. In meinem Gesicht beginnt es wieder zu kribbeln. Als mein Kollege dazukommt, möchte ich ihm am liebsten sofort alle meine Gedanken mitteilen, traue mich dann aber doch nicht, weil ich fürchte, er könnte mich für ein Weichei halten. Also lass ich's.

Im Laufschritt machen wir uns mit der Trage auf den Weg zurück ins Gebäude. Ich mit dem Fußende voran, mein Kollege trägt am Kopfende. In der Schalterhalle wieder das übliche Gewusel. »Vorsicht! Gehen Sie doch bitte mal zur Seite. Lassen Sie uns hier mal durch! Danke!« Ein Reisender möchte tatsächlich von uns wissen, wann er denn endlich weiterfahren kann. Unglaublich. Wir antworten ihm nicht.

Unten auf dem Bahnsteig befragen die Polizisten den Bahnhofsvorsteher und die beiden Gleisarbeiter nach dem Unfallhergang. Der Mann auf der Bank sieht nicht mehr ganz so grau im Gesicht aus, aber richtig gut geht es ihm noch immer nicht. Im Gegenteil.

Er wird jetzt von heftigen Weinkrämpfen geschüttelt und zittert am ganzen Körper. Und das, obwohl unser Chef ihn zwischenzeitlich mit seiner Einsatzjacke zugedeckt hat.

Wir stellen die Trage vor der Bank ab, nehmen die Reservelaken herunter und betten den armen Kerl um. Dann legen wir dem zitternden Häuflein Elend die in einen weißen Bezug eingezogene Wolldecke über, um ihn weiter warm zu halten, und stellen das Fußende der Trage mit den Griffen auf die Bank. Hierdurch entsteht wieder die für ihn so wichtige Schocklage.

Während unser Chef sich nun an die beiden Polizisten wendet, um abzuklären, was mit der Leiche geschehen soll, kontrollieren wir die Vitalfunktionen des Mannes und versuchen, beruhigend auf ihn einzureden. Mein Kollege stellt ihm ganz nebenbei und ganz vorsichtig auch Fragen zu seiner Identität, zur Identität des Opfers und zum Unfallhergang. Der Mann antwortet bruchstückhaft, weiß auf vieles überhaupt keine Antwort, der Schock sitzt einfach noch zu tief. Sicher ist nur, dass es sich tatsächlich um seine Frau handelt. Warum sie allerdings unter den Zug geraten ist, bleibt vorerst unklar. Mein Kollege schreibt alles in sein kleines blaues Notizbuch, das er stets in seiner Uniformjacke mit sich herumträgt und in dem bereits seitenweise Personalien von anderen verunfallten oder erkrankten Leuten stehen, die er irgendwann einmal ins Krankenhaus gefahren hat. Als er alles notiert hat, heißt es für uns: Warten auf die Kollegen.

Nur wenige Minuten später dringt der vielfache Ton von Martinshörnern an unsere Ohren und kurz darauf treffen die zweite Rettungswagenbesatzung samt Trage sowie eine weitere Streifenwagenbesatzung ein. Außerdem wimmelt es plötzlich überall von Beamten der Bahnpolizei. Und während unser Chef weiterhin intensive Gespräche mit den Ordnungshütern führt, machen wir die Patientenübergabe an unsere Kollegen. Das heißt, wir setzen sie von dem aktuellen Zustand des Mannes in Kenntnis. Danach werden einfach die Tragen getauscht. Die Kollegen bringen den Schockpatienten auf unserer Trage in ihren Rettungswagen und ins nächste Krankenhaus und wir behalten ihre leere Trage hier. Wir brauchen sie für das, was da unter dem Zug auf uns wartet. Ich mag gar nicht daran denken.

Aber dann kommt plötzlich alles ganz anders. Die Polizisten fassen einen Entschluss, der mir wirklich sehr entgegenkommt. Sie wollen die Kripo hinzuziehen und es sollen Fotos vom Unfallort gemacht werden. Das bedeutet, die Leiche bleibt, wo sie ist. Ein Bestattungsunternehmen soll sich später um sie kümmern. »Der alte Fuchs hat wieder mal den richtigen Riecher gehabt«, raunt mein Kollege mir zu. Mir fällt ein riesiger Stein vom Herzen.

Doch so ganz ist die Sache für mich dann doch noch nicht ausgestanden. Um das gesamte Areal aufs Bild zu bekommen, muss der Zug nämlich vom Gleis. Dies ist auch ganz im Sinne des Stationsvorstehers, dessen Nerven mittlerweile blank liegen. Denn die Zugausfälle sind anscheinend beträchtlich und die Schalterhalle kann die Menschenmassen wohl kaum noch fassen. Auch unser Einsatzleiter hat da keine Bedenken und gibt grünes Licht. Aber nur, weil es sich hier um einen von einer Diesellok gezogenen Nahverkehrszug mit einem großen Freiraum unter den Waggons und nicht um eine elektrisch betriebene S- oder U-Bahn mit tief heruntergezogener Bodenwanne handelt. Dadurch ist die Stelle, an der die Leiche liegt, nämlich so gut einsehbar. Und diese liegt so günstig, dass keine weiteren Zerstörungen beim Vorrollen der Waggons zu erwarten sind. Vorausgesetzt, sie rollen langsam. Deshalb müssen wir bleiben.

Denn an dieser Stelle kommen wir ins Spiel. Als Rettungsdienstpersonal wird es unsere Aufgabe sein, zu entscheiden, ob der Zug weiterrollen darf oder ob er stoppen muss, weil es aus unserer Sicht Probleme mit der Leiche gibt. Denn auch wenn die Person ganz sicher tot ist, muss auf jeden Fall verhindert werden, dass sie weiteren Schaden erleidet. Nicht nur aus Gründen der Pietät, sondern auch, um kein zusätzliches und somit falsches Verletzungsmuster zu erzeugen.

Der Lokführer, der involviert war, ist mittlerweile durch einen Kollegen ersetzt worden. Und dieser neue Lokführer erhält nun entsprechende Anweisungen von unserem Chef höchstpersönlich. Ein Beamter der Bahnpolizei, ausgerüstet mit einem Sprechfunkgerät, steigt zusätzlich mit in den Führerstand. Er wird ständigen Kontakt haben zu einem seiner Kollegen, welcher wiederum während der gesamten Aktion an unserer Seite ist. Sollte irgendetwas Unvorhergesehenes eintreten, könnte die Sache sofort per Funk gestoppt werden.

Kurz darauf ist es dann so weit. Die Bahnpolizei räumt nun auch die gegenüberliegenden Bahnsteige 1 und 2 komplett und riegelt, gemeinsam mit den Streifenwagenbesatzungen, sämtliche Zugänge ab. Wir stehen an der Bahnsteigkante, als unser Ältester dem Bahnpolizisten zunickt. »Langsam anziehen«, gibt der daraufhin an seinen Kollegen auf der Lok durch. »Verstanden. Langsam anziehen«, kommt die Bestätigung aus seinem Sprechfunkgerät. Die Dieselmotoren der Lokomotive beginnen zu arbeiten, eine kleine Abgaswolke erhebt sich über dem roten Stahlkoloss und ein Ruck geht durch den ganzen Zug. Langsam setzt er sich in Bewegung. Gebannt blicken wir durch den Spalt in das Gleisbett. Die Räder der ersten Achse erreichen die Stelle, wo die Leiche liegt. Es sieht gut aus. Sie rollen ohne Berührung sauber zwischen den Leichenteilen hindurch. Es war eine Hinterachse und somit ist der erste Waggon drüberweg. Die anderen folgen. Einer nach dem anderen passiert den toten Körper unter dem Packpapier.

Ich merke, wie die Anspannung zurückkehrt und plötzlich wieder Gedanken von mir Besitz ergreifen, die zu verdrängen ich nicht in der Lage bin. Was, wenn die Leiche frei liegt, das Packpapier entfernt und alles, was jetzt verborgen ist, sichtbar wird? Werde ich den Anblick ertragen können? Was, wenn nicht? Der junge Kollege hat mich anscheinend beobachtet und meine Gedanken wohl erraten. Denn plötzlich steht er direkt neben mir und legt seine Hand auf meine Schulter. »Wenn's zu heftig wird, geh einfach ein paar Schritte zurück.« Er nickt verständnisvoll. »Alles klar. Kein Problem«, ist meine spontane Antwort. Dabei versuche ich, möglichst locker zu wirken.

Weitere Zeit zum Nachdenken bleibt mir nicht. Denn trotz der wirklich nur geringen Vorwärtsbewegung des Zuges ist ein gewisser Fahrtwind entstanden. Und der reicht aus, um das Packpapier vom Rumpf der Leiche abzuheben und aus dem Gleisbett zu wehen, noch bevor der letzte Waggon durch ist. Daran ändert auch die sofortige Ansage, langsamer zu fahren, nichts mehr. Die Leiche liegt plötzlich offen da, kurz bevor die beiden letzten Räder die Stelle passieren. Sekunden später behindert kein Waggon mehr die Sicht. Der Zug fährt noch etwa zwanzig Meter weiter, dann stoppt er. Die Aktion ist beendet.

Was sich jetzt aber vor unser aller Augen offenbart, kostet mich doch einige Überwindung hinzusehen. Ein riesiger, schmutzig gelber Fleischberg, unnatürlich verdreht, aus dem blutverschmierte Darmschlingen und Innereien herausquellen. Ein aufgrund mehrerer offener Brüche zerstückeltes Bein, an dem die Reste einer Strumpfhose kleben und welches nur noch durch ein paar verbindende Hautfetzen und Knochenfragmente daran gehindert wird, endgültig auseinanderzufallen. Es ist aus dem Hüftgelenk herausgerissen, schräg nach hinten gebogen und hängt wie ein Galgen über dem offenen Bauch. Der Oberschenkelknochen ist kurz vor dem Knie durchtrennt, der zweigeteilte Unterschenkel baumelt wie die Glieder einer Marionette über dem blutigen Rest des Kopfes und der zehenlose Fuß an seinem unteren Ende berührt eine breiige Masse, die einmal ein Gesicht war. Unter den schmutzigen Stoffresten eines bis in Achselhöhe hochgerutschten Rockes erkenne ich eine Brust, in der eine große Schnittwunde klafft. Eingerahmt von blutigen Rippenknochen und hellroten Lungenteilen, die aus einem zerborstenen Brustkorb ragen. Vom Gesäß existiert nur noch die Hälfte, an der das zerstückelte Bein hängt. Die andere Hälfte liegt, glatt und sauber abgetrennt, zusammen mit dem bereits erwähnten

Oberschenkelstück im Schotterbett neben dem Gleis. Da, wo einst eine Arschbacke war, ist jetzt eine riesige Wundfläche. Und die besteht fast ausschließlich aus dicken gelben Fettzellen, auf denen sich ein See aus Lymphe gebildet hat. Der herauskatapultierte Mastdarm liegt zerfetzt auf den Schwellen und sein Inhalt hat sich im Gleisbett verteilt. Die Erklärung für den üblen Geruch.

Aber so grauenvoll das alles auch aussieht, verkrafte ich den Anblick zu meinem eigenen Erstaunen doch recht gut. Je länger ich hinschaue, desto mehr weicht die Anspannung und schafft Raum für klare Gedanken. Das hätten wir niemals auf der Trage verstaut gekriegt, ist das Erste, was mir jetzt durch den Kopf geht. »Ist noch alles o.k.?«, höre ich wieder die Stimme meines Kollegen neben mir. »Jaja, alles gut«, beeile ich mich zu antworten. »Mein lieber Mann, da hast du dir ja eine hübsche erste Leiche ausgesucht«, meint unser Chef und klopft mir auf die Schulter. »Wenn schon, denn schon«, entgegne ich und plötzlich überkommt mich ein Gefühl von Stolz, dass ich bei diesem Einsatz dabei bin. Dass ich den Anblick aushalte, nicht schlappmache. Scheiße, was für eine Aktion, was für eine Erfahrung, was für ein Tag.

Welches auch immer die Ursache für diesen grauenhaften Tod gewesen sein mag, ob Unfall oder Suizid, ist im Moment noch ungewiss. Sicher ist, dass die Frau unter den Waggons mitgeschleift wurde. Ihr Körper wurde verdreht, geknickt und mehrfach überrollt, was die Abtrennung ihrer Körperteile zur Folge hatte. Und das alles vor den Augen ihres Mannes. Bei dem Gedanken läuft mir ein Schauer über den Rücken. Ich atme tief durch. Wenigstens die Gerichtsmedizin bleibt mir vorerst erspart. Diese Erfahrung kann ich auch ein anderes Mal machen. Für heute reicht es mir.

Auf dem Weg an die Wache schwirren die Bilder aus dem Bahnhof in meinem Kopf herum und ich habe eigentlich gar keinen Appetit mehr, schon gar nicht auf Leber. Aber ich werde sie trotzdem essen. Nur keine Schwäche zeigen.

2

LEBENDIG VERBRANNT

Das grelle Licht der Deckenlampe erhellt den Ruheraum und die Stimme des Telegrafisten aus dem Lautsprecher ist durchdringend: »Achtung, Achtung! Feuer, Menschenleben in Gefahr, Blunkstraße! Zug, Rettungswagen Anton!« Im nächsten Augenblick sitzen alle auf der Bettkante. Der Puls rast. Ich wische mir mit beiden Händen hastig die Augen und werfe einen schnellen Blick auf meine Armbanduhr. Kurz nach halb drei. Gefährliche Zeit für ein Feuer. Die Stadt liegt, mit Ausnahme der Rotlichtviertel, im Tiefschlaf. Ein Brand wird um diese Uhrzeit meistens sehr spät entdeckt und ist oft schon weit fortgeschritten.

Während ich mir die Strümpfe überziehe und meine Beine in die Einsatzstiefel schwinge, die vor dem Bett stehen und die mit der darübergestülpten Einsatzhose eine Einheit bilden, hämmert die Alarmglocke ihre Tonfolgen in den Raum. Zweimal drei Schläge für den Löschzug, danach zwei Einzelschläge für den Rettungswagen. Neben den Stiefeln steht der Stuhl, auf dem mein Hemd liegt. Die restliche Ausrüstung ist auf den Fahrzeugen. Wir legen sie während der Fahrt zum Einsatzort an. Aufspringen, Hemd überstreifen, Einsatzhose hochziehen, Träger über die Schultern, gemeinsam mit den Kollegen den Raum verlassen. Automatische Bewegungsabläufe, die nur Sekunden dauern.

Aus den anderen Ruheräumen stürzt der Rest der Löschzugbesatzung auf den hell erleuchteten, breiten Flur heraus. Es sind nur ein paar Schritte bis zu den Rutschschächten, durch die man direkt in die Fahrzeughalle gelangt. Wer zuerst da ist, entriegelt die Türen. Einer nach dem anderen schwingt sich an die blanke Messingstange in der Mitte des Schachtes und rutscht daran hinunter. Ich auch. Unten in der Halle läuft jeder zu dem Fahrzeug, auf dem er zu Dienstbeginn eingeteilt wurde. Ich gehöre zum Angriffstrupp und sitze, zusammen mit vier anderen Kollegen, auf dem TLF, dem Tanklöschfahrzeug. Der Angriffstrupp geht als erster Trupp ins Feuer.

Während der Telegrafist die Durchschriften seiner handgeschriebenen Einsatzdepesche an den Zugführer und die einzelnen Fahrzeugführer verteilt, starten die Maschinisten ihre Fahrzeuge, schalten die Scheinwerfer und die Blaulichter ein. Die Fahrzeugführer betätigen die Zugbänder für die Entriegelung der schweren hölzernen Hallentore, die Torhälften schwingen zur Seite und geben den Weg frei für die Einsatzfahrzeuge. Türen klappen, jeder sitzt auf seinem Platz. Jetzt preschen drei Feuerwehrfahrzeuge und ein Rettungswagen in einer genau festgelegten Reihenfolge aus der Wache in die laue Sommernacht hinaus. Bis zu diesem Zeitpunkt sind nicht einmal neunzig Sekunden vergangen.

Unser Tanklöschfahrzeug führt den Verband an, denn von dem wird in der Regel der erste Löschangriff vorgetragen. Dafür werden die 1600 Liter Wasser aus dem integrierten Löschwassertank genutzt. Sie helfen, die Zeit zu überbrücken, die benötigt wird, um eine Wasserversorgung aus dem öffentlichen Hydrantennetz oder einem Gewässer aufzubauen. Es folgt die Drehleiter, die als Rettungs- oder Angriffsweg dient, danach kommt das Löschgruppenfahrzeug. Auf ihm sind die meisten Geräte sowie das Gros der Schläuche untergebracht. Und dort sitzen auch die Kollegen vom Wassertrupp und vom Schlauchtrupp, die für die Wasserversorgung und die Verlegung der Schlauchleitungen zu den Löschtrupps verantwortlich sind. Eigentlich sitzt dort auch noch ein zweiter Angriffstrupp. Aber den haben wir aufgrund der angespannten Personallage schon lange nicht mehr. Der Rettungswagen fährt am Schluss.

Zur selben Zeit läuft an einer anderen Feuerwache ein ähnliches Szenario ab. Denn bei dieser Art Einsatzmeldung rückt automatisch ein zweiter Löschzug mit aus. Ebenso ein Notarztwagen und ein Beamter des Einsatzführungsdienstes. Während wir uns hinten im

Mannschaftsraum nun also weiter ausrüsten, liest unser Zugführer vorne im Fahrzeug allen noch einmal laut die Einsatzdepesche vor und teilt uns mit, dass das Feuer in der zweiten Etage sein soll. Ich knöpfe meine Einsatzjacke zu, schnalle mir den Sicherheitsgurt mit dem Feuerwehrbeil daran um die Taille und hänge mir die Atemschutzmaske vor die Brust. Dann zwänge ich meine Arme durch die Trageriemen des Atemschutzgerätes, das in einer Halterung hinter mir hängt. Gar nicht leicht bei der Schaukelei.

Mein Partner macht das Gleiche auf seiner Seite. Er ist heute Trupp-Führer. Ein großer, drahtiger Typ, Marathonläufer. Er hat den Vorteil, dass er sich mit seinen langen Beinen gut am Schrank für die Einsatzunterlagen abstützen kann, der gegenüber unserer Sitzbank das »Cockpit« vom Mannschaftsraum trennt. Der Staffelführer unterstützt uns beim Anlegen, prüft den korrekten Sitz der Geräte, überwacht den Sicherheits-Check und notiert unseren Flaschendruck. 300 bar bei jedem von uns. Ihn bringt so leicht nichts aus der Ruhe. Ein altgedienter Hauptbrandmeister. Klein, schlank, Halbglatze. Er ist die rechte Hand vom Zugführer und mein großes Vorbild, hat noch drei Jahre bis zum Ruhestand. Für ihn ist Feuerwehrmann kein Beruf, sondern eine Berufung. In seiner Gegenwart fühlen sich alle sicher aufgehoben.

Wir sind noch gar nicht weit gefahren, als die Einsatzzentrale unseren Zugführer über Funk anspricht. Wir hören mit. »Es sind weitere Anrufe eingegangen. Das Feuer soll jetzt von außen sichtbar sein und es sollen sich auch Kinder in der Wohnung befinden. Wir schicken Ihnen noch zwei Rettungswagen und einen weiteren Notarztwagen dazu.« Ich schaue hinüber zu meinem Partner. Unsere Blicke treffen sich. »Ich hab's geahnt«, zischt er mir zu. Und jetzt wird selbst der alte Hase nervös. Er rutscht auf seinem Platz hin und her, trommelt mit den Fingern auf seinen Knien. Denn es geht schließlich um das Leben von Kindern, das lässt niemanden kalt.

Der Zugführer wendet sich uns zu. »Okay, Männer, ganz ruhig. Priorität für den Angriffstrupp hat die Suche nach den Personen.

Wenn der zweite Zug da ist, kriegt ihr sofort Unterstützung. Alles klar?« Mein Herz schlägt bis zum Hals. Hoffentlich kommen wir noch rechtzeitig. Vielleicht stimmt das mit den Kindern ja auch gar nicht. Es wäre nicht das erste Mal, dass eine solche Meldung sich als falsch herausstellt.

Ich setze mir die Maske auf, ziehe die Befestigungsbänder stramm und mache eine Dichtprobe. Ich muss sicher sein, dass von außen kein giftiger Brandrauch in meine Atemwege gelangen kann. Meine Lebensversicherung. Die Straßen sind menschenleer, es herrscht fast kein Verkehr, trotzdem kommt mir die Fahrt endlos vor. Keiner spricht mehr ein Wort, aber die allgemeine Anspannung ist deutlich spürbar. Genau wie das Pochen in meinen Halsschlagadern. Einzig das Motorgeräusch unseres TLF ist jetzt noch zu hören und gelegentlich unterbricht der Ton der Martinshörner die nächtliche Stille.

Alle sitzen nun komplett ausgerüstet auf ihren Plätzen. Ich habe das Atemschutzgerät auf dem Rücken, die Maske vorm Gesicht, den Lungenautomaten am Schulterriemen arretiert. Er wird erst angeschlossen, wenn wir in die Brandstelle hineingehen. Andernfalls wäre ein Teil des Luftvorrats in der Flasche bereits aufgebraucht, bevor wir die Einsatzstelle erreichen. Zum wiederholten Male kontrolliere ich den Sitz meines Helms, taste nach dem Nackenschutz. Alles in Ordnung. Der Helm sitzt nach wie vor bombenfest auf meinem Kopf, das Nackenleder ist heruntergeklappt, es können also keine Glutstücke in meinen Halsausschnitt fallen. Der Beutel mit der Fangleine hängt über der Schulter, meine Hände stecken in den dicken, ledernen Schutzhandschuhen. Alles ist korrekt. Mein Partner, in seiner Funktion als Trupp-Führer, hat sich bereits eine der Handlampen gegriffen und sich ein Sprechfunkgerät umgehängt. Für die Kommunikation an der Einsatzstelle.

Aus verschiedenen Richtungen kommen Streifenwagen der Polizei angerast, ebenfalls auf dem Weg zum Feuer. Als wir die Hauptstraße verlassen und in eine Seitenstraße einbiegen, müssen wir langsamer werden. Überall parkende Pkw. Unser Maschinist schimpft wie ein Rohrspatz. »Ich glaub's ja wohl nicht! Können die Arschlöcher ihre Autos nicht noch beschissener hinstellen?!« Er ist ein routinierter Fahrer, lenkt das schwere Fahrzeug sicher im Zickzackkurs durch die schmalen Straßen des Wohngebietes. Wir werden auf der Sitzbank hin- und hergeworfen, klammern uns an den Haltegriffen fest. Einmal muss er zurücksetzen und weiter ausholen, weil er wegen eines abgestellten Lieferwagens nicht sofort die Kurve kriegt. Kostbare Zeit vergeht. Wieder sind seine Schimpfkanonaden nicht zu überhören.

Plötzlich nehmen wir den Brandgeruch wahr, der durch die halb heruntergelassenen Fahrzeugfenster ins Wageninnere dringt. Gleich müssen wir die Brandstelle sehen können. Wir biegen ein letztes Mal ab, dann sind wir da und halten an. Wir öffnen die Türen und springen aus dem Fahrzeug. Das Erste, was wir alle wahrnehmen, trotz der nicht unerheblichen Motorengeräusche unserer Fahrzeuge, sind die markerschütternden Schreie, die durch die rauchgeschwängerte Luft an unsere Ohren dringen: »Paaapa-Paaapa!« Ich werfe einen kurzen Blick in die Richtung, aus der sie kommen. Am Ende eines Häuserblocks, der quer zur Straße steht, schlagen aus einem Balkonfenster im zweiten Stock fast waagerecht die Flammen heraus, begleitet von dickem schwarzem Rauch. »Paaaaapa!« Mein Herz beginnt noch mehr zu rasen und das Pochen im Hals verstärkt sich. Da sind tatsächlich Kinder im Feuer.

Die Stimme unseres Zugführers übertönt die Schreie aus der Wohnung: »Wasserversorgung aufbauen! Verteiler vor den Hauseingang! Angriffstrupp zur Menschenrettung und zur Brandbekämpfung unter Atemschutz mit dem ersten C-Rohr über den Treppenraum in die Brandwohnung … vor!« Jeder weiß jetzt, was er zu tun hat. Die Aufgabenverteilung ist klar geregelt. Menschenrettung und Brandbekämpfung. Eine Herausforderung für alle. Das eine wird hier nicht ohne das andere gelingen.

Am anderen Ende der Straße werden jetzt die zuckenden Blaulichter des zweiten Löschzuges sichtbar. Auch der erste Notarztwagen trifft ein. Und während unser Maschinist am Heck des Fahrzeuges die Kreiselpumpe aktiviert, holen mein Partner und ich unsere Einsatzgeräte aus den Fächern. Alles ist genau festgelegt. Brecheisen und C-Strahlrohr habe ich zu übernehmen, der passende Schlauch und die Axt sind für den Kollegen bestimmt.

Dann rennen wir los in Richtung Brandstelle. Um uns herum sind alle in Bewegung. Die dicken B-Schläuche für die Wasserversorgung werden ausgerollt, zusammengekuppelt, zwischen abgestellten Pkw hindurchgezogen. Polizisten sperren die Straße ab, es herrscht reger Funkverkehr. Dazu die Schreie aus der Wohnung. Sie wollen kein Ende nehmen. »Paaaaaapa!« Es hört sich an, als ob immer dasselbe Kind schreit. Ein Mädchen. Die Stimme ist kräftig und dunkel. Wahrscheinlich schon älter.

Wir laufen einen langen Plattenweg entlang, der von der Straße parallel zum Häuserblock verläuft. Neben uns laufen die Jungs vom Schlauchtrupp und schleppen die Haspel, auf der sich die C-Schläuche befinden. Die Rettungswagenbesatzung folgt mit der Trage und den Geräten für die Erstversorgung. Überall vor den Hauseingängen und auf dem Rasen neben dem Weg stehen entsetzte Anwohner. Manche nur mit Nachthemd oder Bademantel bekleidet. Sie können nicht fassen, was da passiert. Sie alle hören die verzweifelten Schreie, blicken hilflos nach oben. Einige von ihnen haben die Hände vor das Gesicht geschlagen. Andere halten sich die Ohren zu oder weinen. Ein erneuter Blick nach oben macht die Brisanz der Lage deutlich. Der Balkon über der Brandetage ist vollkommen von Flammen und Rauch umschlossen und ein Übergreifen des Feuers in die darüberliegende Wohnung ist nicht auszuschließen. Außerdem ist eines jetzt bereits absehbar: Hier hinten kommt keine Drehleiter hin. Die Entfernung von der Straße ist viel zu groß und eine Feuerwehrzufahrt gibt es nicht. Hier können wir nur mit tragbaren Leitern arbeiten.

Wir erreichen den letzten Hauseingang. Oben knackt und prasselt das Feuer. Dazu die fürchterlichen Schreie. Unsere Atmung ist stark beschleunigt. Das liegt aber weniger an dem kurzen Lauf, sondern mehr am erhöhten Adrenalinausstoß. Wir laufen ins Haus hinein und hetzen nach oben. Der Schlauchtrupp mit der Haspel hinterher. Nur die Rettungswagenbesatzung bleibt vor dem Eingang, bereitet die Trage vor und wartet auf das Notarztwagen-Team.

Die Terrazzotreppe ist nicht sehr breit. Sie wird durch Blumentöpfe und eine abgestellte Kinderkarre noch zusätzlich eingeengt. Es riecht nach Rauch, aber die Sicht ist gut. Als wir zwischen dem ersten und dem zweiten Stock sind, geht die Treppenraumbeleuchtung aus. In der plötzlichen Dunkelheit verfehlt mein Partner wohl eine Stufe, kracht auf die Treppe und rutscht ein Stück zurück nach unten gegen meine Beine. Ich kann mich gerade noch am Treppengeländer festhalten. Fluchend rappelt er sich auf.

Dann geht das Licht wieder an. Ein Kollege vom Schlauchtrupp hat einen der Taster gedrückt. Auf dem Podest vor der Wohnungstür kauert bereits der alte Staffelführer. Er hat vorab die Lage erkundet. »Schnell, beeilt euch! Die Tür brennt gleich durch!« ruft er uns zu. Und das ist auch nicht zu übersehen. Die obere Hälfte der blau gestrichenen Wohnungseingangstür hat sich schon bräunlich verfärbt. Auf dem Lack sind Blasen und Risse und aus den Ritzen zwischen Türblatt und Rahmen dringt Rauch. Das Prasseln der Flammen und die Rufe nach dem Vater sind durch die geschlossene Tür zu hören.

Mit der Haspel in den Händen steht der Schlauchtrupp auf der letzten Stufe vor dem Treppenabsatz. Wir legen unsere Einsatzgeräte ab, ich greife das Schlauchende, das aus der Haspel herausragt, und kupple mein Strahlrohr daran. Mein Partner zieht am Schlauch. Die Haspel dreht sich und gibt die Schläuche frei. Zusammen mit dem Staffelführer wirft er sie in Buchten auf dem Podest und auf der Treppe, die nach oben führt, aus. Sie dienen uns als Reserve, wenn wir in der Wohnung vorrücken. Zwischenzeitlich muss ich immer wieder den Lichttaster drücken. Als zwei Schläuche von der Haspel runter sind, gibt mein Partner das Kommando: »Schlauch genug!

...tes C-Rohr Wasser marsch!« Wir haben jetzt dreißig Meter Schlauchreserve zur Verfügung. Damit sollten wir bis in die letzte Ecke der Wohnung kommen. Der Schlauchtrupp verschwindet mit der Haspel durch den Treppenraum abwärts, wobei automatisch weiter die Schläuche abgespult werden. Und wir schrauben uns jetzt mit fliegenden Fingern gegenseitig die Lungenautomaten in die Gewindeanschlüsse unserer Atemschutzmasken. Ab jetzt inhalieren wir die Luft aus den Flaschen. Sie reicht für ungefähr dreißig Minuten.

Wir müssen warten, bis der Schlauch am Verteiler vor dem Hauseingang angeschlossen ist und das Wasser vom Tanklöschfahrzeug hier oben ankommt. So lange können wir nichts machen. Wenn wir die Tür vorher öffnen, haben wir dem Feuer nichts entgegenzusetzen und riskieren eine Brandausbreitung in den Treppenraum. Es dauert endlose Sekunden. Wir hocken vor der Tür, hören das Prasseln der Flammen, die verzweifelten Schreie und sind machtlos. Ich halte das Strahlrohr, mein Partner hat die Axt umklammert. Der Staffelführer steht hinter uns. Bereit, die Tür einzutreten.

»Wasser kommt!«, tönt endlich die erlösende Meldung aus den Sprechfunkgeräten und im selben Augenblick kommt Bewegung in den Schlauch. Er verdreht sich, schlingert wild hin und her. Es knattert, als ob eine Flagge im Sturm weht, als das Wasser blitzschnell durch sämtliche Windungen strömt. Es jagt an uns vorbei in Richtung nächste Etage, kommt wieder herunter und erreicht schließlich mein Strahlrohr. Der Schlauch wird prall und bäumt sich auf wie eine Kobra. Auf diesen Moment haben wir alle gewartet.

Wuchtige Fußtritte treffen das Türblatt in Höhe des Türknaufs. Holz splittert, ein Spalt tut sich auf, Rauch tritt aus. Noch ein Tritt und noch einer. Die Tür springt ein Stück auf, nimmt die Hälfte des Rahmens an der Schlossseite mit und wird von der vorgelegten Sicherheitskette gestoppt. Jetzt raucht es heftig in den Treppenraum hinein. Der Staffelführer muss sofort husten, flüchtet eine halbe Treppe tiefer. Mit einem gezielten Axthieb durchtrennt mein

Partner die Kette und stößt die Tür komplett auf. Pechschwarzer, von dunkelroten Flammen durchsetzter heißer Qualm quillt uns entgegen. Er steigt im Treppenraum auf und lässt die in Buchten ausgelegte Schlauchreserve eine halbe Treppe höher wie in einem Wolkenvorhang verschwinden.

Ich reiße den Absperrhebel an meinem Strahlrohr nach hinten und lenke den breit gefächerten Wasserstrahl gegen den oberen Türrahmen und die Decke des Flures. Das Feuer darf auf keinen Fall in den Treppenraum gelangen. Es zischt und faucht, ein Teil des Löschwassers verdampft sofort und kommt als kochendheiße Wolke zurück. Sie zwingt uns, noch weiter in Richtung Fußboden abzutauchen. Ich lasse das Rohr kreisen, halte auf alles, was flackert oder rot schimmert. Dann kriechen wir rein und werden sofort vom Rauch verschluckt. Es herrscht völlige Dunkelheit. Die Elektroanlage in der Wohnung dürfte größtenteils durch das Feuer zerstört sein und das Licht der Handlampe reicht nur ein paar Zentimeter weit. Die Sicht ist gleich null. Nur direkt über dem Fußboden ist eine kleine rauchfreie Zone. Vielleicht ein halber Meter. Und nur hier unten ist es auszuhalten. Weiter oben wird die Hitze unerträglich.

Auf allen vieren kriechen wir auf dem Boden, tasten uns an der Wand entlang. Ich mit dem Rohr, mein Partner mit der Lampe. Gleich rechts ist eine Tür. Nach oben greifen, Klinke drücken, aufstoßen, hineinleuchten, tasten. Eimer, Besen, ein Staubsauger, Regale. Die Abstellkammer. Niemand drin. Weiter kriechen, den Schreien entgegen. Jede Sekunde zählt. Kriechen, löschen, Schlauch nachziehen. Kein leichtes Unterfangen. Gefüllt mit Wasser und unter Druck hat so ein Schlauch ein ziemliches Gewicht und ist verdammt unbeweglich. Erschwerend kommt hinzu, dass wir wegen der enormen Hitze nicht aufrecht stehen können.

Nur ein paar Meter weiter wird es plötzlich heller und heißer. Mit meinem dicken Handschuh wische ich den Ruß von der Panoramascheibe meiner Atemschutzmaske und kann etwas erkennen. Aus einem Zimmer auf der linken Seite, direkt vor uns, schlagen Flammen heraus. Es muss das Zimmer sein, zu dem der Balkon gehört. Denn die Schreie kommen eindeutig von hier. Die Flammen sind überall, haben den hinteren Teil des Flures anscheinend komplett erfasst und sich auch in einen Raum auf der gegenüberliegenden Seite hineingefressen. Ich halte sofort drauf. Der Lärm, den der Aufprall des Löschwassers auf den Einrichtungsgegenständen verursacht, das Poltern herabstürzenden Wand- und Deckenputzes, das alles übertönt jetzt die klagenden Rufe. Es prasselt, zischt und knackt und die Hitzewellen, die uns treffen, sind fast unerträglich. Ich habe das Gefühl, dass meine Ohren jeden Moment von meinem Kopf schmelzen.

Bei dem ganzen Krach überhören wir beinahe die Rufe unseres Zugführers aus dem Funkgerät: »Angriffstrupp! Wie ist die Lage!? Habt ihr schon Personen gefunden!?« – »Negativ!«, schreit mein Kollege in sein Gerät hinein. »Wir sind vorm Balkonzimmer! Wir können aber noch nicht rein! Die halbe Wohnung brennt!« – »Alles klar!«, ist die Antwort. »Wir können das Feuer von der Gebäuderückseite aus sehen! Zweites Rohr ist gleich bei euch! Kommt von außen durchs Fenster! Wir versuchen auch, mit einem Rohr auf den Balkon zu kommen! Wegen der Hitze aber nicht einfach! Wird ein bisschen dauern!«

Ich halte immer weiter drauf. So eine verfluchte Scheiße. Wir müssen unbedingt in das Zimmer. Uns läuft die Zeit davon. Wie lange hält das Mädchen wohl noch durch? Den Flurbereich haben wir zwar sehr schnell dunkel, aber in den Zimmern brennt es unvermindert weiter. In die Papa-Rufe aus dem Balkonzimmer mischt sich plötzlich das Klirren von Glas. Es kommt aus dem gegenüberliegenden Raum. Lautes Gepolter signalisiert uns, dass ein zweiter Trupp jetzt von außen durch das Fenster einsteigt und uns den Rücken freihält. Wir können uns also voll auf das Balkonzimmer konzentrieren.

Neben der Türöffnung hockend, lasse ich erneut das Strahlrohr kreisen. Es scheppert und klirrt. Das Wasser trifft auf Möbel, fegt

Bilderrahmen von den Wänden, Vasen von Kommoden, Bücher aus Regalen. Das Zimmer verdunkelt sich schlagartig. Ein Großteil an Hitze und Rauch zieht Gott sei Dank sofort durch das zerstörte Fenster nach außen ab. Gut für uns, aber schlecht für den Trupp, der von außen versucht, den Balkon zu erreichen.

Schon nach relativ kurzer Zeit können wir auch hier die Kraft des Feuers brechen. An vielen Stellen züngeln zwar noch Flammen, glühen verbrannte Holzreste vor sich hin, aber die höllische Hitze ist vorbei. Wir können rein. Ich stelle das Wasser ab und trotz des Lärms, den der zweite Trupp im Raum hinter uns macht, nehmen wir die Schreie sofort wieder wahr. Sie kommen vom anderen Ende des Zimmers. Mein Partner leuchtet in die Richtung, aber der Lichtkegel kann den Vorhang aus Rauch und Wasserdampf nicht durchdringen. Jetzt ist Geschwindigkeit gefragt. Menschenrettung geht vor Brandbekämpfung.

Gebückt stolpern wir über Berge von Brandschutt, ziehen den Schlauch hinter uns her, prallen unvermittelt gegen einen Tisch, tasten uns an einer Schrankwand entlang. Sekunden später bietet sich uns im Schein der Handlampe ein grausiges Bild. Eine Person kniet etwa einen Meter vor der offenen Balkontür neben dem Gerippe eines Sessels. Die Arme erhoben und ausgebreitet wie ein Fallschirmspringer, der im freien Fall der Erde entgegenfliegt. Vom Kopf bis zu den Füßen verbrannt und vollkommen entstellt, wie mit einer Glasur überzogen. Die verkohlten Genitalien identifizieren sie als Mann. Wir können ihm nicht mehr helfen. Er ist tot. Es ist die typische Haltung eines Brandopfers. Durch die Hitzeeinwirkung wird dem Körper das Wasser entzogen. Dadurch ziehen sich einige Muskelstränge stärker zusammen als andere und es kommt zu dieser Stellung.

Direkt davor, in der Türöffnung, liegt das Mädchen. Sie ist ziemlich groß, könnte auch als Erwachsene durchgehen. Sie liegt auf dem Bauch und schreit nach ihrem Vater, der, so wie es aussieht, wohl hinter ihr kniet. Ihre Beine sind noch im Zimmer, mit dem

Oberkörper liegt sie auf dem Balkon. Der gesamte Rückenbereich ist dunkelrot und mit dicken Brandblasen übersät. Ein paar verbrannte Stoffreste kleben noch an ihren Schultern und an den Oberarmen. Ihre Haare sind versengt. Von der Hüfte abwärts ist sie komplett verbrannt. Nur noch hautloses, blutiges Fleisch ist zu sehen. Teilweise hat sich eine dicke, gelbbraune Kruste gebildet, wie bei der Schwarte eines Schweinebratens.

»Wir sind hier, wir holen dich!«, rufe ich ihr zu, versuche, sie zu beruhigen. Sie kriegt das gar nicht mit, schreit immer weiter. Wahrscheinlich hört sie mich überhaupt nicht, weil meine Atemschutzmaske meine Worte dämpft. Von außen kracht eine Leiter gegen die Balkonbrüstung, denn jetzt ist der Balkon auch von dort erreichbar. Mit einem sanften Sprühstrahl kühle ich den Rücken und die Beine des Mädchens. Kleine Dampfwolken steigen auf. Ihr gesamter Unterkörper ist regelrecht gegart. Für mich ein Wunder, dass sie noch bei Bewusstsein ist.

Mein Partner leuchtet mir und gibt die neue Lage an unseren Zugführer durch, teilt ihm mit, dass jetzt kein Rohr mehr über den Balkon erforderlich ist. Dann beugt er sich zu mir herunter und brüllt direkt in mein Ohr hinein: »So kriegen wir sie da nicht raus!« Er deutet auf die Leiche. »Der ist im Weg! Der muss hier weg! Der Sessel auch!« Ich nicke und kühle weiter. Der Gedanke, dass wir den Mann anfassen und zur Seite schaffen müssen, löst nicht gerade Begeisterung bei mir aus. Es ist aber unsere einzige Option, um an das Mädchen heranzukommen. Er stellt die Lampe in ein verkohltes Fach der Schrankwand, richtet den Schein auf das Mädchen und zieht, ohne zu zögern, den Sessel von seinem Platz.

Im selben Augenblick verliert die Leiche ihre Stütze. Sie kippt nach hinten und landet auf dem Rücken. Wie eine Bockwurst, die zu heiß gebrüht wurde, platzt ihr Körper vom Becken bis zum Brustkorb der Länge nach auf und klafft auseinander. Es zischt, Fett spritzt in die Höhe, wir blicken auf brodelnde, dampfende Innereien. Ich bin geschockt. Damit habe ich nicht gerechnet. Und ich glaube, meinem Kollegen geht es ebenso. Aber wir haben nicht die Zeit, uns darüber Gedanken zu machen, ob wir dies hätten verhindern können oder nicht. Wir müssen uns um das schreiende Mädchen kümmern. Mit einem Satz ist mein Partner auf dem Balkon und kniet hinter ihrem Kopf. Ich höre auf zu kühlen und lege das Rohr zur Seite. Behutsam drehen wir sie um.

Die Reste eines Nachthemdes werden sichtbar, sie hat darauf gelegen. Wir blicken ihr jetzt direkt ins Gesicht und sind wohl beide gleichzeitig irritiert. Denn es ist das Gesicht einer alten Frau. »Paaapa! Paaapa!«, ruft sie erneut und schlagartig ist uns klar, dass sie damit ihren Mann meint. Er wird sie dann womöglich Mama genannt haben und vermutlich gibt es gar keine Kinder in der Wohnung. Die Frau ist völlig apathisch, nimmt uns überhaupt nicht wahr und schreit immer weiter. Mein Kollege richtet den Oberkörper der Frau auf, schiebt seine Arme von hinten unter ihren Achseln hindurch, ergreift ihre Handgelenke und hebt sie hoch. Ich nehme vorsichtig ihre verbrannten Beine.

Die Frau zeigt keinerlei Reaktion, hat anscheinend kein Schmerzempfinden mehr, ruft immer nur nach ihrem Papa. Wir tragen sie, so schnell es geht, durch das verqualmte Zimmer in den Flur und weiter bis in den Treppenraum. Die Frau ruft weiter nach ihrem Papa. Dabei inhaliert sie zwangsläufig Rauch, muss heftig husten. Aber das ist, im Vergleich zu ihren Verbrennungen, das kleinere Übel. Außerdem haben wir keine Wahl. Wir können sie nicht auf dem Balkon behandeln oder warten, bis sich der Rauch verzogen hat.

Im Treppenraum stehen schon alle parat. Die Jungs vom Rettungsdienst, der Notarzt, Staffelführer, Zugführer, Kollegen vom Löschzug. Sie warten eine halbe Treppe tiefer, können hier oben nicht hin. Denn auch der Treppenraum ist, trotz mittlerweile geöffneter Fenster, immer noch ziemlich verqualmt. Und aus der Wohnung kommt reichlich was nach. Helfende Hände strecken sich uns entgegen. Alle packen sofort mit an. Wir legen die Frau vorsichtig auf ein ausgebreitetes Bergetuch auf dem Treppenabsatz. Anscheinend ist ein Transport mit der Trage wegen der engen Treppe nicht möglich. Sie schreit und schreit und schreit. Ab jetzt kümmert sich der Rettungsdienst um sie. Wir waren vielleicht gerade einmal zehn Minuten im Feuer, sind aber trotzdem fix und fertig, müssen uns auf die Treppenstufen setzen. Unser Zugführer beugt sich zu uns herunter: »Ihr könnt ablegen, Männer. Setzt euch aufs Fahrzeug. Der nächste Trupp übernimmt.«

Wir ziehen die Handschuhe aus, nehmen unsere verrußten Helme ab und reißen uns die Masken vom Gesicht. »Leck mich am Arsch, das war vielleicht eine Nummer«, schnauft mein Partner. Ich stimme ihm da voll und ganz zu. Wir schließen die Ventile unserer Atemluftflaschen und lassen den Druck an den Lungenautomaten entweichen. Das war's. Unser Job ist erledigt. Andere Kollegen machen da weiter, wo wir aufgehört haben. Die Frau wird zum Notarztwagen gebracht, wir gehen zu unserem Fahrzeug, wo uns der Maschinist die Atemschutzgeräte abnimmt. Unsere Einsatzklamotten sind völlig verdreckt, klatschnass und kleben an unseren Körpern. Durst! Die Wasserflaschen sind mit wenigen Zügen geleert. Einerseits sind wir total ausgelaugt, andererseits fürchterlich aufgewühlt. Die Wohnung wird weiter abgesucht und es werden keine weiteren Personen gefunden. Schon gar keine Kinder. Der Rest ist Routine. Gegen sieben Uhr sind wir zurück an der Wache. Die Frau verstirbt noch am selben Tag.

3

DEN TOD UM JEDEN PREIS

Alle offiziellen Parkplätze am Straßenrand sind belegt. Wir müssen unsere Einsatzfahrzeuge in der zweiten Reihe abstellen. Sehr zur Freude der übrigen Verkehrsteilnehmer. Ein Löschgruppenfahrzeug und einen Rettungswagen, das Standard-Aufgebot für diesen Einsatz. Notfall, Tür verschlossen. Hinter der nüchternen Bezeichnung verbirgt sich eine breite Palette menschlichen Elends, haben Resignation und Verzweiflung ihren angestammten Platz. Tragödien, die manchmal spontan und ohne vorherige Ankündigung ablaufen, oft aber auch schleichend und über lange Zeiträume einhergehen und die einem Außenstehenden meist verborgen bleiben. Zumindest so lange, bis jemand Verdacht schöpft, sich sorgt, um Hilfe bemüht. So wie heute, an diesem verregneten Novembermorgen.

Ausgerüstet sowohl mit Geräten für eine gewaltlose als auch für eine gewaltsame Türöffnung, stehen wir vor einer rot geklinkerten Häuserzeile. Hier wird in einer Wohnung in der ersten Etage ein Notfall vermutet. Mehr wissen wir nicht. Ein Blick nach oben lässt uns erkennen, dass, zumindest hier an der Straßenseite, alle Fenster der betroffenen Wohnung geschlossen sind und somit für einen schadlosen Einstieg ausscheiden. Die Haustür allerdings steht offen, jemand hat sie mit dem Stopper festgesetzt. Man erwartet uns.

Der Hausflur ist spärlich erleuchtet, es riecht muffig. Wir gehen vorbei an einer Reihe zerbeulter Briefkästen und über eine innenliegende hölzerne Treppe nach oben. Wir sind zu viert, dazu kommen die beiden Kollegen vom Rettungswagen mit dem Sanitätskoffer und den Geräten für die Wiederbelebung. Der Maschinist ist bei den Fahrzeugen geblieben und steht über Sprechfunk in Verbindung mit unserem Gruppenführer. Falls weitere Geräte benötigt werden oder zusätzliche Kräfte erforderlich sind, wird er diese bereitstellen beziehungsweise anfordern.

Vor der Wohnungstür im ersten Stock wartet eine Frau auf uns. »Hallo, ich bin die Nachbarin«, empfängt sie uns aufgeregt. »Ich habe Sie gerufen.« – »Was ist passiert?«, fragt sie der Gruppenführer.

»Ja, also, ich bin heute Nacht wach geworden. Das war so gegen vier Uhr. Da habe ich gehört, wie jemand geschrien hat. Ich bin auf den Flur und wollte nachsehen, was los ist. Und dann habe ich gemerkt, dass der Lärm aus der Wohnung gegenüber kommt.« Sie deutet auf die entsprechende Tür. »Es war fürchterlich. Die ist in der Wohnung herumgerannt, hat mit den Türen geknallt und gepöbelt. Ich weiß genau, dass ihr da seid, hat sie geschrien. Immer wieder. Aber mich kriegt ihr nicht! Niemals! Zuerst dachte ich, da wäre jemand bei ihr, aber ich habe immer nur ihre Stimme gehört. Ich glaube, die ist irre. Ich wollte schon die Polizei rufen, aber dann war plötzlich alles vorbei. Totenstille. Als ob nie etwas gewesen wäre. Ich bin dann zurück ins Bett, konnte aber nicht wieder einschlafen. Irgendwie macht man sich ja doch Gedanken. Heute Morgen habe ich dann bei ihr geklingelt. Hat mir einfach keine Ruhe gelassen. Aber sie reagiert überhaupt nicht. Ich habe Angst, dass sie sich was angetan hat.«

»Wie alt ist denn die Frau?«, fragt einer meiner Kollegen.

»Keine Ahnung. Ein junges Mädchen. Vielleicht Mitte zwanzig. Ich kenne sie nicht näher. Sie ist erst vor vier Wochen hier eingezogen.«

»Hat sie das schon öfter gemacht?«, will der Gruppenführer wissen.

»Nein, so noch nie. Sie hört zwar manchmal laute Musik. Aber so was wie heute Nacht, das ist das erste Mal.«

»Okay, dann wollen wir mal unser Glück versuchen.« Er klingelt Sturm und schlägt gleichzeitig mehrmals kräftig mit der Faust gegen die Tür. »Hallo! Ist jemand zu Hause?« In der Wohnung rührt sich nichts. Selbst ein paar Tritte mit der Stiefelspitze gegen die Tür bewirken nichts. Dafür verkündet uns die Stimme des Maschinisten aus dem Funkgerät, dass die Polizei eingetroffen ist und zu uns hochkommt. Es ist üblich, dass bei dieser Einsatzart die Polizei dazukommt. Denn erstens ist die Unverletzlichkeit der Wohnung ein Grundrecht, gegen das auch die Feuerwehr nur in ganz bestimmten Situationen verstoßen darf. So eine Situation zeichnet sich hier allerdings gerade ab. Und zweitens muss geprüft werden, ob bei einem Notfall nicht möglicherweise Fremdverschulden, ein Suizid oder sogar ein Verbrechen vorliegt.

Als die beiden Ordnungshüter da sind, werden sie kurz in den Sachverhalt eingewiesen. Einer von ihnen schaut auf seine Armbanduhr:»Es ist jetzt halb acht. Das Ganze war also vor dreieinhalb Stunden.« Er nickt seinem Kollegen zu. Genau wie wir, sehen auch die Polizisten die Notwendigkeit, in die Wohnung einzudringen. Wir packen unsere Geräte aus und versuchen es zunächst auf die sanfte Art. Wenn die Tür nicht abgeschlossen ist, kriegen wir sie mit einem speziell gebogenen Blech auf, welches wir in den Spalt zwischen Rahmen und Türblatt schieben. Leider haben wir keinen Erfolg. Also doch auf die harte Tour? Es sieht ganz danach aus.

Bevor wir allerdings endgültig schweres Geschütz auffahren, wird ein Kollege schnell noch mal an die Rückseite des Gebäudes geschickt, um nachzuschauen, ob es dort vielleicht ein offenes oder zumindest geklapptes Fenster gibt, durch das wir einsteigen können. Negativ. Alle Fenster sind verschlossen. Es gibt zwar einen Balkon, aber auch da ist alles dicht. Im Sommer hätten wir eventuell mehr Glück. Aber im November? Bei dem nasskalten Wetter machen die Leute alles dicht. Uns bleibt also nur die Anwendung von Gewalt.

Zwei Optionen stehen zur Auswahl. Erstens: Einstieg durch ein Fenster, was unweigerlich die Zerstörung der entsprechenden Scheibe zur Folge hätte. Zweitens: Zerstören und entfernen des Schließzylinders in der Tür. Unter Berücksichtigung der Verhältnismäßigkeit ist die zweite Variante eindeutig die bessere und vor allen Dingen die kostengünstigere. Die logische Anweisung des Gruppenführers lautet deshalb auch: »Zylinder knacken.« Hierfür haben wir spezielle Geräte und schon eine Minute später ist der Zylinder Vergangenheit. Die eine Hälfte liegt im Treppenraum, die andere Hälfte in der Wohnung. Ich kann jetzt mit einem sogenannten Bauschlüssel die Tür ganz normal aufschließen.

Im Flur brennt Licht. Gemeinsam mit der Polizei betreten wir die Wohnung. Uns fallen sofort die Kleidungsstücke auf, die überall verstreut herumliegen, und die blutigen Fußabdrücke auf dem Linoleumboden. Sie lassen uns nichts Gutes ahnen. Von dem L-förmigen Flur zweigen insgesamt vier Räume ab. Die dazugehörigen, weiß lackierten Türen sind alle geschlossen und ebenfalls blutverschmiert. Die eine mehr, die andere weniger. Genauso wie die Rahmen und die Klinken. Das Blut ist bereits angetrocknet und manchmal sind die Abdrücke einer Hand zu erkennen. Was war hier los?

Wir teilen uns auf und durchsuchen die Zimmer. Ich schaue im Bad nach. Auch hier brennt das Licht. Was ich erblicke, kann ich kaum fassen. In dem kleinen Raum sieht es aus wie in einem Schlachthaus. Überall ist Blut. Es ist an die Wände gespritzt, in kleinen Rinnsalen daran heruntergelaufen und meist angetrocknet, bevor es den Fußboden erreicht hat. Ein ehemals weißes Waschbecken ist fast komplett rot. Die Türen eines Spiegelschranks, der darüber hängt, stehen offen. Auch hier ist Blut hineingespritzt. Es klebt an einem Zahnbecher, an Nagellackfläschchen und Tuben mit Handcreme und Bodylotion. Selbst der Duschvorhang und die Wanne blieben nicht unbefleckt.

Auf dem gefliesten Fußboden vor dem Waschbecken hat sich eine große rote Lache gebildet. Es sieht aus, als hätte dort jemand einen Topf mit frisch gekochtem Johannisbeergelee ausgeschüttet. Aber es ist außer mir niemand hier drin. Stattdessen finde ich zwei leere Tablettenpackungen. Eine liegt im Waschbecken, eine auf dem Fußboden. Es sind unterschiedliche Verpackungen, aber in beiden waren Schlafmittel. Auf der Ablage des Waschbeckens steht ein leeres, blutverschmiertes Glas. Wahrscheinlich wurden sie darin aufgelöst. Außerdem liegt dort eine durchgebrochene, blutige Rasierklinge. Hier wollte jemand nichts dem Zufall überlassen.

Meine Kollegen und die Polizisten entdecken im Schlafzimmer und im Wohnzimmer ebenfalls Blut, aber niemanden, von dem es stammt. Dafür finden sie einen Abschiedsbrief. Also haben wir es hier höchstwahrscheinlich mit einem Suizid zu tun. Ein anderer Kollege ist anscheinend fündig geworden. »Leute, hier sind wir richtig!«, ruft er uns zu. Wir gehen zu ihm hin. Er hockt vor einer Tür, die er ein kleines Stück weit geöffnet hat. »Ich kriege sie nicht auf. Ich glaube, die ist von innen verbarrikadiert«, äußert er seinen Verdacht.

Auch hier bietet sich uns bei einem ersten Blick durch den Spalt ein beunruhigender Anblick. Es ist die Küche, in die wir hineinschauen, und gleich hinter der Tür liegt das noch aufgewickelte, blutverschmierte Ende einer Wäscheleine auf dem Fußboden. »Die Tür ist nicht verbarrikadiert«, widerspricht der Gruppenführer. »Das ist die Frau. Sie liegt hinter der Tür. Los! Noch mal vorsichtig drücken.« Er presst seine Hand gegen das Türblatt und zu zweit kriegen sie die Tür noch ein Stück weiter geöffnet. Der Gruppenführer ist ziemlich kräftig gebaut. Der Spalt ist für ihn immer noch zu schmal, um sich hindurchzuquetschen. Für mich nicht. Auch ein Kollege vom Rettungswagen hat das richtige Maß.

Nacheinander schieben wir uns in die Küche hinein. Darin sieht es ähnlich aus wie im Bad. Alles voller Blut. An den Möbeln, auf dem Herd, an den Wänden. Aber im Gegensatz zum Bad finden wir hier jemanden. An der Innenseite der Küchentür kniet ein junges Mädchen in einer Lache aus geronnenem Blut. Sie ist nackt, ihr kalkweißer Körper ist blutüberströmt und fürchterlich zugerichtet. Schon ein erster Blick genügt, um zu erkennen, dass sie tot ist. Die obligatorische Pulskontrolle an der Halsschlagader, die blaugrauen Totenflecke an Beinen und Füßen sowie die bereits beginnende

Leichenstarre an den Oberarmen bringen schnell Gewissheit. Sie hat sich mit der Wäscheleine, die sie an einem Kleiderhaken an der Tür befestigt hat, vermutlich selbst erdrosselt. Ihre umgeknickten Beine wirken wie ein überdimensionaler Türstopper.

»Wir haben sie«, teile ich dem Gruppenführer mit. »Sie hat sich aufgehängt und blockiert die Tür. Wartet einen Moment. Wir müssen sie kurz anheben, damit ihr reinkönnt.« Mit beiden Händen umfasse ich ihre Hüften. Die sind eiskalt. Ich hebe sie ein kleines Stück hoch. Dabei drücke ich sie zwangsläufig gegen die Tür, sodass diese sich erst einmal wieder schließt. Mein Kollege zieht ihre blutverkrusteten Beine unter ihrem Gesäß hervor und streckt sie nach vorne aus. Hätte man uns ein paar Stunden später gerufen, wäre dies aufgrund der dann fortgeschrittenen Leichenstarre unmöglich. So aber können wir sie nun beim erneuten Öffnen der Tür, mit ein wenig Hilfestellung unsererseits, vorsichtig zur Seite schieben. Ein Teil des Blutes, in dem sie gekniet hatte, bleibt wie Kleber an ihr haften und zieht Fäden vom Fußboden zu ihren Beinen.

Unsere restlichen Kollegen und die beiden Polizisten können nun zu uns herein und sind von dem Anblick, der sich ihnen bietet, genauso gefangen wie wir. Wir haben alle reichlich Einsatzerfahrung und schon einiges gesehen, aber das noch nicht. »Mein Gott, wer tut sich denn so was an?«, fragt einer der Polizisten und ist sichtlich erschüttert. Die Frau hat wohl versucht, sich an beiden Armen die Arterien zu durchtrennen. An den Handgelenken ebenso wie an den Innenseiten der Oberarme. Ganz besonders aber in den Ellenbeugen. Hier fehlen ganze Fleischstücke. Wahrscheinlich hat sie sogar irgendwann eine Arterie getroffen, denn das geronnene Blut ist ein Indiz dafür. Hauptsächlich aber hat sie sich Venen, Muskeln und Sehnen zerfetzt. Auch unter beiden Brüsten, in den Leisten und an den Innenseiten der Fußgelenke sind tiefe Einschnitte. Sie muss mit der Klinge immer wieder wie besessen ihren Körper malträtiert und sich regelrecht zerfleischt haben.

Wir finden weitere Rasierklingen und jede Menge Blut in der Spüle. Wahrscheinlich hat sie mit ihrer Selbstzerstörung im Bad angefangen, hat sich dort auch den Tablettencocktail einverleibt und ist dann kreuz und quer durch die Wohnung gerannt. Sie hat geschrien und mit den Türen geknallt und so die Aufmerksamkeit ihrer Nachbarin erregt. Als der erhoffte Erfolg sich nicht sofort einstellte, hat sie schließlich hier in der Küche ihr Werk vollendet. Sie hat sich die Schlinge um den Hals gelegt, ist bewusstlos geworden und irgendwann hat ihr Herz aufgehört zu schlagen.

Das war ganze Arbeit, sie wollte den Tod um jeden Preis. Aus dem Abschiedsbrief geht allerdings nicht klar hervor, was sie zu dieser grausamen Tat bewogen hat. Zu verworren ist der Inhalt. Er deutet sehr auf eine psychische Erkrankung hin. Als die Kollegen vom Rettungswagen im Nachtschrank neben ihrem Bett dann weitere Tabletten finden und diese als Psychopharmaka identifizieren, sind wir uns alle ziemlich sicher. Das Mädchen war psychisch krank. Mehr Klarheit müssen die weiteren polizeilichen Ermittlungen bringen. Die Leiche bleibt jedenfalls hängen, bis diese abgeschlossen sind. Für uns ist der Einsatz hier beendet. Wir packen unsere Gerätschaften zusammen und fahren zurück an die Wache. »Typisch November«, meint ein Kollege. »Mal sehen, was der Tag noch so bringt.«

4

DER ALLERLETZTE KICK

Schon der Inhalt der Einsatzdepesche lässt Schlimmes ahnen: Verkehrsunfall mit Motorrad, zwei Verletzte. Eingesetzt sind ein Notarztwagen (NAW) und zwei Rettungswagen (RTW).

Es ist 01.50 Uhr und es ist bereits unser fünfzehnter Einsatz in dieser Vierundzwanzig-Stunden-Schicht. Die Einsatzstelle befindet sich nicht in unserem eigenen, sondern im Nachbarrevier und wir sind diesem Einsatz als zweiter RTW zugeordnet, weil alle übrigen Rettungswagen der eigentlich zuständigen Wache in anderen Einsätzen gebunden sind. Es ist viel los an diesem warmen Mai-Wochenende, die halbe Stadt ist auf den Beinen. Es wird gefeiert, gegrillt, man sitzt im Freien und es fließt reichlich Alkohol. Mein Partner und ich, wir sind seit nunmehr achtzehn Stunden fast ununterbrochen im Einsatz und ziemlich geschlaucht. Frische Gesichtsfarbe sieht anders aus.

Um sieben Uhr gestern Morgen war Dienstbeginn. Zwei Minuten später, noch während der Einteilung, hatten wir das erste Ding an der Backe. Eine alte Dame mit einer Oberschenkelhals-Fraktur. Sie war auf dem Weg zum Bäcker gestürzt. Kaum hatten wir sie im Krankenhaus abgeliefert und uns über Funk einsatzbereit gemeldet, wartete ein Schlaganfall auf uns. Hundertdreißig Kilo, fünfte Etage, Altbau. Und so ging es den gesamten Tag hindurch. Wir zogen alle Register. Zwei Herzinfarkte, ein Treppensturz, ein unklarer Bauch, eine erfolglose Wiederbelebung in einem Seniorenheim, ein Kleinkind mit Verbrühungen, ein ausgekugeltes Schultergelenk auf einem Sportplatz, eine Schwangere mit Fruchtwasserabgang.

Dazwischen haben wir uns irgendwann jeder ein halbes Brötchen reingedrückt und nach zwei vergeblichen Anläufen konnten wir tatsächlich gegen 15.30 Uhr endlich unsere Koteletts aus der

Mikrowelle herunterschlingen. Die sahen aus wie ausgetrocknete alte Brotscheiben, wie sie da so gebogen zwischen den Kartoffeln und dem Gemüse auf den Tellern lagen. Das Abendbrot ist dann komplett ausgefallen.

Mit Einbruch der Dunkelheit änderte sich zwar die Art der Einsätze, nicht aber deren Frequenz. Es ging weiter Schlag auf Schlag. Ein gebrochenes Nasenbein nach einem Ehestreit, eine Frau mit einer Rauchgasvergiftung, die sie sich bei einem Zimmerbrand zugezogen hatte, als sie versuchte, ihren Wellensittich zu retten. Dann eine Messerstecherei vor einer Diskothek mit vier Verletzten, eine Überdosis Schlaftabletten und nun das hier.

»Das wird wieder so eine Drei-Schachtel-Schicht«, brummt mein Partner und spielt damit auf die Anzahl der Zigaretten an, die wir uns zwischen den Einsätzen reinziehen. »Mindestens«, erwidere ich und lenke den Rettungswagen durch die belebten Straßen. Unser einziger Trost ist die Gewissheit, dass unsere Kollegen auf den beiden anderen Rettungswagen, die an unserer Wache stationiert sind, dasselbe Schicksal erleiden. Und selbst die Jungs vom Löschzug kommen heute kaum aus den Einsatzklamotten heraus.

Ein paar Minuten später sehen wir Blaulichter und sind kurz darauf am Einsatzort. Er ist in einem dicht bebauten Wohngebiet. Mehrgeschossige Häuserblocks zu beiden Seiten der zweispurigen Durchgangsstraße, teils mit kleinen Geschäften und Kneipen im Erdgeschoss, dazwischen Torbögen, die in Hinterhöfe führen. Die Unfallstelle selbst befindet sich in einer langgezogenen Rechtskurve. Der Verkehr staut sich bereits, ich muss auf die Gegenfahrbahn ausweichen. Zum Glück ist die Polizei mit mehreren Streifenwagen vor Ort und hat großräumig abgesperrt.

Das verunglückte Motorrad liegt mitten auf der Straße, ich muss anhalten. Wir steigen aus, mein Partner greift sich die Sanitasche und wir laufen etwa zwanzig Meter bis zu einem Polizisten, der uns zu sich winkt. Viele Neugierige stehen herum und recken ihre Hälse, von irgendwoher ist Musik zu hören. Der Polizist steht neben einer

Person in schwarzer Motorradkleidung, die im Scheinwerferlicht eines Streifenwagens regungslos bäuchlings auf der Straße liegt. Er schüttelt mit dem Kopf, als wir da sind. »Sieht übel aus«, sagt er. »Eure Kollegen meinen, dass hier wohl nichts mehr zu machen ist.«

Ein Stück entfernt sind die Kollegen von der anderen Wache schon am Arbeiten. Sie versorgen eine verletzte Frau, die, ebenfalls in Motorradkluft, auf dem Gehweg vor einer Hauswand liegt und in kurzen Abständen monotone Laute von sich gibt. Wie ein röhrender Hirsch. Wir machen uns bemerkbar und signalisieren ihnen, dass wir uns um die Person auf der Straße kümmern.

Von der Statur her handelt es sich dabei um einen Mann. Seine Lederbekleidung hat durch den Unfall arg gelitten. Sie ist an vielen Stellen zerschlissen oder aufgerissen. Sein rechter Oberarm ist kurz unterhalb des Schultergelenks unnatürlich abgewinkelt. Wahrscheinlich ist er gebrochen. Auf dem Kopf trägt er einen silberfarbenen Integralhelm, der fast komplett gespalten ist. Der Kopf darunter, so scheint es, ebenfalls. Wir können von außen direkt in sein Gehirn hineinsehen. Aus dem Spalt sickert Blut und tropft auf die Fahrbahn. Ich versuche, an seiner Halsschlagader den Puls zu ertasten. Ohne Ergebnis. Ich fühle gar nichts. »Ich fürchte, da ist wirklich nichts mehr zu machen«, sage ich zu meinem Partner. Der nickt und entgegnet: »Wir drehen ihn um und nehmen ihm den Helm ab. Dann wissen wir's genau.«

Ein paar Gaffer haben sich fast bis zu uns vorgearbeitet. Der Polizist verweist sie energisch zurück hinter die Absperrung. Es ist unglaublich, wie einige Leute vom Unglück anderer angezogen werden. Und wenn sie dann das ganze Elend direkt vor Augen haben, klappen sie zusammen und brauchen seelische Betreuung. Es wäre nicht das erste Mal.

Vorsichtig bringen wir den Mann in Rückenlage. Dort, wo er eben noch mit seinem Kopf lag, liegt jetzt ein Augapfel in einer kleinen Blutlache auf dem Asphalt. Der war durch die völlig zerfetzte Panoramascheibe aus dem Helm herausgefallen. Während wir das restliche Sichtglas entfernen, trifft der Notarztwagen ein. Das Team kommt zuerst zu uns. Wir teilen ihnen unsere Einschätzung mit, was den Zustand des Mannes angeht. Der Arzt betrachtet den Helm des Verletzten und kommt sofort zu demselben Schluss. »Okay. Ich glaube, hier sind wir überflüssig. Ihr schaut noch einmal genau nach, wir machen drüben weiter«, sagt er. Dann sind alle drei weg, um den Kollegen bei der Frau zu helfen, die immer noch diese röhrenden Laute von sich gibt. Und wir wenden uns wieder unserem Patienten zu.

Durch die glasfreie Sichtöffnung des Helms erkennen wir jetzt ein kleines Stück vom Gesicht des Mannes. Sein anderer Augapfel ist ebenfalls vollständig aus der Höhle herausgedrückt worden und starrt schräg zur Seite. Zwischen beiden Augenhöhlen verläuft ein breiter Riss. Mitten durch sein Gesicht. Mein Partner kniet sich hinter dem Kopf des Verunglückten auf die Straße, umfasst mit beiden Händen von oben Helm und Unterkiefer und sorgt dafür, dass dessen Halswirbelsäule gestreckt wird. Ich löse den Kinnriemen und übernehme die Extension, die verhindern soll, dass der Kopf nach hinten fällt. Dafür lege ich meine eine Hand auf den blutigen Unterkiefer, die andere unter den Hals des Mannes und übe Druck von der Halswirbelsäulen-Region her aus. Ich spüre sofort, dass die gesamte Halswirbelsäule nur noch aus einzelnen losen Wirbeln besteht. Da ist kein Zusammenhalt mehr. »Der hat sich auch noch das Genick gebrochen«, raune ich meinem Kollegen zu. Jetzt ist uns klar, dass wir hier wirklich nichts mehr bewirken können.

Wir nehmen ihm den Helm mit etwas Mühe trotzdem ab und sehen unsere Befürchtungen bestätigt. Der Kopf klappt von der Schädeldecke bis zum Oberkiefer nach links und rechts ein Stück weit auseinander. Er wurde nur noch durch den Helm zusammengehalten. Hirnmasse, Knochensplitter, Haare und Blut vermengen sich in der klaffenden Wunde zu einem Brei. Dazu kommen der zertrümmerte, nach beiden Seiten verschobene Oberkiefer mit den kreuz und quer herausstechenden Zähnen, die blutleere, zweigeteilte Oberlippe sowie die jetzt seitlich befindliche Nase. Dies alles lässt das käsige Gesicht zu einer Fratze mutieren. Wir brauchen uns nicht weiter zu bemühen. Der Mann ist hundertprozentig tot.

Ich bringe die Sanitätstasche zum Rettungswagen und hole ein Laken zum Abdecken. Als ich zurück bin, hat mein Partner die Lederjacke des Toten geöffnet und dessen Portemonnaie aus einer Innentasche gezogen. Darin finden wir einen Personalausweis. Der Mann ist gerade einmal fünfunddreißig Jahre alt geworden. Mein Partner notiert sich die Personalien für seinen Bericht, dann übergeben wir die Sachen an einen der anwesenden Polizisten. Die Leiche decken wir mit dem Laken ab. Sie bleibt liegen, bis die Kollegen des Verkehrsunfalldienstes der Polizei (VUD) die Unfallstelle vermessen und fotografiert haben.

Danach wird es unsere Aufgabe sein, den Toten in die Gerichtsmedizin zu bringen. Mein Partner kratzt sich am Hinterkopf und ich weiß genau, was er denkt. Man nimmt uns den Mann nämlich dort nur ab, wenn wir eine von einem Arzt unterschriebene vorläufige Todesbescheinigung vorlegen. Die würde normalerweise der hier anwesende Notarzt ausstellen, aber der hat dafür jetzt überhaupt nicht die Zeit. Er muss sich voll und ganz auf die Versorgung der schwer verletzten Frau konzentrieren. Mal sehen, wie wir das Problem gelöst kriegen.

Wir gehen zu den Kollegen hinüber und bieten unsere Hilfe an. Die Frau ist mittlerweile ruhiggestellt, intubiert und wird künstlich beatmet. Der verformte Helm liegt neben ihr auf dem Gehweg. Sie haben ihren Motorradanzug geöffnet und an Armen und Beinen der Länge nach aufgeschnitten, um sich einen Überblick über die Verletzungen zu verschaffen. Über einen intravenösen Zugang werden der Frau mittels Infusion Kochsalzlösung und Medikamente verabreicht. Der Arzt hat ein sogenanntes Polytrauma diagnostiziert, denn sie hat mehrere schwere äußere und innere Verletzungen gleichzeitig. Es besteht akute Lebensgefahr. Wir sehen einen offenen Oberschenkelbruch, das linke Knie ist aus dem

Gelenk gedreht, der linke Fuß abgewinkelt. Auch der linke Arm ist mehrfach gebrochen. Wahrscheinlich ist sie mit der gesamten linken Körperseite gegen die Hauswand geprallt. Welche inneren Organe dabei ebenfalls und in welchem Ausmaß beschädigt wurden, wird man erst während der Notoperation erkennen. Weil auch das Becken zertrümmert und eine Verletzung ihrer Wirbelsäule sehr wahrscheinlich ist, betten wir sie mit vereinten Kräften zunächst vorsichtig auf eine Vakuummatratze und mit dieser zusammen danach auf die Trage.

Behutsam schieben wir sie in den Notarztwagen, wo das Team versuchen wird, sie weiter zu stabilisieren und die Transportfähigkeit herzustellen. Da unsere Hilfe hierfür nicht mehr erforderlich ist und der Verkehrsunfalldienst noch auf sich warten lässt, haben wir jetzt etwas Zeit, die Unfallstelle näher in Augenschein zu nehmen.

Mittlerweile stehen oder sitzen wohl die meisten Bewohner der umliegenden Häuser hinter ihren geöffneten Fenstern und schauen auf das, was sich unten auf der Straße abspielt. Andere Fenster sind jetzt hell erleuchtet. Und auf der Straße selbst, hinter den Absperrleinen der Polizei, herrscht regelrechte Volksfeststimmung. Es wird lauthals diskutiert, man lacht, sogar Bierflaschen kreisen. Der Unfall wird für viele zum Event. Unfassbar.

Wir sehen uns das Motorrad genauer an. Eine schwere Maschine. Sie ist völlig demoliert. Lenker, Gabel, Vorderrad und Tank sind komplett zusammengeschoben und nur noch ein einziger Haufen verbogenes Metall. Lampe und Tacho fehlen, die Sitzbank ist abgesprengt. Wir sehen sie ein Stück weit weg auf dem Asphalt liegen. Der Tank ist zudem aufgerissen und ein Teil seines Inhalts auf die Fahrbahn gelaufen. Die Polizei hat Ölbindemittel ausgestreut, um den Kraftstoff zu binden.

Ein Polizist sieht uns bei der Maschine stehen und kommt zu uns herüber. »Könnt ihr mal eure Kollegen von der Lösche anfordern wegen dem Sprit?«, fragt er. Mein Partner sieht mich an. »Bin schon unterwegs«, sage ich und gehe noch mal zu unserem Rettungswagen. Über Funk fordere ich ein Löschgruppenfahrzeug (LF) zum Abpumpen und zur Aufnahme des restlichen Kraftstoffes an.

Danach kommen wir mit dem Polizisten ins Gespräch und erfahren etwas mehr über den wahrscheinlichen Unfallhergang. Er kam mit seinem Kollegen im Streifenwagen aus einer Seitenstraße, als die beiden mit dem Motorrad an ihnen vorbeigerast sind. Geschätzte Geschwindigkeit 120 km/h! Erlaubt sind hier 50 km/h. Sie hätten sofort das Blaulicht eingeschaltet und sind hinterher. Aber die Verfolgung endete, bevor sie richtig begonnen hatte.

»Ich wollte unseren Einsatz gerade über Funk an die Zentrale melden, da war's schon passiert«, berichtet er uns. »Der Motorradfahrer hatte in der Kurve wohl die Kontrolle über seine Maschine verloren. Sie war anscheinend nach links ausgebrochen und ist mit voller Wucht auf einen parkenden Pkw geprallt.« Er zeigt auf einen Wagen am Straßenrand, der uns bislang noch gar nicht aufgefallen war. Die ganze Vorderfront ist eingedrückt, die Windschutzscheibe zerstört.

»Während das Motorrad zurück auf die Straße geworfen wurde, müssen der Mann und seine Begleiterin über das Auto hinweg durch die Luft katapultiert worden sein«, vermutet er. »Sie wurde gegen die Hauswand geschleudert und er ist wie ein Geschoß, mit dem Kopf voran, gegen den Mast der Straßenlaterne da drüben geprallt und dann auch auf der Straße gelandet.« Der Polizist zeigt uns die Laterne. Sie steht auf halbem Weg zwischen dem Pkw und dem abgedeckten Toten. Der Peitschenmast hat in ungefähr zwei Metern Höhe eine gut sichtbare Delle. Das würde natürlich auch die schwere Kopfverletzung und den Genickbruch erklären.

Für mich ist so ein Geschwindigkeitsrausch einfach nicht nachvollziehbar, für andere hingegen ist es wohl der ultimative Kick. Für die beiden hier war's jedenfalls der allerletzte Kick. »Ob Alkohol im Spiel war?«, frage ich und füge hinzu, dass wir jedenfalls nichts gerochen hätten. Der Polizist zuckt mit den Schultern. »Das müssen die Gerichtsmediziner herausfinden.« »Gibt es Zeugen?«, will mein Partner wissen. »Nicht wirklich brauchbare«, meint der Ordnungshüter. »Wir haben zwar einen Autofahrer, der kurz vor uns am Unfallort war, aber den eigentlichen Unfallhergang kann er auch nicht beschreiben. Und einige Leute haben aus dem Fenster gesehen. Natürlich erst, als alles schon passiert war. Typische Knall-Zeugen.«

Wir müssen unsere Unterhaltung unterbrechen und den Notarztwagen durchlassen, der jetzt langsam aus der Einsatzstelle heraus manövriert und in Richtung Krankenhaus davonfährt. Wenn die Frau überlebt, wird sie vielleicht später mehr über die Umstände berichten können, die zu dem schrecklichen Unfall geführt haben. Auch die Kollegen vom anderen Rettungswagen haben ihre Sachen zusammengepackt. Für sie ist der Job hier erledigt. Für uns noch nicht.

Ein paar Minuten nachdem beide Fahrzeuge weg sind, trifft der Verkehrsunfalldienst ein und nimmt sofort seine Arbeit auf. Die gesamte Unfallstelle wird vermessen und es werden jede Menge Fotos gemacht. Allerdings nicht nur von offizieller Seite. Denn mittlerweile hat auch die Presse von der Sache Wind bekommen. Ein Reporter schleicht mit seiner Kamera umher und versucht, alles möglichst hautnah abzulichten. Dann ist das Löschgruppenfahrzeug zur Stelle. Wir weisen die Kollegen ein, und nachdem alle Vermessungen beendet und alle offiziellen Fotos geschossen sind, kümmern sie sich um das Motorrad. Der restliche Kraftstoff wird mit einer Handpumpe aus dem Tank in einen Kanister gepumpt. Das Motorrad selbst bleibt, wo es ist. Es wird von der Polizei sichergestellt.

Währenddessen holen mein Partner und ich die Trage aus unserem Rettungswagen. Unterstützt von zwei unserer Kollegen in Blau legen wir den Toten darauf. Der Reporter ist direkt neben uns, sein Objektiv berührt fast meinen Arm. Er hält jedes Detail im Bild fest. Meine Güte, ist das nervig. Natürlich wissen wir, dass auch er nur seinen Job macht, aber muss er uns deshalb wirklich so dicht auf die Pelle rücken? Zu viert tragen wir den toten Motorradfahrer zum Rettungswagen und schieben die Trage unter den Blicken und den Kommentaren der vielen Schaulustigen und den permanenten Blitzen der Reporterkamera in den Wagen. Dann machen wir uns schleunigst vom Acker.

Auf direktem Weg in die Gerichtsmedizin können wir nicht. Da ist ja immer noch unser Problem mit der fehlenden Todesbescheinigung. Wir fahren deshalb in das Krankenhaus, in das auch der Notarztwagen die verletzte Frau gebracht hat, in der Hoffnung, dass wir das Team dort noch antreffen. Aber bevor wir dort ankommen, hören wir über Funk, dass das Fahrzeug einen neuen Einsatz bekommt. Kurz darauf kommt es uns mit eingeschalteten Blaulichtern entgegen. Wir fahren das Krankenhaus trotzdem an. Jetzt muss eben der diensthabende Arzt die Bescheinigung ausstellen.

Ich parke unser Auto vor der chirurgischen Notaufnahme, verschließe alle Türen und dann gehen wir beide in die Station hinein. Dort herrscht hektische Betriebsamkeit. Der Warteraum ist gut gefüllt, aber die Leute müssen sich gedulden. Denn alles, was an Kapazitäten verfügbar ist, kämpft zurzeit im OP um das Leben der jungen Frau. Chirurgen, Anästhesisten, Krankenschwestern und Pfleger. Alle sind dort eingebunden. Alle, bis auf eine Schwester. Sie kommt aus einem der hinteren Behandlungsräume zu uns auf den Flur heraus, muss die genervten Wartenden vertrösten, bittet um Verständnis. »Was bringt ihr?«, fragt sie uns sichtlich gestresst. Wir erklären ihr unser Dilemma und erkundigen uns nebenbei nach dem Zustand der Frau. Was die Frau betrifft, sieht es düster aus. Die hat großflächige innere Verletzungen und es gibt kaum noch einen Knochen, der nicht gebrochen ist. Ihr Leben hängt wirklich am seidenen Faden.

Für unser Problem gibt es eventuell eine Lösung. »Ein junger Assistenzarzt versorgt im Behandlungsraum 2 ein Fußgelenk, und wenn er damit fertig ist, könnte er vielleicht kurz einen Blick auf euren Toten werfen«, meint sie. »So lange müsst ihr euch gedulden.« »Machen wir doch gerne«, entgegnet mein Partner betont freundlich. »Wir warten draußen.« Die Schwester eilt zurück in den Behandlungsraum, wir gehen ins Freie. Ich hole die Zigarettenschachtel aus meiner Tasche und biete meinem Kollegen auch eine an. »Wird auch Zeit«, meint er. »Ich hab schon Entzugserscheinungen.«

Genüsslich inhalieren wir den Rauch, während wir auf den Arzt warten. Nach unserer dritten Zigarette kommt er. Er ist genauso im Stress wie die Schwester. Wir öffnen eine der Seitentüren des Rettungswagens und lassen ihn einsteigen. »Machen Sie sich auf was gefasst«, warne ich ihn und schlage das blutige Laken am Kopfende zur Seite. Der Arzt prallt erschrocken zurück. »Mein Gott, was ist das denn?!«, ruft er und sieht zu, dass er wieder aus dem Fahrzeug heraus kommt. »Selbstverständlich ist der Mann tot. Toter geht es gar nicht«, bestätigt er uns. Dann will er wissen, wie das passiert ist. Wir erzählen es ihm und auch, dass die Frau im OP dazugehört. Er ist sichtlich betroffen. »Ich schreibe euch die Todesbescheinigung. Dauert nicht lange«, sagt er und geht zurück in die Notaufnahme. Mein Partner geht mit ihm, ich bleibe am Wagen. Nach einer weiteren Zigarette ist er zurück. In der Hand hält er den Totenschein.

Über Funk melden wir der Einsatzzentrale, dass wir in die Gerichtsmedizin fahren. Es ist jetzt halb vier und wir müssen einmal quer durch die Stadt. Aber der Verkehr hat deutlich abgenommen, wir kommen gut durch. In der Gerichtsmedizin gibt es auch keine Probleme. Man nimmt uns die Leiche schnell ab und unsere Nasen müssen den penetranten Geruch, der sich dort hartnäckig in den Kühlräumen festgesetzt hat, nicht allzu lange ertragen. Wir reinigen unser Auto von innen, beziehen die Trage neu und sind um 04.20 Uhr wieder an der Wache. Im Rettungswagen-Trakt herrscht gähnende Leere. Die beiden anderen RTW sind schon wieder im Einsatz, wir sind also zwangsläufig als Nächste dran. Auch eines der Löschfahrzeuge ist unterwegs. Eine typische Drei-Schachtel-Schicht eben.

Aber jetzt sind wir richtig kaputt, denn schließlich haben wir seit gestern Morgen kein Auge zugemacht. Noch schnell eine Zigarette, dann hauen wir uns aufs Ohr. Es ist 04.35 Uhr. Wenn wir Glück haben, kommt nichts mehr und wir kriegen noch knapp zwei Stunden Schlaf. Danach ist unsere Schicht zu Ende.

Wir haben aber kein Glück. Um kurz nach fünf erhellt das Alarmlicht den Ruheraum, verkündet ein heller Glockenton uns den sechzehnten Einsatz. Mein Körper weigert sich, eine aufrechte Position einzunehmen. Schwerfällig erhebe ich mich, meine Beine sind wie Blei. Auch mein Partner hat einige Probleme, in die Gänge zu kommen. Im Fahrzeug liest er mir die Einsatzdepesche vor. Es handelt sich um einen sogenannten Straßenunfall. Eine hilflose Person soll vor einem Lokal liegen. Na toll. Das hat uns als Krönung auch noch gefehlt.

Ohne ein Wort zu wechseln, fahren wir an die Einsatzstelle, es beginnt bereits zu dämmern. Wir finden einen Betrunkenen. Er liegt auf dem Gehweg vor einer Eckkneipe, aus der Musik und lautes Gegröle nach außen tönt. Der Mann hat eine Kopfplatzwunde und lallt uns voll. Wir sollen verschwinden, er will sich nicht helfen lassen. Das kommt bei uns jetzt richtig gut an. Wir setzen ihn auf und ohne viel Federlesens verpasse ich ihm einen Kopfverband. Mein Kollege hält ihn fest. Weil der Typ so voll ist, dass er sich alleine nicht mehr auf den Beinen halten kann, verfrachten wir ihn auf die Trage und schnallen ihn mit den Haltegurten darauf fest. Er pöbelt uns an und begreift nicht, dass er eine Wunde hat, die genäht werden muss, und dass vielleicht sogar sein Schädel verletzt ist.

Wir bringen ihn in dasselbe Krankenhaus, in dem wir nach unserem letzten Einsatz waren. Es liegt am nächsten. Ich fahre ruhig und gleichmäßig, gehe sanft in die Kurven und vermeide starkes Beschleunigen ebenso wie abrupte Bremsmanöver, damit der Kerl uns bloß nicht noch den Rettungswagen vollkotzt. Meine Fahrweise bewirkt allerdings genau das Gegenteil. Der Typ schläft ein. Mein Partner sitzt daneben und wacht über ihn. Ich glaube, insgeheim beneidet er ihn. Nach einer kurzen Fahrt stoppe ich wieder vor der chirurgischen Notaufnahme. Wir stellen unsere Trage auf einen Transportwagen und schieben den Herrn friedlich schlummernd in die Station hinein. Drinnen ist es ruhig geworden. Kein Mensch ist mehr im OP. Das kann ein gutes, aber auch ein schlechtes Zeichen sein. Das Pflegepersonal ist nicht begeistert, als sie uns sehen. Die sind genauso fertig wie wir nach dieser Nacht. »Tut uns leid«, begrüße ich sie und zeige auf unseren Patienten, »aber er hat sich mit einer Gehwegplatte angelegt.« »Dann schiebt ihn mal gleich ins Röntgen«, sagt ein Pfleger und geht voran.

Als wir den Mann auf den Röntgentisch legen, wird er wach, bleibt aber friedlich. Er greift sich an den Kopf und stöhnt. Jetzt macht sich der Sturz in seinem Schädel wohl erst richtig bemerkbar. Während sich das Pflegepersonal nun weiter um ihn kümmert, machen wir auf dem Flur unsere Trage klar. Dabei fällt unser Blick in den Warteraum. Dort sitzen nur noch zwei Männer und eine Frau. Vor ihnen hockt ein Arzt. Der ältere der beiden Männer starrt vor sich hin, die Frau weint bitterlich. »Sie hatten doch das ganze Leben noch vor sich«, schluchzt sie und presst die Hände vor ihr Gesicht. Der Arzt spricht leise mit ihr und versucht, sie zu beruhigen. Der andere Mann hat seinen Arm um ihre Schulter gelegt. Uns schwant Furchtbares, was sich auch gleich darauf bestätigt. Eine Schwester steckt uns, dass es sich um die Eltern des tödlich verunglückten Motorradfahrers handelt. Der andere Mann ist der Nachbar, er hat sie hergefahren. Die schwer verletzte Frau war die Schwiegertochter. Auch sie ist noch auf dem OP-Tisch verstorben. Ihre Verletzungen waren zu schwer. Die beiden hinterlassen zwei kleine Kinder.

Als wir an diesem Morgen an der Wache unter der Dusche stehen, verliert keiner mehr ein Wort über die vergangene Nacht. Wir sind einfach zu müde, um zu reden, und jeder hat nur noch den Wunsch, so schnell wie möglich nach Hause zu kommen, etwas zu essen und endlich zu schlafen.

5

IMMER DER NASE NACH

Es ist gerade erst zehn Uhr morgens, aber die Temperatur hat die zwanzig Grad Marke bereits deutlich überschritten. So wie es aussieht, wird wohl auch dies wieder ein hochsommerlicher, heißer Tag werden. Einer von denen, wie wir sie seit nunmehr fast zwei Wochen erleben und die in unserer Stadt nicht unbedingt die Regel sind.

Zu viert stehen wir schwitzend vor dem Haus, in dem wir einer Geruchsbelästigung nachgehen sollen, die den Mietern zu schaffen macht. Uns fallen sofort die beiden dunklen Fensterscheiben im ersten Stock auf, die sich deutlich von den übrigen Fensterscheiben in der weiß gestrichenen Altbaufassade abheben. Diese beiden Fensterscheiben wirken unruhig, sind scheinbar in Bewegung. Doch es sind Fliegen. Fette, schwarze Fliegen, die nach einem Weg ins Freie suchen. Bei ihrem Anblick ahnen wir bereits, was für eine Art von Geruchsbelästigung uns hier erwartet.

Eine ältere Mieterin hat unsere Ankunft bemerkt und empfängt uns im Hauseingang. Sie hält sich die Nase zu und berichtet, dass es schon seit Tagen übel riecht im Haus und dass der Gestank von Tag zu Tag zugenommen hätte. Wir können das sofort bestätigen. Im Hausflur stinkt es, als ob jemand nach einer deftigen Kohlmahlzeit auf dem Klo war und vergessen hat zu spülen. Jetzt sind wir uns ziemlich sicher. Hier liegt irgendwo eine Leiche.

»Ganz schlimm ist es in der ersten Etage«, näselt die Frau. »Deshalb bin ich heute Morgen nach oben gegangen und wollte endlich wissen, was da los ist. Aber in der Wohnung, aus der der Gestank kommt, funktioniert wohl die Klingel nicht. Vielleicht ist sie auch nur abgestellt. Ich habe dann geklopft, aber der junge Mann scheint nicht im Haus zu sein. Deshalb habe ich Sie gerufen. Ich hoffe, das war nicht falsch. Aber irgendwas muss doch jetzt mal passieren.

Da stimmt doch was nicht, oder?« Fragend schaut sie in die Runde. »Oh ja«, entgegnet unser Einsatzleiter, »das glaube ich auch.« Dann bittet er die Frau, in ihre Wohnung zu gehen und dort zu bleiben. Er verspricht ihr, dass wir der Sache auf den Grund gehen werden. Ihre Miene hellt sich deutlich auf. Sie bedankt sich, verschwindet schleunigst in einer Wohnung im Erdgeschoss und zieht die Tür fest hinter sich zu. Das Beste, was sie jetzt machen kann.

Je höher wir die knarrende Holztreppe hinaufsteigen, desto intensiver wird der Geruch. Und das, obwohl die Mieter bereits die Treppenhausfenster geöffnet und so für etwas Lüftung gesorgt haben. Vorsorglich lässt unser Chef durch unseren Maschinisten über Funk schon mal die Polizei anfordern. Gute Entscheidung. Bis die nämlich hier eintrifft, wird einige Zeit verstreichen. Je früher er sie benachrichtigt, desto schneller können wir den Einsatz beenden. In der ersten Etage wird es richtig unangenehm. Wir legen unsere Gerätschaften für die Türöffnung vor der Wohnungstür ab, hinter der wir die Quelle des Übels vermuten, und dann beginnt das übliche Prozedere. Suche nach alternativen Zugangsmöglichkeiten, Befragung der Mieter, ob eventuell Zweitschlüssel vorhanden sind oder Angehörige in der Nähe wohnen. Alles negativ. Der junge Mann soll nicht gerade kontaktfreudig gewesen sein. Also, Tür öffnen.

Ein Leichenfund ist nie eine angenehme Sache, aber er ist Teil unserer Arbeit und die meisten von uns haben im Laufe der Zeit eine gewisse Resistenz entwickelt beim Anblick von Toten. Ich selbst auch. Allerdings lässt die Intensität des Geruchs bereits jetzt vermuten, dass es sich diesmal wohl um ein ganz besonderes Exemplar handelt. Die breite, hölzerne Wohnungstür hat in ihrer oberen Hälfte drei schmale, vertikale Glasausschnitte. Dahinter ist von innen eine Holzplatte befestigt worden, sodass ein Blick in die Wohnung nicht mehr möglich ist. In der unteren, geschlossenen Hälfte, befindet sich ein Briefschlitz, der durch eine Messingklappe verdeckt wird. Als unser Einsatzleiter die Klappe anhebt, versperrt ihm auch hier die Holzplatte die Sicht. Der Mann hat sich anscheinend verbarrikadiert, ist unsere gemeinsame Schlussfolgerung. »Das könnte problematisch werden«, meint unser Chef. »Und deshalb warten wir jetzt auch nicht auf die Polizei, sondern fangen schon mal an zu arbeiten.«

Den Schließzylinder im Sicherheitsschloss haben wir schnell entfernt und wir können das Schloss auch mit einem Bauschlüssel entriegeln. Aber die Tür lässt sich trotzdem nicht öffnen, so sehr wir auch drücken und uns dagegen stemmen. Vermutlich wurde die Platte mit dem Türrahmen verbunden. Der Junge hat offensichtlich ganze Arbeit geleistet.

Um diese Verbindung trennen zu können, zerschlägt ein Kollege zunächst die Linke der vertikalen Glasscheiben und drischt danach mit einem schweren Fäustel auf die Holzplatte ein. Das ist nicht so einfach, denn der Ausschnitt ist nicht sehr breit. Er muss genau zielen und kann nicht mit voller Wucht zuschlagen. Außerdem sitzt die Platte ziemlich fest. Aber letztendlich biegt sie sich dann doch langsam nach innen, die Verbindungsnägel werden nach und nach sichtbar. Und die sind sehr lang und es sind sehr viele.

Durch den so entstandenen Spalt dringt plötzlich eine sehr warme, konzentrierte Wolke dieses fürchterlichen Geruchs zu uns in den Treppenraum, begleitet von einigen dicken schwarzen Fliegen, die die Gunst des Augenblicks nutzen, um zu verschwinden. Wir treten alle ein paar Schritte zurück und bedecken unsere Nasen und Münder mit unseren Händen. Für den Kollegen, der bis eben den Fäustel geschwungen hat, ist die Grenze des Erträglichen jetzt überschritten. »Tut mir leid, Kollegen«, ruft er, »aber ich muss euch verlassen.«

Im Eiltempo stürzt er die Treppe hinunter. In diesem Augenblick trifft zu unserer aller Überraschung bereits die Polizei ein. Ein älterer Beamter in Begleitung einer jungen Kollegin. Beide verziehen das Gesicht wegen des penetranten Geruchs. »Ihr seid aber schnell«, bemerkt unser Einsatzleiter. »Wir waren quasi um die Ecke. Haben den Einsatz über Funk bekommen«, lautet die Antwort der Polizistin. Ihr Kollege sagt gar nichts, aber sein Gesichtsausdruck dafür alles. Begeisterung sieht anders aus. Denn auch für die Polizei ist so ein Leichenfund natürlich nicht nur genauso unangenehm wie für uns, sondern auch noch mit einem erheblichen Mehraufwand an Schreibarbeit verbunden. Aber es hilft nichts. Wir müssen sehen, dass wir diesen Einsatz gemeinsam zum Ende bringen. Und dazu müssen wir als Erstes diese verdammte Holzplatte aus dem Weg kriegen.

So wie es aussieht, wird unsere jetzige Aktion nur bedingt zum Erfolg führen, zumal wir an den unteren Teil der Platte auf diese Art und Weise gar nicht herankommen. Deshalb wird nun ein weiterer Kollege zum Fahrzeug geschickt. Er soll eine Eisenstange holen, damit wir die Platte damit wegdrücken können. Unser Chef zerschlägt jetzt auch die rechte Scheibe, sodass nur noch der mittlere Türausschnitt mit Glas ausgefüllt ist. Ich übernehme den Fäustel und schlage durch den nun glasfreien rechten Ausschnitt so lange auf die Platte ein, bis sie sich auch hier vom Rahmen löst. Danach brauche auch ich eine kleine Auszeit und muss meinen Kopf eine halbe Treppe tiefer für einen Moment aus dem Treppenhausfenster halten. Unten vor dem Haus sehe ich unser Löschgruppenfahrzeug, an das sich ein sehr blasser Kollege anlehnt. Der Maschinist kümmert sich um ihn, reicht ihm eine Wasserflasche. Der wird seine Frikadellen heute Mittag garantiert nicht anrühren, denke ich bei mir. Mal sehen, ob überhaupt noch einer von uns Appetit hat, wenn wir hier fertig sind.

Als der andere Kollege mit der Stange kommt, gehe ich wieder mit nach oben. Wir setzen sie abwechselnd als Rammbock oder als Hebel ein und es dauert noch eine ganze Weile, bis wir die Holzplatte endgültig wegdrücken können. Immer mehr Fliegen drängen nach außen und immer mehr Gestank kommt uns entgegen. Die ganze Luft ist nur noch erfüllt von diesem fiesen Kohlgeruch. In den Etagen über uns werden Türen geschlossen. Die letzten neugierigen Mieter verlassen das Treppenhaus und flüchten in ihre

Wohnungen und auch die Polizei zieht sich diskret in Richtung Erdgeschoss zurück. Aber immerhin haben wir Erfolg. Wir können unsere Tür jetzt zumindest so weit öffnen, dass wir durch den Spalt in die Wohnung gelangen.

Der Gestank ist bestialisch und die Luft stickig. Die Holzplatte, die nun schräg im halbdunklen Flur baumelt und weiterhin die Tür blockiert, stellen wir an die Seite. Jetzt lässt sich die Tür endlich vollständig öffnen und es fällt etwas mehr Licht vom Treppenhaus hinein. In diesem Augenblick entdecken wir die Maden, die uns auf den hölzernen Bodendielen entgegenkommen. Kleine weiße Fliegenmaden, die mit wellenartigen Bewegungen vorwärtskriechen. Wie ein langsam dahin plätschernder Bach.

Unser Gruppenführer schaltet das Licht ein. Die Viecher sind überall. Einige versuchen, die Flurgarderobe zu erklimmen. Andere bevölkern eine Bodenvase. Sie kommen alle aus einem Zimmer am Ende des Flures, begleitet von ihren schwarzen Erzeugern, deren Brummen die Luft erfüllt. In dieses Zimmer müssen wir hinein, das wissen wir, denn genau da werden wir finden, wonach wir suchen. Aber der Weg dorthin führt nur über den Madenteppich. »Tja Männer, es nützt nichts. Da müssen wir durch«, stellt unser Chef nüchtern fest und marschiert voran. Mein Kollege und ich folgen ihm.

Es ist ein unangenehmes Gefühl, auf die Maden zu treten und sie unter meinen Stiefeln zu zerquetschen, und es hört sich so an, als ob ich in Schneematsch herumlaufe. Pitsch, patsch, pitsch, patsch. Ich bekomme eine Gänsehaut. Dazu kommen die Fliegen, die um unsere Köpfe kreisen und die sich auf unseren Körpern und in unseren Gesichtern niederlassen. Wir schlagen mit den Händen in der Luft herum, um sie zu verscheuchen. Schließlich erreichen wir das Zimmer und das Summen und Brummen nimmt noch einmal zu. Die Tür steht weit offen. Nacheinander gehen wir hinein.

Der ganze Raum ist in ein gräuliches, milchiges Licht getaucht. Das heruntergelassene Rollo lässt nur wenig Sonnenlicht herein. Der Fliegenschwarm, der vor der Fensterscheibe herumwuselt, wirft ein unruhiges Schattenmuster darauf. Unsere Blicke wandern durchs Zimmer. In der Mitte ein kleiner, rechteckiger Campingtisch, darauf ein voller Aschenbecher, Zigarettenschachteln, ein Glas und mehrere Schnapsflaschen. Neben dem Tisch zwei helle Klappstühle, rechts an der Wand eine ausgezogene, flache Schlafcouch. Darauf liegt die nackte Leiche.

Sie liegt auf dem Rücken und stellt alles in den Schatten, was ich, und ich schätze, auch meine Kollegen, bislang an Leichen erblickt haben. Ein riesiger, aufgedunsener, bläulich schwarzer Kadaver, an dem sich die Maden gütlich tun und dessen aufgeblähter Leib nicht nur die gesamte Liegefläche der Couch ausfüllt, er überragt auch um einiges die Tischplatte des Campingtisches. »Heilige Scheiße«, rutscht es unserem Einsatzleiter heraus und für einen Moment bleiben wir alle drei wie angewurzelt stehen und starren auf dieses monströse Gebilde, welches einmal ein Mensch war.

Die stickige Wärme und der Gestank sind hier im Raum kaum noch zu ertragen. Ich merke, wie mir der Schweiß aus allen Poren herausquillt und meine Feuerwehrklamotten an meinem Körper kleben lässt. »Lasst uns erst mal lüften!«, rufe ich und stürze zum Fenster. Pitsch, patsch, pitsch, patsch. Auch hier lebt der Fußboden. Ein kurzer, kräftiger Zug an der Kordel lässt das Rollo nach oben schnellen, wo es sich ein paarmal um die Welle dreht. Sofort hebt der Schwarm von der Scheibe ab und fliegt wild davor hin und her. Auf der Fensterbank stehen ein paar leere Bierflaschen und eine offene Ravioli-Dose, in der ein Löffel steckt, umrankt von einem filigranen Pilzgeflecht.

Ich packe den Fenstergriff, drehe ihn um neunzig Grad, was einige der Fliegen sofort dazu ermuntert, auf meiner Hand zu landen. Angewidert öffne ich mit einem Ruck das Fenster. Die Sachen fallen von der Fensterbank herunter und zwei von den Flaschen zersplittern auf dem Boden. Das ist mir jedoch völlig egal. Hauptsache, es kommt endlich Luft herein. Das Gros der Fliegen sitzt noch immer auf der Scheibe und sucht weiterhin den Weg ins Freie, während andere sich schon von dannen machen. Meine beiden Kollegen lüften ebenfalls, reißen alle noch geschlossenen Fenster in der gesamten Wohnung auf. Viel ändert sich dadurch allerdings nicht, denn auch draußen steht die Luft. Von Durchzug kann schon gar keine Rede sein. Aber immerhin ist es jetzt hell im Zimmer und das Tageslicht sorgt dafür, dass nun auch die letzten ekligen Details zum Vorschein kommen.

Die hohe Umgebungstemperatur hat den Verwesungsprozess der Leiche bereits erheblich vorangetrieben, was sich nicht nur in deren schwarzer Färbung äußert. Die meisten Körperteile des Toten wirken absolut überdimensioniert. Insbesondere der von Faulgasen aufgeblähte Hodensack, der die Größe einer Wassermelone erreicht hat, sowie ein oberschenkelgroßer Penis versetzen mich in ungläubiges Erstaunen. Aus den Körperöffnungen ist reichlich übelriechende Flüssigkeit ausgetreten, die sich um den Leichnam herum im Bettlaken verteilt hat und in die Liegefläche der Couch eingedrungen ist.

Aber nicht nur die Leiche selbst, auch das Ausmaß der Fliegenbrut ist beeindruckend. Wie lange genau sie ihr gefräßiges Werk bereits verrichten konnten, entzieht sich unserer Kenntnis und wird durch die Rechtsmediziner zu klären sein. Aber dass der Mann mindestens ein bis zwei Wochen hier liegt, ist ziemlich gewiss. Wahrscheinlich befanden sich bei Eintritt seines Todes nicht mehr als eine Handvoll der fliegenden Exemplare in der Wohnung. Die plötzliche, unerschöpfliche Nahrungsquelle muss ihren Fortpflanzungstrieb dann aber in einem Maße beflügelt haben, dass ihr Bestand sich explosionsartig vervielfacht hat. Das Ergebnis krabbelt vor unseren Augen herum. Auf dem Boden, dem Tisch, den Klappstühlen, der Couch und – natürlich – auf der Leiche selbst.

Pitsch, patsch, pitsch, patsch. Vom Flur her nähern sich Schritte. Der Polizist betritt das Zimmer. Hinter ihm lugt vorsichtig seine junge Kollegin um die Ecke. Beide pressen sich ein Taschentuch vor Mund und Nase. Als sie die Leiche erblicken, wirft er seinen Kopf zur Seite und wendet den Blick angewidert ab. Seine Kollegin stößt einen spitzen Schrei aus, der durch das Taschentuch nur unwesentlich gedämpft wird. Dann verlässt sie fluchtartig die Wohnung.

Unsere Arbeit ist im Wesentlichen beendet. Wenn wir Glück haben, finden wir noch einen Ausweis und können die Personalien des Mannes festhalten. Alles andere ist Sache der Polizei. Und ob sie will oder nicht, die junge Polizistin wird noch einmal in dieses Zimmer zurückkehren müssen. Denn auch wenn sich jetzt bei genauerem Hinsehen einige der vermeintlichen Zigarettenpäckchen auf dem Campingtisch als Tablettenschachteln entpuppen und somit einen Suizid vermuten lassen, wird sie mit ihrem Kollegen nach weiteren Hinweisen suchen müssen, die vielleicht Aufschluss geben können über die Umstände, die zum Tod des jungen Mannes geführt haben. Die beiden werden einen Bestatter mit der Überführung in die Rechtsmedizin beauftragen. Sie werden die Wohnung versiegeln, eine Entwesung veranlassen, die Mieter befragen, gegebenenfalls mögliche Angehörige ausfindig machen und diese dann benachrichtigen. Eine Menge Arbeit.

Wir hingegen können jetzt endlich unsere Sachen zusammenpacken und den Ort des Gestanks verlassen. Jeder von uns weiß nur zu gut, dass dieser widerliche Geruch, der sich hartnäckig in unseren Nasen festgesetzt hat, uns dort noch einige Tage erhalten bleiben wird und dass er alle Gerüche, die wir in der nächsten Zeit wahrnehmen, überlagern wird. Alles wird irgendwie nach Kohl riechen. Mein Mittagessen an der Wache esse ich trotzdem, obwohl auch mir der Appetit ziemlich vergangen ist. Allerdings beschränke ich mich auf das Gemüse. Die Frikadellen rühre ich nicht an.

6

FAMILIENTRAGÖDIE

Den Alarm für den Löschzug kriege ich irgendwie im Unterbewusstsein mit und bin froh, dass unser Rettungswagen diesmal nicht betroffen ist. Jetzt erwischt es mal die Jungs in »Blau«, denke ich bei mir. Das nennt man Gerechtigkeit. Während ich mir die Bettdecke über die Ohren ziehe und mich auf die Seite drehe, nehme ich in weiter Ferne noch die Motorengeräusche der Löschfahrzeuge in der Remise wahr.

Gerade bin ich dabei, wieder ins Land der Träume abzusegeln, als es uns dann doch trifft. Und nicht nur uns alleine, sondern alle drei Rettungswagen der Wache gleichzeitig. So ein Mehrfachalarm ist nicht die Regel und bedeutet meistens, dass etwas Größeres passiert ist. Oftmals sind es Unfälle mit mehreren Verletzten. Manchmal sind es aber auch Feuer, bei denen Menschenleben gefährdet sind. Da kurz zuvor der Löschzug ausgerückt war, könnte zwischen den beiden Alarmierungen durchaus ein Zusammenhang bestehen. Auch die Zeit, 02.20 Uhr, wäre wieder einmal typisch für eben einen solchen Feuereinsatz. Die Einsatzdepesche bringt uns Gewissheit. »Wahrscheinlich ein dicker Hund!«, ruft mein Partner und knallt mir einen Straßennamen an den Kopf, während er sich auf den Beifahrersitz fallen lässt. Ergänzend fügt er hinzu: »Notarztwagen ist auch mit aus!« Ein dicker Hund ist im Feuerwehrjargon ein Großeinsatz beziehungsweise ein besonders schlimmer Einsatz. In diesem Fall sollen wir dem Löschzug hinterher zu einem Wohnungsbrand, bei dem nach neuesten Informationen noch mehrere Personen in der Wohnung eingeschlossen sind. Wenn das stimmt, ist die Nacht gelaufen, so viel ist sicher.

»Weißt du, wo das ist, oder soll ich nachsehen?«, fragt der Kollege und greift nach dem »Wahrsager«, einem Aktenordner, der auf jedem Fahrzeug liegt und in dem alle Straßen unseres Wachreviers mit den dazugehörigen Anfahrten alphabetisch aufgelistet sind. Mein Gehirn arbeitet. Die Straße ist mir bekannt. Ich bin dort schon gewesen. Es dauert drei, vier Sekunden, dann hab ich's. Wie einen Film spule ich die Anfahrt vor meinem geistigen Auge ab. »Alles klar, alles klar!«, erwidere ich und will schon das Gaspedal durchtreten. Doch die Kollegen im Rettungswagen neben uns sind schneller. Ihr Fahrzeug schießt an uns vorbei aus der Halle hinaus. Wir anderen brauchen ihnen jetzt nur noch zu folgen.

Als kleine Kolonne durchqueren wir in rasanter Fahrt das friedlich schlummernde Wachrevier und erhellen mit unseren zuckenden Blaulichtern jeweils für kurze Augenblicke die dunklen Häuserfassaden. Nach ungefähr vier Minuten erreichen wir die Einsatzstelle. Sie liegt in einer schmalen Seitenstraße. Kleine Rasenflächen trennen die vier- bis fünfgeschossigen, geschlossenen Häuserzeilen von den Gehwegen und der Straße. Alles ist wieder einmal sehr eng. Die eine Straßenseite ist mit Pkw vollgeparkt, die verbliebene Fahrbahn wird im Bereich der Brandstelle sowohl von Einsatzfahrzeugen der Feuerwehr als auch der Polizei dominiert. Es ist das reinste Blaulichtgewitter und es herrscht, wie immer bei derartigen Einsätzen, hektische Betriebsamkeit.

Die Kollegen vor uns stoppen ihren Rettungswagen hinter dem letzten Streifenwagen. Ich will das ebenfalls tun, aber mein Partner hat einen besseren Vorschlag. »Fahr auf den Gehweg und versuch näher ranzukommen«, rät er mir, »dann müssen wir mit der Trage nicht so weit laufen.« Ich weiche also auf den Gehweg aus, fahre an mehreren Einsatzfahrzeugen vorbei und halte in Höhe unseres Tanklöschfahrzeuges auf einem Rasenstück. Genau gegenüber dem Hauseingang, in dem der pralle C-Schlauch verschwindet, den die Jungs vom Löschzug dort bereits ausgelegt haben. Der Rettungswagen hinter uns ist unserem Beispiel gefolgt und stellt sich neben uns auf.

Als wir aussteigen, zieht sofort dieser typische beißende Brandgeruch in unsere Nasen. Es geht ein leichter Wind und für eine

Frühlingsnacht ist es doch ziemlich kühl. Mir laufen einige Schauer über den Rücken, ich bekomme eine Gänsehaut. Während ich rasch meine weiße Rettungsdienstjacke überziehe, versuche ich, die augenblickliche Situation zu erfassen. Der Leiterpark der Drehleiter ist bereits aufgerichtet und schiebt sich in Richtung Häuserblock nach oben. Die beiden Scheinwerfer an seinem oberen Ende strahlen die rote Backsteinfassade an. Der Maschinist steuert auf ein Fenster im vierten Obergeschoß zu, aus dem die Flammen nach außen schlagen. Aus dem Fenster links daneben quillt dicker schwarzer Rauch. Zwei Kollegen vom Zug rüsten sich mit Atemschutzgeräten aus, zwei andere kuppeln ein Strahlrohr an das Ende eines weiteren C- Schlauches. Sie alle warten darauf, dass der Leiterpark seine endgültige Position erreicht, um ihn dann sofort als zweiten Angriffsweg zu nutzen und den Trupp in der Wohnung von außen zu unterstützen.

Etwas abseits haben sich zahlreiche Anwohner auf der Straße versammelt und diskutieren aufgeregt miteinander. Polizeibeamte sorgen dafür, dass sie den Einsatz nicht behindern. Plötzlich kommt der Maschinist des Tanklöschfahrzeugs zu uns herübergelaufen. Seine eine Hand umklammert das Sprechfunkgerät an seinem Ohr, mit der anderen zeigt er auf uns. »Eine Person mit Verbrennungen auf dem Laubengang !«, ruft er. »Vermutlich noch weitere Personen in der Wohnung! Anweisung vom Zugführer: Alle RTW-Besatzungen sofort nach oben! Wiederbelebungsgeräte und Bergetücher mitbringen!« Weg ist er wieder, rennt zurück zu seinem TLF.

Ich merke, wie das Adrenalin in meinen Körper schießt. »Das hört sich gar nicht gut an«, meint ein Kollege vom anderen Rettungswagen. Mit einem Ruck reiße ich die Seitentür unseres Fahrzeugs auf und springe in den Patientenraum. Mit fliegenden Fingern entferne ich die Halterung für die Sauerstoffflasche, die an der Wand neben dem Kopfende der Krankentrage hängt und klemme sie mir unter den Arm. Ebenso die dazugehörigen Behandlungsgeräte, die über eine Verteilerleiste mit der Flasche verbunden sind. Pulmotor, Absauger, Sauerstoffinhalationsmaske. Mein Partner öffnet die mittig geteilte Heckklappe. Die eine Hälfte schnellt nach oben, die andere Hälfte klappt er herunter. Er greift sich die Tasche mit dem Beatmungsbeutel und dem Verbandmaterial sowie das Bergetuch.

Gemeinsam mit den Kollegen vom Rettungswagen neben uns, die sich ebenfalls entsprechend ausgerüstet haben, stürmen wir in Richtung Hauseingang. Von links ertönen Martinshörner, ein weiterer Löschzug trifft ein. Ich schaue schnell in die Richtung und hoffe, dass auch der Notarztwagen dabei ist, kann ihn aber nicht entdecken. Dann sind wir auch schon im Haus. Über die Treppe hetzen wir nach oben, immer dem Schlauch nach. Vorbei an verstörten Hausbewohnern, die uns entgegenkommen oder die verängstigt neben ihren offenen Wohnungstüren verharren. »Schließen Sie die Türen! Verlassen Sie das Haus!«, rufen wir ihnen im Vorbeilaufen zu. Denn auch hier im Treppenraum ist der Brandgeruch allgegenwärtig und er nimmt stetig zu, je höher wir kommen.

Ab der dritten Etage können wir über uns die Kollegen vom Löschzug hören, wie sie sich gegenseitig etwas zurufen. Wir hören das Klirren von Glas, das Zischen und Fauchen des Löschwasserstrahls, während wir weiter aufwärts hetzen. In der vierten Etage folgen wir dem Schlauch durch einen kleinen, schon erheblich verqualmten Verbindungsflur, der zu einem Laubengang an der Rückseite des Gebäudes führt. Normalerweise wäre hier kein Rauch, aber der Schlauch verhindert, dass die Brandschutztür, die den Laubengang vom Treppenraum trennen soll, komplett schließen kann. Wir müssen gebückt gehen, um keinen Rauch zu inhalieren.

Man erwartet uns. Zwei unserer Kollegen vom Zug knien neben einem Mann, der gleich hinter der Brandschutztür draußen auf dem Gang liegt, und bemühen sich um ihn. Er hat fürchterliche Verbrennungen am ganzen Körper, an dem nur noch einige verkohlte Reste seiner ehemaligen Bekleidung kleben. Überall dicke Brandblasen, die Haare sind komplett weggebrannt, das Gesicht ist vom Feuer völlig entstellt, der Bauch aufgerissen und voller Blut.

Sein Körper dampft, es riecht nach verbranntem Fleisch. Aber er lebt noch, bewegt sich, röchelt und stöhnt vor Schmerz. Wir übernehmen ihn. Jedem von uns ist jedoch sofort klar, dass wir hier oben nicht viel für ihn tun können. Es ist alles viel zu verqualmt und die Lage ist selbst für uns hier nicht ungefährlich. Nur etwa zwei Meter entfernt befindet sich nämlich der Wohnungseingang, aus dem dieser pechschwarze, kochendheiße, dichte Qualm herauswabert. Ebenso aus dem zerstörten Fenster daneben.

Die enorme Hitze hat bereits Teile der Betondecke des Laubenganges abplatzen lassen und der Rauch hüllt uns mehr und mehr ein. Unsere Augen beginnen bereits zu tränen, wir müssen husten. Der Mann muss so schnell wie irgend möglich nach unten in den Notarztwagen, sofern dieser denn schon eingetroffen ist. Unser Zugführer hockt auf dem Boden vor dem Eingang. Und während er lautstark über sein Funkgerät mit dem Angriffstrupp kommuniziert, der sich löschend und nach weiteren Personen suchend durch die Wohnung kämpft, entfalten wir rasch eines der Bergetücher. Erst jetzt fällt uns auf, dass wir nur zu viert sind. Die Besatzung unseres dritten Rettungswagens ist gar nicht hier oben. Die standen mit ihrem Fahrzeug hinter dem Streifenwagen wohl zu weit weg, haben das alles nicht mitbekommen. Wie dem auch sei, der Mann muss runter, und zwar sofort.

Doch gerade als wir ihn auf das Tuch heben wollen, überschlagen sich plötzlich die Ereignisse. Der Angriffstrupp stolpert schwer atmend aus der verqualmten Wohnung heraus auf den Gang. Jeder der beiden trägt einen kleinen, leblosen Körper in seinen Armen. Es sind Kinder. Weil die Panoramascheiben ihrer Atemschutzmasken durch Rußpartikel völlig verschmutzt sind, können die Kollegen nur schwer etwas von ihrer Umgebung erkennen. Sie wirken etwas desorientiert, schauen für einen kurzen Moment hilfesuchend in die Runde. »RTW-Besatzung! Übernehmen!«, brüllt der Zugführer und gibt sofort über sein Funkgerät durch, dass zwei weitere Notarztwagen benötigt werden. Und im nächsten Augenblick halte ich auch schon eines der kleinen Bündel in meinen Händen.

Es ist fast nackt, nur mit einem kleinen Höschen und einem Unterhemdchen bekleidet. Augenscheinlich ein kleiner Junge, vielleicht zwei, höchstens drei Jahre alt. Ganz aufgeheizt von der Hitze in der Wohnung, aber ohne sichtbare Verbrennungen. Stattdessen ist der kleine Körper komplett mit schwarzem Ruß überzogen. Dann ist der verbrannte Mann hier vermutlich der Vater der Kinder. Und was ist mit der Mutter? Ist sie etwa auch noch in der Wohnung? Mir bleibt keine Zeit zum Überlegen.

Ich renne einfach los, folge dem Kollegen vom anderen Rettungswagen, der das zweite Kind übernommen hat. »Bringt unsere Sachen mit runter!«, rufe ich, während wir schon durch den verqualmten Verbindungsflur zur Treppe spurten. Hier oben, in der verrauchten Umgebung, sind die Bedingungen für eine Reanimation alles andere als optimal. Wenn die Kinder überhaupt eine Chance haben, dann im Rettungswagen beziehungsweise im Notarztwagen. Um den Mann auf dem Laubengang müssen sich jetzt andere Kollegen kümmern. So ist es leider, wenn sich plötzlich eine neue Situation ergibt.

Wir rennen, als ginge es um unser eigenes Leben, gefolgt von unseren Partnern mit den Geräten. Die Kinder in unseren Armen zeigen keine Regung. Arme und Beine hängen schlaff nach unten. Als wären es Gummipuppen. Auf jedem Treppenabsatz bremsen wir kurz ab, pressen unsere Münder auf die kleinen Gesichter, versuchen, ihnen mit unserem Atem Leben einzuhauchen. Dann rennen wir weiter. Der giftige Rauch, der ihre Atemwege verätzt und ihre Lungen gefüllt hat, hinterlässt einen bitteren Geschmack auf unseren Lippen. »Aus dem Weg!« Hausbewohner, die sich noch immer im Treppenraum aufhalten, weichen erschrocken zur Seite, als sie unsere durchdringenden Stimmen hören.

Mein Herz schlägt bis zum Hals und es kommt mir so vor, als würde ich über die Stufen fliegen. Nur nicht über den Schlauch stolpern und zusammen mit dem Kind die Treppe hinunterfallen. Nur das nicht. Unten im Hausflur kommen uns zwei fremde Kollegen in Rettungsdienstbekleidung entgegen. »Seid ihr vom NAW?«, ruft mein Kollege ihnen zu, ohne sein Tempo zu verlangsamen. Die beiden erblicken die leblosen Kinder in unseren Armen und springen an die Seite, um uns den Weg frei zu machen. »Nein, der steht draußen!«, ist die Antwort. »Wir sind vom vierten RTW, wurden nachalarmiert! Wo sollen wir hin?« – »Nach oben! Vierter Stock! Laubengang! Verbrannter Mann!«, keuche ich und renne an ihnen vorbei ins Freie.

Der Notarztwagen steht ein Stück entfernt auf dem Gehweg, die beiden Hecktüren sind weit geöffnet. Im Patientenraum macht sich die Besatzung an den Geräten zu schaffen. Mein Kollege läuft mit seinem Kind direkt dorthin. Ich muss zu unserem Rettungswagen. Zwei Reanimationen gleichzeitig in einem Fahrzeug sind nicht möglich. Vor dem Heck unseres Fahrzeuges bleibe ich stehen und schaue mich um. Mein Partner schnauft heran, sieht aus wie ein Packesel mit den vielen Geräten in seinen Händen und der Sanitätstasche um den Hals. Er lässt einfach alles auf den Rasen fallen, als er bei mir ist, und während ich weiter Mund-zu-Mund-Beatmung mache, löst er die Arretierung der Trage und zieht sie heraus. Ich lege das leblose Kind darauf und wir schieben es in den Rettungswagen.

Den Weg um das Fahrzeug herum bis zur Seitentür spare ich mir, springe stattdessen auf das heruntergeklappte Heckklappenteil und klettere von dort direkt in das Wageninnere hinein, um keine Zeit mit der Beatmung zu verlieren. Ich taste nach dem Puls des Kleinen an dessen Halsschlagader, fühle dort aber absolut nichts. Behutsam überstrecke ich seinen Kopf, und während meine Lippen wieder seinen Mund und die Nase umschließen, höre ich, wie die Heckklappe zufällt, registriere, dass die Seitentür geöffnet wird und mein Partner die Geräte und sich selbst in den engen Innenraum verfrachtet, um mich zu unterstützen. Er schaltet die volle Innenraumbeleuchtung ein, öffnet hastig die Sanitätstasche und packt aus, was wir für die Reanimation benötigen. Bis zum Eintreffen der nächsten beiden Notarztwagen sind wir erst einmal auf uns allein gestellt.

»Hier, nimm«, sagt er und reicht mir den kleinsten Guedeltubus, den wir zur Verfügung haben. »Mach den Beatmungsbeutel fertig«, erwidere ich, nehme den Tubus und platziere ihn im Mund des Jungen. Jetzt kann seine kleine Zunge nicht mehr nach hinten fallen und seine Atemwege blockieren. Ich halte ihm die Nase zu und presse meine Lippen erneut auf seinen Mund, spende ihm vorsichtig meinen Atem. Einmal, zweimal, dreimal. Sein Brustkorb hebt und senkt sich im Rhythmus meiner Beatmung. Dann ist der Beatmungsbeutel mit der kleinen Kindermaske daran einsatzbereit, ist über einen Schlauch mit der Sauerstoffleiste verbunden.

»Ich übernehme! Mach du die Herzdruckmassage!«, sagt mein Partner und schiebt sich hinter den kleinen, rußgeschwärzten Kopf mit den halb geöffneten Augenlidern. Ich weiche zur Seite aus, postiere mich vor dem Sitz für den Begleiter neben der Trage. Hier habe ich eine gute Position, kann den Oberkörper des Jungen optimal erreichen. Unter der Trage liegt das Brett für die Reanimation. Mit einem schnellen Griff ziehe ich es heraus, schiebe es zwischen Tragenuntergestell und -auflage, dorthin, wo der Körper des Kindes liegt.

Dann beginne ich mit der Herzdruckmassage. Ganz vorsichtig. Mit nur einer Hand. Schließlich ist es der Brustkorb eines Kindes, nicht der eines Erwachsenen. Zehn Druckstöße ohne Unterbrechung hintereinander, dann immer im Wechsel mit der Beatmung des Kollegen. Fünf Druckstöße, eine Atemspende mit dem Beatmungsbeutel. Ich zähle laut mit. »Eins, zwei, drei, vier, fünf!« Bei jeder Druckmassage erzittert der kleine Körper, wird das Herz des Kindes zwischen Brustbein und Wirbelsäule zusammengepresst. Das Brett unter seinem Körper verhindert ein Federn oder Durchbiegen und sorgt dafür, dass das Herz auch wirklich komprimiert wird. »Eins, zwei, drei, vier, fünf!« Der Kollege drückt den Beatmungsbeutel zwischen Daumen und Fingern zusammen. Nur ein paar Zentimeter, nicht zu viel Luft. Denn auch die Lungen sind die eines Kindes. »Eins, zwei, drei, vier, fünf!«– Beatmung. »Eins, zwei, drei, vier, fünf!« – Beatmung. Immer weiter, immer weiter. Nicht aufhören – nicht aufgeben.

»Was sagen seine Pupillen?«, frage ich, während ich den kleinen Oberkörper weiter bearbeite. Mein Partner zieht zwischen zwei Beatmungen schnell eines der Augenlider des Jungen nach oben und wir blicken in eine große, geweitete Pupille. Nach der nächsten Beatmung dasselbe Bild bei dem anderen Auge. »Scheiße«, zische ich, »weiter!« Wir wissen beide nur zu gut, dass es für den kleinen Kerl schlecht aussieht, dass sein Leben am seidenen Faden hängt. Er wird es nur schaffen, wenn wir schnell genug waren. Aber niemand von uns vermag zu sagen, wie lange er dem giftigen Rauch ausgesetzt war, wie hoch die Kohlenmonoxyd-Konzentration in seinem Blut ist, die den Sauerstofftransport blockiert und somit verhindert, dass seine lebenswichtigen Organe ausreichend versorgt werden. Wir müssen einfach nur hoffen, dass es eben nicht zu lange war, dass es noch nicht zu spät ist. Und wir dürfen ihn nicht aufgeben. Auf keinen Fall.

»Eins, zwei, drei, vier, fünf!« Unwillkürlich muss ich an meine eigenen beiden Kinder denken. Besonders an meinen kleinen Sohn. Dies Kind hier wird ihm immer ähnlicher, je länger ich es betrachte. »Eins, zwei, drei, vier, fünf! Eins, zwei, drei, vier, fünf!« Verdammt! Wäre doch bloß der Notarzt schon hier. Mir wird warm und ich merke, wie sich der Schweiß auf meiner Stirn sammelt, wie er in kleinen Rinnsalen über meine Schläfen und über meinen Nasenrücken läuft, um dann als jeweils dicker Tropfen eine Zeit lang an Nasen- und Kinnspitze zu verharren, bevor er herunterfällt auf das Laken der Trage. »Eins, zwei, drei, vier, fünf!« Herzdruckmassage – Beatmung – Herzdruckmassage. Dazwischen immer wieder Pupillen- und Pulskontrolle. Atme, kleiner Kerl, atme doch endlich.

Ich habe das Gefühl, als ob es von Minute zu Minute wärmer wird im Fahrzeug, und ich würde mir am liebsten die Rettungsdienstjacke vom Leib reißen. Aber dafür müsste ich meine Herzdruckmassage unterbrechen, was ich auf keinen Fall tun werde. Ich presse weiter meine Hand auf den Brustkorb des Jungen, schwitze weiter unter meiner Jacke und verliere allmählich jegliches Zeitgefühl, kann überhaupt nicht mehr einschätzen, wie lange wir bereits reanimieren.

Irgendwann werden die Seitentüren unseres RTW aufgerissen. Das Notarztwagenteam ist da. Gott sei Dank. »Weiter reanimieren! Aber sofort rüber in den NAW.« Die Anweisung des Arztes ist eindeutig und sie ist die einzig logische. Für eine optimale Versorgung des Kindes brauchen wir Platz. Und den haben wir nur im NAW. Also los. Während die Kollegen vom Notarztwagen die Trage mit dem Jungen aus unserem Fahrzeug ziehen, mache ich weiter meine Herzdruckmassage, solange der Junge für meine Arme noch erreichbar ist. Draußen übernimmt der Arzt übergangslos die Kompression. Auch mein Partner steigt aus, rennt zum Fahrzeugheck, kommt mit dem Beatmungsbeutel dazu. Ich springe aus der Seitentür, entledige mich meiner Jacke, lasse sie im Rettungswagen zurück.

Während mein Partner immer weiter beatmet und der Arzt weiterhin die Herzkompressionen durchführt, laufen wir zum NAW hinüber. Vorbei an zwei anderen Notarztwagen. In dem einen wird um das Leben des zweiten Kindes gekämpft, bei dem anderen sind die Hecktüren geöffnet. Der Patientenraum ist noch leer, das Team nirgends zu sehen. Höchstwahrscheinlich kümmern sie sich um den verbrannten Vater auf dem Laubengang oder um die Mutter, ich weiß es nicht. Dann sind wir da. Trage rein, Türen zu. Schutz vor neugierigen Blicken.

Drinnen geht unser verzweifelter Kampf um das Leben des Kleinen weiter. Wir schneiden ihm das Unterhemdchen mit einer Kleiderschere auf, dann wird er durch den Notarzt intubiert.

Vorsichtig überstreckt er den Kopf des Kindes, entfernt unseren Guedeltubus, führt das Laryngoskop ein und schiebt einen dünnen Endotrachealtubus an der Führung entlang in dessen kleinen, rauchgeschwärzten Rachen. Wenige Augenblicke später ist der neue Tubus geblockt und fixiert, der Beatmungsbeutel auf seinem oberen Ende aufgesetzt und mit der stationären Sauerstoffanlage des NAW verbunden. Mein Partner kann wieder die Beatmung übernehmen. Sofort beginnt der kleine Oberkörper sich wieder zu heben und zu senken. Die hoch mit Sauerstoff angereicherte Luft strömt jetzt auf direktem Weg in die Lungen des Jungen.

Der Arzt legt sein Stethoskop auf den Brustkorb. Man sieht deutlich, wo das Unterhemd saß. Es hat den Rauch vom Körper ferngehalten, ist als heller Abdruck zu erkennen, so, als würde der Junge es noch tragen. Der Arzt überprüft anhand der Atemgeräusche den korrekten Sitz des Tubus, dann nickt er mir zu. Ich beginne erneut mit der Herzdruckmassage. »Eins, zwei, drei, vier, fünf!« – Beatmung – »Eins, zwei, drei, vier, fünf!« – Beatmung. Während mein Partner immer weiter regelmäßig den Beatmungsbeutel zusammenpresst, muss ich noch einmal kurz unterbrechen, weil ein Kollege vom NAW die selbstklebenden EKG-Elektroden auf dem Oberkörper des Jungen platziert und die Ableitungen zum Überwachungsmonitor daran festklickt. Auf dem Bildschirm erscheint eine gerade, durchgehende Linie. Der Kleine hat keinerlei Herztätigkeit.

Ich mache weiter mit meiner Druckmassage. »Eins, zwei, drei, vier, fünf!« – Beatmung – »Eins, zwei, drei, vier, fünf!« – Beatmung. Jetzt ist die Linie auf dem Monitor gezackt, entspricht dem Rhythmus meiner Kompressionen. Der Kleine bekommt einen intravenösen Zugang am Hals, herzstimulierende Medikamente werden aufgezogen, ein Tropf mit Kochsalzlösung vorbereitet und an einem Haken über dem Kopfende der Trage aufgehängt. Alles läuft schnell und professionell ab. »Eins, zwei, drei, vier, fünf!« – Beatmung – »Eins, zwei, drei, vier, fünf!« – Beatmung. Der Schlauch vom Tropf wird mit dem Zugang verbunden, die ersten Medikamente über den Anschlussstutzen in die Venen gespritzt. »Eins, zwei, drei, vier, fünf!« – Beatmung – »Eins, zwei, drei, vier, fünf!« – Beatmung. »Herzdruckmassage unterbrechen, Beatmung fortführen«, sagt der Arzt und wirft einen kritischen Blick auf den Monitor. Wir alle werfen einen Blick auf den Monitor und wir alle sehen wieder die Nulllinie.

»Weiter machen!«, lautet seine knappe Anweisung. »Eins, zwei, drei, vier, fünf!« – Beatmung – »Eins, zwei, drei, vier, fünf!« – Beatmung. Wir kämpfen, geben alle unser Bestes. Minute um Minute. Beatmung, Herzdruckmassage, stimulierende Medikamente, das volle Programm. Aber der erhoffte Erfolg will sich einfach nicht einstellen. Als unser Zugführer kommt und sich nach dem Zustand des Jungen erkundigt, muss auch er sich mit einem Kopfschütteln des Arztes zufriedengeben. »Was ist mit dem zweiten Kind?«, will mein Partner wissen. Der Zugführer winkt ab. »Ist ein Mädchen. Sieht auch nicht besser aus.«

Nach einer Stunde müssen wir einsehen, dass all unsere Bemühungen umsonst sind. Das Kind war zu lange den giftigen Rauchgasen ausgesetzt, seine kleinen Organe mussten zu lange ohne den lebenswichtigen Sauerstoff auskommen. »Es hat keinen Zweck. Wir waren zu spät.« Der Notarzt spricht aus, was niemand von uns hören will. Und doch ist es eine Tatsache, die wir akzeptieren müssen. Der kleine Junge ist tot. Ich beende meine Herzdruckmassage, obwohl es mir widerstrebt, und richte mich auf. Ich bin klatschnass, wie aus dem Wasser gezogen. Auch meinem Partner steht der blanke Schweiß im Gesicht. Er zieht behutsam den Beatmungsbeutel vom Tubus und legt ihn beiseite. Dann klappt er den Notsitz an der Stirnwand herunter und setzt sich darauf. Das Ganze geht uns allen ziemlich an die Nieren.

Das, was nun folgt, ist zwar Routine und wurde von uns allen auch schon oft gemacht. Und doch ist es anders als beim Tod eines Erwachsenen. Es berührt einen wesentlich intensiver, jeden von uns. Denn es ist der Tod eines Kindes, mit dem wir es hier zu tun haben. Der Tod eines kleinen Geschöpfes, dessen Dasein auf dieser Welt so jäh ein Ende fand, noch bevor es richtig begonnen hatte. Der Arzt schaltet den Monitor aus und blickt auf seine Armbanduhr. Sie zeigt ihm den Zeitpunkt an, den er als Todeszeitpunkt in seinem Bericht vermerken wird.

Die Kollegen vom NAW ziehen langsam den Tubus aus dem Mund des Jungen und entfernen vorsichtig den Zugang an seinem Hals. Dann bedecken sie den kleinen verrußten Körper mit einem Laken. Wir steigen aus, öffnen die hinteren Türen vom Patientenraum, ziehen die Trage mit dem toten Kind darauf heraus und bringen es zurück in unseren Rettungswagen. Mir wird wieder kalt. Ich nehme meine Jacke aus dem Wagen und ziehe sie mir über. Meine Hände suchen die Zigaretten. Sie sind in einer der Jackentaschen und ich krame die Schachtel heraus. »Gibst du mir auch eine?«, fragt mich mein Partner.

Wortlos halte ich ihm die Schachtel hin. Eigentlich ist er gerade dabei, sich das Rauchen abzugewöhnen, aber das hat sich wohl heute Nacht erst einmal erledigt. Während wir an unserem Fahrzeug stehen und rauchen, laufen um uns herum bereits die Aufräumarbeiten unserer Kollegen vom Löschzug. Das Feuer ist anscheinend gelöscht, aber alle sind noch sehr angespannt und einige haben mitbekommen, dass wir das tote Kind in den RTW gebracht haben. Sie kommen zu uns herüber und wir reden über den Einsatz. Dabei können einige offene Fragen geklärt werden.

Der verbrannte Mann auf dem Laubengang ist, wie wir vermutet hatten, der Vater der Kinder. Er ist bereits mit einem der Notarztwagen weg. Es steht sehr schlecht um ihn, was uns nicht verwundert. Die Mutter konnte vor unserem Eintreffen aus einem der Fenster klettern und ist von zwei Polizisten auf einen darunter befindlichen Balkon gezogen worden. Unsere Kollegen, die sich mit ihrem Rettungswagen gleich hinter dem Streifenwagen aufgestellt hatten, haben sie mit Verbrennungen an den Händen ins Krankenhaus gefahren. Deshalb haben wir die Jungs auch nirgends mehr gesehen. Was wird die Frau wohl durchmachen, wenn sie erfährt, was ihrer Familie zugestoßen ist. Ich mag es mir nicht vorstellen. Aber vielleicht besteht ja noch ein winziger Funke Hoffnung. Vielleicht hat es ihre kleine Tochter ja doch geschafft.

Nur ein paar Minuten später wird diese Hoffnung zerschlagen. Die Türen des anderen Notarztwagens öffnen sich und ein kleines Bündel auf einer Trage, verborgen unter einem weißen Laken, wird von zwei sichtlich niedergeschlagenen Kollegen zu dem Rettungswagen neben uns getragen. Was für ein beschissener Einsatz, was für eine beschissene Nacht. Wieder macht die Zigarettenschachtel die Runde. Auch die Notarztwagenteams brauchen jetzt eine Pause. Wir nehmen uns Wasser und ein paar Pappbecher aus der Vorratskiste des Tanklöschfahrzeugs, stehen zusammen und reden. Einer der anwesenden Polizisten kommt zu uns herüber. Er hat die Personalien der Kinder. Das Mädchen ist drei Jahre alt, der Junge sogar erst zwei. Es ist eine Tragödie.

Die Notärzte füllen die Vordrucke für die vorläufigen Todesbescheinigungen aus und dann müssen wir uns auf den Weg machen in das Institut für Rechtsmedizin. Wie gerne würden alle auf diese Fahrt verzichten. Aber auch das ist unser Job. Es wird eine stille Fahrt werden. Ohne Blaulichter, ohne Martinshörner. Und es wird das Letzte sein, was wir für zwei kleine Geschöpfe tun können, die so furchtbar gelitten haben und deren Leben so frühzeitig endete.

Wir sind nur knappe zehn Minuten unterwegs. Aber in diesen zehn Minuten gehen mir tausend Dinge durch den Kopf. Ich denke an den verbrannten Mann auf dem Laubengang, an den rußgeschwärzten kleinen Körper des Jungen, der unter dem Laken auf der Trage hinter uns liegt. Ich denke an meine Familie, sehe meine eigenen Kinder vor mir und mir wird wieder einmal auf drastische Weise klar, was wirklich wichtig ist in meinem Leben.

Es ist kurz nach 04.00 Uhr, als wir vor einem schweren grauen Eisentor halten. Mein Partner steigt aus und drückt auf den Knopf, der das Tor in Bewegung setzt. Langsam rollt es zur Seite, verschwindet hinter einer Wand und gibt den Weg frei. Nacheinander fahren wir in den Hof, halten vor dem überdachten Eingang des Instituts. Und während mein Partner das Tor wieder schließt, holen wir zwei der Transportwagen, die am Eingangsbereich stehen. Erst als das Tor vollständig geschlossen ist, dürfen wir die Klappen unserer Fahrzeuge öffnen. Das ist eine Anweisung, die erlassen wurde, um den Anwohnern die ständigen Anblicke toter Menschen zu ersparen. Und obwohl die Wahrscheinlichkeit, dass uns um diese Uhrzeit jemand zusieht, eher gering sein dürfte, halten wir uns auch jetzt daran.

Wir ziehen die Tragen mit den Kindern darauf heraus, stellen sie auf die Transportwagen und schieben sie über eine Rampe in das Gebäude hinein. Gleich hinter der Eingangstür ist der Aufzug, der uns nach unten bringen wird in den Leichenkeller. In der Luft hängt wieder dieser leichte Verwesungsgeruch, der sich trotz intensiver Kühlung nicht gänzlich unterdrücken lässt. Beide Wagen passen nicht gleichzeitig in die Aufzugkabine hinein. Deshalb fahren mein Partner und ich mit dem Jungen zuerst runter.

Unten erwartet uns ein Angestellter des Instituts. Er sieht übernächtigt aus, hat dicke Ringe unter den Augen. Auch er hat einen Wagen, aber auf dem liegt eine Zinkmulde. Er schlägt unser Laken zur Seite, erblickt das Kind, fragt, was passiert ist, und wir berichten von dem Feuer. »Ist viel los heute Nacht«, erwidert er mit monotoner Stimme und reibt sich die müden Augen. Dann zieht er dem Kleinen die Unterwäsche aus, stopft sie in einen Plastikbeutel und legt das nackte Kind in die Mulde. Es wirkt darin völlig verloren. Er rollt den Wagen auf eine kleine Brückenwaage, notiert das Gewicht des Jungen und misst mit einer Metalllatte seine Größe. Alles muss seine bürokratische Ordnung haben.

Als die Kollegen wenig später mit dem Mädchen herunterkommen, wiederholt er die Prozedur. Und dann macht er etwas, was keiner von uns erwartet hätte. Er legt das tote Mädchen zu dem Jungen in die Mulde. »Sind doch Geschwister«, sagt er und bestätigt damit einmal mehr, dass der Tod von Kindern Empfindungen und

Gefühle hervorruft, die sich selbst hier, in diesen nüchternen, gefliesten und von einem kalten weißen Licht durchfluteten Räumen, nur schwer unterdrücken lassen. Niemand von uns sagt etwas, aber wir alle stimmen ihm zu. Und wir alle sind erleichtert, als wir endlich wieder draußen sind. Abermals macht die Zigarettenschachtel die Runde.

Als wir dann eine halbe Stunde später an der Feuerwache sind, ist die Nacht endgültig gelaufen. Alle sind noch wach, sitzen im Aufenthaltsraum, reden über den Einsatz. Wir auch. Reden hilft, das weiß jeder von uns, aber es wird wohl eine ganze Weile dauern, die Bilder aus dem Gedächtnis zu verdrängen. Ein Kollege vom Angriffstrupp ist völlig fertig. Er sitzt in einer Ecke, heult Rotz und Wasser, kommt damit nicht klar, dass er die Kinder nicht rechtzeitig gefunden hat. Der Wachabteilungsführer und ein alter Hauptbrandmeister versuchen, ihn zu beruhigen. Sie machen ihm klar, dass es nicht seine Schuld ist. Er hat sein Bestes gegeben, wir alle haben unser Bestes gegeben. Mehr können wir nicht tun. Wir sind nur Feuerwehrleute, die zwar einige Dinge positiv beeinflussen können, aber die endgültige Entscheidung über Leben oder Tod wird an höherer Stelle getroffen.

Als ich an diesem Morgen nach Hause komme, fühle ich mich elend. Meine Frau spürt das sofort, fragt mich, was los ist. Ich will aber nicht darüber reden. Vielleicht später, nicht jetzt. Mit lautem Hallo erscheinen meine Kinder auf der Bildfläche. Jedes will als Erstes erzählen. Der Sohn hat etwas Tolles gebaut, was er mir unbedingt sofort zeigen muss. Die Tochter möchte mir ihren Traum berichten. Sie sprudeln über von Energie und Lebensfreude. Ich nehme sie beide in die Arme, drücke sie ganz fest an mich. In diesem Augenblick bin ich der glücklichste Mensch auf der ganzen Welt.

Ein paar Tage später erliegt der Vater seinen schweren Brandverletzungen. Nach Ermittlungen der Kripo war er mit einer brennenden Zigarette im Lehnstuhl eingeschlafen und hat somit diese Tragödie selbst verursacht.

7

SELBSTMORD MIT AUSSICHT

Es ist kurz vor Sonnenaufgang, als wir die Wache verlassen. Das erste Tageslicht lässt die Fassade des gegenüberliegenden Wohnblocks noch in einem milchigen Grau erscheinen, das sich allerdings deutlich aufhellt, als ich die Scheinwerfer und die Blaulichter unseres Löschfahrzeuges einschalte.

Wir machen uns auf den Weg zu einem Einsatz in einem Alten- und Pflegeheim, in dem sich eine Person erhängt haben soll. Und wir sind heute wieder einmal chronisch unterbesetzt, sitzen zu viert in einem Fahrzeug, das eigentlich mit neun Mann besetzt sein soll. Der Gruppenführer, ein Zwei-Mann-Trupp und ich als Fahrer. Zusammen mit uns wurden ein Rettungswagen und ein Notarztwagen alarmiert, das Standardaufgebot für derartige Einsätze. Während die Rettungskräfte vorrangig für die medizinische Versorgung der Person zuständig sind, ist es unser Job, dafür zu sorgen, dass sie dieser Aufgabe auch nachkommen können. Denn erhängte Personen sind oftmals ohne entsprechende Hilfsmittel nur schwer erreichbar.

Da die beiden anderen Fahrzeuge von unterschiedlichen Stützpunkten kommen und nicht unserer Wache angehören, findet im Augenblick eine Art Sternfahrt zur Einsatzstelle statt. Der Grund dafür ist, dass es sich um einen Einsatz in einem Teil unseres Stadtgebietes handelt, in dem sich eine dezentrale Rettungswagenstation befindet, die diesen Bereich abdeckt. Zwar gehört die Gegend brandschutztechnisch noch zu unserem Wachrevier und wir erreichen sie auch innerhalb der für diese Schadensart vorgegebenen Zeitspanne. Wenn es dort aber zu einem medizinischen Notfall kommt, wie in diesem Fall, gelten wesentlich kürzere Anfahrtszeiten. Die Bevölkerung hat ein Anrecht darauf, dass innerhalb von fünf Minuten qualifizierte Hilfe eintrifft. Ein Rettungswagen unserer Wache könnte dies unmöglich gewährleisten. Der Anfahrtsweg ist einfach zu lang. Und die Notarztwagen, welche schwerpunktmäßig an verschiedenen Krankenhäusern im Stadtgebiet stationiert sind, sie haben flächenmäßig erheblich größere Reviere abzudecken als ein Rettungswagen und dadurch meist noch einmal deutlich längere Anfahrtszeiten. Entscheidend für die Bürgerinnen und Bürger ist aber, dass mindestens ein Rettungsmittel, egal welches, nach fünf Minuten vor Ort ist. Und davon können wir hier ausgehen.

Erfahrungsgemäß kommt bei einem Einsatz wie diesem jede Hilfe zu spät. Wahrscheinlich haben die Kollegen vom Rettungswagen bereits den Tod festgestellt, lange bevor wir oder der Notarzt überhaupt am Pflegeheim sind. Dann werden sie uns über Funk abbestellen, wir werden zurück an die Wache fahren und uns auf das Ende unserer Schicht freuen. Deshalb herrscht auf unserem Fahrzeug auch eine recht entspannte Atmosphäre.

Das ändert sich allerdings, als uns die Einsatzzentrale über Funk mitteilt, dass die Person laut Aussage des Anrufers, eines Milchwagenfahrers, an der Außenfassade des Gebäudes hängen soll. Es ist schon sehr ungewöhnlich, dass sich jemand in einem Alten- und Pflegeheim das Leben nimmt, aber dass er oder sie sich dafür einen Strick nimmt und nun draußen an der Hauswand baumelt, diesen Fall hatte noch niemand von uns. Normalerweise hängen Selbstmörder in irgendwelchen Zimmern an der Decke, auf dem Dachboden, im Keller oder auch im Wald. Manchmal sogar an Türklinken oder Wasserhähnen. Aber außen an einem Gebäude? Das ist wirklich außergewöhnlich. Und es bedeutet für uns, dass dieser Einsatz nun wohl doch nicht so schnell zu Ende ist, wie ursprünglich erhofft.

Während ich das Gaspedal weiter durchtrete, erteilt unser Gruppenführer erste Instruktionen. Wir sollen uns auf einen Leitereinsatz einrichten. Im Mannschaftsraum schnallen sich daraufhin unsere beiden Kollegen ihre Hakengurte um, setzen ihre Helme auf und hängen sich die Beutel mit den Fangleinen über die Schultern. Auch der Gruppenführer selbst rüstet sich aus. Nur ich bin aufgrund meiner Funktion dazu jetzt nicht in der Lage. Etwa zwei Minuten später übermittelt uns die Zentrale eine Rückmeldung der Rettungswagenbesatzung. Die Person hängt in Höhe der ersten Etage an einer Balkonbrüstung. Und jetzt ist endgültig klar, dass es kein normaler Einsatz, sondern einer von der komplizierteren Sorte werden wird.

Obwohl auf den Straßen um diese Uhrzeit kaum Verkehr herrscht, benötigen wir noch weitere fünf Minuten, dann sehen wir das Heim. Es ist uns gut bekannt, wir machen dort regelmäßig Evakuierungsübungen. Es besteht aus vier Einzelgebäuden, die U-förmig um einen parkähnlichen Innenhof angeordnet sind. Jedes dieser Gebäude ist dreigeschossig. Im vorderen Bereich, zur Straße hin, befindet sich ein kleines eingeschossiges Verwaltungsgebäude, welches man über einen breiten gepflasterten Weg erreicht.

Die Straße führt in einem halbkreisförmigen Bogen an dem eingezäunten Komplex vorbei und wir können die erhängte Person schon vom Fahrzeug aus sehen. So muss es wohl auch dem Milchwagenfahrer ergangen sein, als er auf seiner morgendlichen Tour hier entlangfuhr. Unten auf dem Rasen vor dem Gebäude steht ein Kollege vom Rettungswagen und deutet mit dem ausgestreckten Arm nach oben, als wir vorbeifahren. Ich bezeuge ihm mit einer Handbewegung, dass wir ihn sehen, und halte ein Stück weiter am Zugang zum Verwaltungsgebäude hinter dem Rettungswagen. Vom Notarztwagen ist noch nichts zu sehen und auch die Polizei lässt noch auf sich warten. Von dem Milchwagen fehlt ebenfalls jede Spur. Vermutlich ist der Fahrer zur nächsten Telefonzelle gerast und hat von dort aus die Feuerwehr angerufen. Ob er wohl noch in der Lage war, seine Tour fortzusetzen?

Wir steigen aus, und nachdem ich mir nun ebenfalls schnell meinen Helm aufgesetzt und den Sicherheitsgurt umgeschnallt habe, klettere ich auf das Dach unseres Löschfahrzeuges, um die dort untergebrachte Steckleiter herunterzureichen. Im Laufschritt tragen wir sie zu der Stelle, wo der Kollege vom Rettungswagen auf uns wartet. Auf dem Weg dorthin stößt sein Partner zu uns und berichtet, dass er bereits versucht habe, in das Gebäude zu gelangen. Aber es sei verschlossen, genau wie das Verwaltungsgebäude, und vom Pflegepersonal sei weit und breit niemand zu sehen. »Okay«, meint unser Gruppenführer, »für die Verwaltungsleute ist es vermutlich noch zu früh, und in welchem Teil der Anlage sich die Nachtwache gerade aufhält, das soll die Polizei ergründen, wenn sie eintrifft. Bis dahin müssen wir halt von außen agieren.«

Wenige Augenblicke später stehen wir auf dem Rasen unter dem Balkon, an dem die Person hängt. Es ist ein schmächtiges Männlein in einem hellblauen Schlafanzug, so viel ist von unten bereits zu erkennen. Er ist barfuß und sein Körper schaukelt in der leichten Morgenbrise ein wenig hin und her. Von den anderen Heimbewohnern ist zum Glück niemand zu sehen. Vermutlich schlafen sie noch.

Vorn auf der Straße zucken jetzt Blaulichter, Fahrzeugtüren werden geklappt, der Notarztwagen ist da. Dafür, dass er eine noch längere Anfahrt hat als wir, sind die Jungs erstaunlich schnell heute Morgen. Sind wohl ebenfalls gut durchgekommen. Wir legen unsere Leiter auf dem Rasen ab. Sie besteht aus vier Teilen, von denen jeweils zwei Teile zu einem Leiterpaar zusammengesteckt sind. Alle vier Teile sind zu lang für einen Einstieg in den ersten Stock. Deshalb müssen wir das letzte Teil ausklinken, damit es passt, wenn wir sie aufrichten. Kurz darauf lehnt sie auch schon am Balkon und ein Kollege vom Trupp ist mit einer Fangleine auf dem Weg nach oben. Wir anderen passen auf, dass sie hier unten nicht wegrutscht oder zur Seite gleitet.

Als unser Kollege den Mann erreicht, testet er sofort, ob sich dessen Beine und Arme noch bewegen lassen. Während die Beine eine gewisse Elastizität aufweisen, ist dies an den Armen nicht mehr der Fall. Damit steht fest, dass die Leichenstarre bereits eingesetzt hat. Der alte Herr muss also schon seit ein paar Stunden hier hängen.

Und weil Leichenstarre als sicheres Todeszeichen gilt, haben wir ab jetzt alle Zeit der Welt. Vorne an der Straße klappen abermals Autotüren. Jetzt ist auch die Polizei vor Ort und auf die wird heute Morgen, wie immer bei einer Leichensache, mal wieder eine Menge Arbeit zukommen.

Unser Kollege steigt über die Brüstung auf den Balkon und sichert nun auch das obere Ende der Leiter mit seiner Fangleine am Balkongeländer. Während er danach schon mal das Zimmer des Toten in Augenschein nimmt, erklimmt sein Trupp-Partner nun ebenfalls die Leiter, um ihn zu unterstützen. Kurz darauf schildern beide von oben die Lage: »Die Balkontür ist weit geöffnet, keine weiteren Personen im Zimmer.« »Alles klar«, ruft der Gruppen-führer zurück. »Nehmt die zweite Fangleine und versucht mal, ob ihr ihn damit hochziehen könnt.« Und zu mir gewandt: »Du gehst auch hoch und legst sie ihm um, ich sichere hier unten so lange alleine die Leiter.«

Theoretisch könnten wir den Mann ja an seinem eigenen Strick hochziehen. Da aber noch nicht geklärt ist, ob es sich hier wirklich um eine Selbsttötung oder vielleicht um ein Verbrechen handelt, fällt diese Option von vornherein weg. Die Schlinge würde sich weiter zuziehen, es würden eventuell zusätzliche Verletzungen am Hals des Toten auftreten. Das könnte den Rechtsmedizinern die Arbeit erschweren. Also klettere ich hoch und nehme das Ende der Fangleine in Empfang, das die Kollegen vom Balkon herunterlassen.

Würde der Mann noch leben, hätte ich ihm jetzt eine korrekte Rettungsschlinge anlegen müssen. Eine aufwendige Angelegenheit, von einer Leiter ausgeführt obendrein noch ziemlich kompliziert. In Anbetracht seines momentanen Zustandes kann ich es mir je-doch wesentlich einfacher machen. Ich nutze die Leichenstarre und ziehe die Leine unter den Achseln seiner steifen Arme hindurch. Dabei blicke ich direkt in das Gesicht des Toten. Es ist blau an-gelaufen und seine Zunge hängt aus seinem Mund heraus. Sie ist stark angeschwollen. Auch die Augen sind aus den Höhlen getreten.

Typisch für einen Tod durch Erdrosseln. Ich klettere mit der Leine weiter nach oben und gebe das Ende zurück an meine Kollegen auf dem Balkon.

»Was machen Sie denn da?«, tönt es plötzlich aus dem Zimmer des Toten, gerade als ich wieder nach unten steigen will. Dann erscheinen zwei Pflegerinnen auf dem Balkon. Schwester Gudrun und Schwester Tanja. Wir kennen sie von unseren Evakuierungsübungen. Schwester Gudrun, etwa Mitte fünfzig, sehr kompakte Figur, zielt mit einer Flasche Desinfektionsspray in unsere Richtung und ist anscheinend zum Äußersten entschlossen. Schwester Tanja, Anfang zwanzig, lange blonde Haare, ziemlich hübsch, bleibt hinter Schwester Gudrun in Deckung.

»Wir unterstützen euch ein bisschen, weil ihr doch so überlastet seid«, frotzelt einer der Kollegen. Erst jetzt merken die beiden Damen, mit wem sie es zu tun haben, und sind umso mehr überrascht. »Ihr?«, staunt Schwester Gudrun und kriegt ihren Mund gar nicht wieder zu. »Was ist denn los?« – »Schaut mal vom Balkon«, meint unser Kollege und winkt die beiden zu sich an die Brüstung. Sie treten näher, blicken nach unten und sehen den alten Mann, den sie eigentlich gerade waschen und ankleiden wollten. Jetzt hängt er an einem Strick etwa anderthalb Meter unter ihnen.

»Oh nein, Herr Schmidt, wie furchtbar!«, ruft Schwester Tanja. Sie wendet sich entsetzt ab und rennt weg. Auch Schwester Gudrun hat es anscheinend kalt erwischt, denn plötzlich macht die sonst so resolute Dame einen gar nicht mehr so resoluten Eindruck. Der tragische Tod des alten Herrn scheint auch ihr sehr nahezugehen. »Er hat den Tod seiner Frau nie verkraftet«, sagt sie mit ungewohnt leiser Stimme. »Seit er zu uns kam, haben wir ständig versucht, ihn aufzumuntern, haben mit ihm geredet, sooft es ging, versuchten, ihm Mut zu machen. Aber er hat sie wohl sehr vermisst, denn er zog sich immer mehr zurück und wollte zuletzt auch gar nicht mehr essen. Aber dass er sich das antut, das hätte ich nicht gedacht.« Sie schüttelt den Kopf. »Wie hat er es bloß über die Balkonbrüstung geschafft und woher hat er den Strick?« Das fragen wir uns allerdings auch. »Ich sehe mal nach Tanja«, sagt sie und verschwindet durch die Balkontür ins Zimmer. »Und mach bitte mal die Eingangstür auf, damit unsere Kollegen reinkommen!«, rufe ich ihr hinterher.

Dann steige ich abwärts, bis ich die Beine des Toten umfassen kann. Zu dritt hieven wir ihn auf den Balkon. Die beiden Kollegen ziehen von oben an je einem Ende der Fangleine und ich schiebe von unten nach, während ich Sprosse um Sprosse auf der Leiter nun wieder nach oben steige. Der alte Herr wiegt wirklich nicht mehr sehr viel, wir haben keine Schwierigkeiten mit ihm. Ich klettere über die Brüstung zu meinen Kollegen und wir legen ihn kurz auf dem Balkon ab. Mit meinem Messer durchtrenne ich den Strick, an dem er hing, etwa in der Mitte zwischen dem Knoten an seinem Hals und dem Knoten am Balkongeländer. Danach tragen wir ihn ins Zimmer und legen ihn aufs Bett. Die Schlinge bleibt um seinen Hals. Sie ist von Bedeutung für die endgültige Klärung der Todesumstände.

Ein paar Minuten später herrscht auf dem Balkon, im Zimmer und ganz besonders auf dem Flur vorm Zimmer ein ziemliches Gewusel. Ein Gemenge aus Feuerwehr, Polizei, Pflegepersonal und Heimbewohnern. Letztere wurden durch unsere Aktivitäten auf dem Gelände und dem damit verbundenen erhöhten Geräuschpegel vorzeitig ihrer Nachtruhe beraubt und versuchen jetzt zu ergründen, was wohl die Ursache für das morgendliche Spektakel sein könnte. Schwester Gudrun hat alle Hände voll zu tun und auch Schwester Tanja, die sich anscheinend wieder gefangen hat, bemüht sich redlich, die aufgeregten alten Leutchen zurück in ihre Zimmer zu komplimentieren.

Wir räumen indes unsere Sachen zusammen, der Notarzt schreibt die vorläufige Todesbescheinigung und die Kollegen vom Rettungswagen machen sich von dannen. Sie kommen um einen Transport herum, denn die Leiche bleibt hier und wird später durch ein Bestattungsunternehmen in das Institut für Rechtsmedizin überführt. Jetzt beginnt die Arbeit der Polizei.

Als wir dann auf dem Rückweg zur Wache sind, sprechen wir noch einmal über diesen ungewöhnlichen Einsatz. Wenn der alte Herr sich wirklich selbst umgebracht hat, wonach es momentan aussieht, dann muss er seinen Tod von langer Hand geplant haben. Er muss sich irgendwann irgendwo den Strick besorgt und ihn in seinem Zimmer versteckt haben. Dann hat er gewartet, bis er sich sicher war, dass ihn niemand bei seinem Vorhaben stören würde, und hat seinen Plan in die Tat umgesetzt. In der Nacht, als alle schliefen.

Einen Monat später erfahren wir bei einer weiteren Evakuierungsübung in dem Heim, dass wirklich keine Fremdeinwirkung im Spiel war. Der Wille, wieder mit seiner geliebten Frau vereint zu sein, muss dermaßen stark gewesen sein, dass der alte Mann ein allerletztes Mal in der Lage war, seine gesamten noch in ihm schlummernden Kräfte zu mobilisieren, um die Balkonbrüstung zu überwinden. Ein wirklich tragischer Abgang.

8

DAS PAKET

Es ist ein schöner, warmer Frühlingsnachmittag. Wir haben Bereitschaftszeit und nutzen das herrliche Wetter zur körperlichen Ertüchtigung im Freien. Auf dem Hof der Feuerwache liefern wir uns gerade ein verbissenes Faustballduell, als die Besatzung des Löschgruppenfahrzeuges, zu der auch ich gehöre, über den Außenlautsprecher in das Büro des Wachabteilungsführers gerufen wird. Dieser teilt uns mit ernster Miene mit, dass er soeben einen Anruf aus der Feuerwehreinsatzzentrale erhalten habe.

Es ging dabei um einen bevorstehenden Einsatz in einer Wohnung in unserem Wachrevier. Dort sei, laut Angaben der Polizei, ein Mord verübt worden. Leider sei völlig unklar, wie viele Opfer es sind und ob es sich bei ihnen ausschließlich um Erwachsene handele. Es könnten auch Kinder betroffen sein, denn das oder die Opfer seien verpackt. »Die Polizei hat um Amtshilfe gebeten«, erklärt er. »Was allerdings konkret dort los ist und was genau ihr machen sollt, erfahrt ihr vor Ort. Das Zugtrupp-Kombifahrzeug rückt auch mit aus. Nehmt alles mit, was ihr eventuell benötigt. Folie, Gummistiefel, Schieber, Eimer, Schwämme. Wer weiß, wie es in der Wohnung aussieht.« Er hat es kaum ausgesprochen, da läuft auch schon der Alarm für die beiden Fahrzeuge auf. Bis eben war es noch ein schöner Tag. Das dürfte sich jetzt ändern, zumindest für uns. Aber wenigstens ist keine Eile geboten.

Wir tauschen unsere Sportbekleidung gegen die normale Dienstbekleidung und überprüfen vorsichtshalber noch einmal die Vollständigkeit der vom Wachabteilungsführer aufgeführten Geräte. Dann teilen wir uns auf die Fahrzeuge auf. Zwei Kollegen besetzen das Zugtrupp-Kombifahrzeug, ein kleines Spezialfahrzeug mit diversen Geräten für verschiedenartige technische Hilfeleistungen, die restlichen vier bleiben auf dem LF. Ich auch, denn ich bin der Fahrer. In Normalfahrt, ohne Blaulicht und Horn, erreichen wir nach kurzer Zeit das Gebäude, in dem der Mord verübt wurde. Es ist ein mehrgeschossiges Appartementhaus in einer Fußgängerzone mit Geschäften im Erdgeschoss.

Vor dem Haus parken zwei Streifenwagen der Schutzpolizei, diverse Pkw der Kripo und ein großer, schwarzer Ford-Transit Leichenwagen. Wir reihen uns dahinter ein und steigen aus. »Ich kläre mal ab, was wir machen sollen«, sagt unser Gruppenführer. »Ihr bleibt so lange bei den Fahrzeugen.« Dann geht er in das Haus hinein. Während wir auf ihn warten, werden wir von einigen Schaulustigen beobachtet, die sich vor einer Drogerie auf der gegenüberliegenden Straßenseite versammelt haben. Auch ein Pressefotograf schleicht erwartungsvoll herum, wittert eine Chance für Fotos von was auch immer.

Nach etwa zehn Minuten ist unser Kollege zurück und schildert uns die augenblickliche Situation: »Also, Männer, in einer Wohnung im dritten Stock liegt ein ziemlich großer Plastiksack in einer Abstellkammer. Sieht eigentlich eher aus wie ein riesiges Paket. Darin befindet sich eine Leiche. Vielleicht sind es auch zwei oder mehrere kleine Kinderleichen. Man kann es nicht erkennen, denn die Folie hat sich dunkel verfärbt, weil das Paket wohl schon länger dort liegt. Es könnten aber auch nur einzelne Leichenteile sein. Alles ist möglich.«

»Was ist mit Geruch?«, unterbricht ihn einer meiner Kollegen. »Hält sich erstaunlicherweise in Grenzen. Das Paket muss sehr gut verschnürt worden sein«, ist die Antwort, die wir gerne hören. »Aber es ist eindeutig Leichengeruch?«, hakt der Kollege noch einmal nach. »Eindeutig«, bestätigt ihm der Gruppenführer. »Der Geruch ist aber nicht das Problem. Das eigentliche Problem, und deshalb sind wir hier, ist der Transport. Die Bestatter befürchten, dass es aufreißt, wenn man es bewegt. Und was das bedeutet, muss ich euch nicht erklären. Das Teil muss in die Rechtsmedizin und wir sollen dafür sorgen, dass es unversehrt den Leichenwagen erreicht.« Er macht eine Pause und blickt in die Runde. »Na super«, meint ein anderer Kollege. »Dann wollen wir mal hoffen, dass uns das gelingt. Ansonsten dürfen wir wohl die nächsten vierzehn Tage nicht nach Hause kommen.« Er spielt damit auf den Gestank an, der uns anhaften würde, sollten wir mit dem Inhalt in Berührung kommen. »Und genau deshalb sollten wir uns entsprechend anziehen«, schlage ich vor. »Am besten die Einsatzanzüge.« »Das wäre auch mein Vorschlag«, pflichtet mir der Gruppenführer bei. »Zieht euch die Sachen über. Wenn ihr fertig seid, gehen wir nach oben. Wir nehmen auf jeden Fall auch ein Bergetuch, die Rolle mit der Folie und Klebeband mit. Und vergesst die Handschuhe nicht, sonst gibt's Stinkefinger. Noch Fragen? Nein? Okay, dann los.«

Ich bin der Einzige, der sich den kompletten Einsatzanzug anzieht. Die anderen begnügen sich mit der Hose. Das Material dieser Einsatzanzüge ist abwaschbar und könnte im Falle eines Falles mit Schrubber und Reinigungsmittel bearbeitet werden. Unser Kommandant selbst ist wohl sehr zuversichtlich. Denn er nimmt lediglich Gummihandschuhe mit. Und der Fotograf registriert alles mit wachsendem Interesse.

Als wir fertig sind, gehen wir ins Haus, zwängen uns mit unserer Folienrolle und dem Bergetuch in den schmalen Aufzug und fahren nach oben. In der dritten Etage steigen wir aus. Vor dem Aufzug stehen Beamte der Spurensicherung in ihren weißen Plastikanzügen neben kleinen Koffern, die sie im Treppenhaus abgestellt haben. Anscheinend haben sie ihren Job bereits erledigt. Im Gegensatz zu uns. Einer von ihnen wünscht uns noch viel Glück, bevor alle in den Aufzug steigen, um nach unten zu fahren. Nicht gerade ermutigend.

Durch eine offene Glastür gelangen wir auf einen Laubengang und von dort in die Mordwohnung, in der das Paket auf uns wartet. Es müffelt ein wenig nach Leiche, aber wirklich nur ein wenig, genau so, wie der Gruppenführer es geschildert hatte. Im Flur werden wir von den beiden Bestattern erwartet, im Rest der Wohnung hat sich die Polizei etabliert. Sowohl Uniformierte als auch Kripobeamte in Zivil besprechen sich in den einzelnen Räumen, tauschen wahrscheinlich erste Erkenntnisse aus. Wir legen unsere Sachen direkt vor der Abstellkammer im Flur ab. Und dann sehen wir es. Das Paket.

Es liegt auf dem Boden und füllt fast die gesamte Kammer aus, angestrahlt vom Licht einer kleinen Deckenlampe. Die ehemals durchsichtige Plastikfolie ist aufgrund der Fäulnisbildung in seinem Inneren fast komplett schwarz angelaufen und verwehrt dem Betrachter so ziemlich jeglichen Blick auf den tatsächlichen Inhalt. Nur wenige Bereiche sind davon ausgenommen. Sie sehen aus wie kleine Bullaugen, durch die man eine eklige, grünlichbraune Brühe erkennt. Es ist Körperflüssigkeit.

Drei deutliche Wölbungen nach außen lassen Raum für Spekulationen. Die große Beule am hinteren Ende könnte der Kopf eines Erwachsenen sein. Die beiden kleineren links und rechts in der Mitte des Pakets vielleicht Kinderköpfe oder aber die Knie zweier angewinkelter Beine. Was auch immer hier verpackt und verschnürt wurde, die Rechtsmedizin wird es ans Licht bringen und morgen werden wir es alle aus den Medien erfahren. Doch heute geht es erst einmal darum, dieses verpackte Etwas unbeschädigt aus der Kammer, aus der Wohnung, aus dem Haus herauszubekommen.

Die Strategie ist schnell klar. Zusätzliche Folie zur Stabilisierung unterziehen, damit dann das Paket aus der Kammer herausheben, das Ganze auf das Bergetuch legen und gemeinsam nach unten bringen. Theoretisch kein großes Problem, wäre da nicht die beträchtliche Menge an ausgelaufener Körperflüssigkeit, die sich auf dem Boden des Pakets angesammelt hat. Eine falsche Bewegung, ein zu heftiger Knick, eine scharfe Kante, die übersehen wird, und diese Flüssigkeit gelangt nach außen. Die Folgen wären verheerend. Die Brühe würde sich in der Wohnung oder im Treppenhaus verteilen, würde sich über unsere Klamotten ergießen und einen Gestank verbreiten, der auch Tage später noch immer präsent wäre. Deshalb müssen wir mit äußerster Vorsicht zu Werke gehen. Sorgfalt geht vor Schnelligkeit.

Als Erstes schneiden wir ein großes Stück Folie von unserer Rolle. Um diese unter das Paket ziehen zu können, müssen wir sie an einer von dessen Längsseiten positionieren. Dafür muss jemand in die Kammer hinein. Weil ich der Einzige bin, der den kompletten Schutzanzug angezogen hat und somit am besten geschützt ist, fällt diese Aufgabe mir zu. Das habe ich nun davon. »Wenn das Ding aufplatzt, dann springe ich aus der Kammer heraus, das garantiere ich euch«, warne ich die Kollegen schon einmal vor. »Glaube mir«, meint der Gruppenführer, »wenn das passiert, dann bist du nicht der Einzige, der springt. Dann ist die Bude hier leer.« Sehr tröstlich.

Ich zwänge mich zwischen dem Paket und einem Regal hindurch und stelle mich breitbeinig hinter die schmale Seite mit der großen Beule. Es ist sehr eng in der Kammer. Links und rechts Regale, hinter mir hängen Besen und Schrubber, daneben eine Trittleiter. Ich habe kaum Bewegungsspielraum. »Kann die Leiter raus oder muss die für die Polizei noch hängen bleiben?«, will ich wissen. Der Gruppenführer fragt nach. Als klar ist, dass sie raus kann, nehme ich sie von der Wand und reiche sie den Kollegen auf dem Flur an. Dabei muss ich mich ziemlich verbiegen. Auch Schrubber und Besen reiche ich durch. Danach kann ich mich einigermaßen bewegen.

Im Gegenzug gibt mir ein Kollege nun ein Ende der Folie. Gemeinsam rollen wir sie bis zur Hälfte zu einer Wurst zusammen und legen diese neben dem Paket ab. An einer der langen Seiten. Dann kommt der kritischste Teil. Da, wo die Folie liegt, heben wir das Paket einseitig an, sodass es schräg in der Kammer steht. Gar nicht so einfach. Das Ding ist schwer und glatt. Es gluckst in seinem Innern, die Körperflüssigkeit verteilt sich, läuft rüber auf die andere Seite. Es wird einseitig gefährlich dick, aber es hält dicht. Mit der einen Hand halten wir es fest, sorgen so dafür, dass es nicht zurückkippt. Mit der anderen Hand platzieren wir das gerollte Folienende mittig unter dem Paket. Dann lassen wir es vorsichtig zurücksinken auf das glatte Ende der Folie und auf den Boden. Da ist es wieder, dieses Glucksen. Die Flüssigkeit schwappt retour, erreicht unsere Hände, umspült sie und mir kommt es für einen Augenblick so vor, als würde der Leichengeruch intensiver werden. Ich ziehe meine Hand unter dem Paket heraus und werfe einen Blick auf meinen Gummihandschuh. Er ist vollkommen trocken.

»Was ist auf deiner Seite?«, frage ich den Kollegen. »Irgendwelche Undichtigkeiten?« – »Nee, bei mir ist alles klar. Warum fragst du?« – »Ach, vergiss es. Ich war wohl mit meiner Nase nur zu dicht am Paket.« Gespannt verfolgen unsere anderen Kollegen, die beiden Bestatter und ein Polizist vom Flur aus unsere Aktivitäten. Wir kippen das Paket erneut, diesmal in die andere Richtung, tasten nach der Folienwurst auf dem Fußboden und rollen sie auseinander. Wieder legen wir es dann zurück auf den Boden und wieder geht alles glatt. Das Teil liegt jetzt komplett auf unserer Folie. Wir ziehen die Folienenden stramm und umklammern sie fest mit unseren Handschuhen.

»Ist das Bergetuch klar?«, will ich wissen. »Bergetuch liegt auf dem Flur«, lautet die Antwort. »Okay, dann heben wir jetzt an.« – »Stopp! Wartet noch!« Der Gruppenführer bremst uns aus. »Wir legen noch eine zusätzliche Lage Folie auf das Bergetuch. Damit wickeln wir dann das ganze Ding hier noch einmal komplett ein. Sicher ist sicher.« Wir warten also, bis die Folie auf dem Bergetuch liegt. Danach heben wir vorsichtig an. Nur ein kleines Stück. Gerade einmal so viel, dass das Paket nicht mehr den Fußboden berührt. Es biegt sich ein wenig durch und unsere Folie dehnt sich, ist aber stark genug, um das Gewicht zu halten. Langsam, Stück für Stück bugsieren wir es aus der Kammer heraus in den Flur hinein. Dort packen die Kollegen zu und nur einen kurzen Augenblick später liegt es sicher und unversehrt auf dem Bergetuch. Damit ist der erste und wohl schwierigste Teil der Bergungsaktion abgeschlossen.

Was allerdings nicht bedeutet, dass kein Restrisiko mehr existiert. Denn immerhin müssen noch drei Etagen überwunden werden, wobei der Aufzug aufgrund der Ausmaße des Pakets nicht in Betracht kommt. Wir müssen über die Treppe und die ist bekanntlich schräg. Schon deswegen ist die zusätzliche Folie auf dem Bergetuch eine gute Idee gewesen. Sie kann hoffentlich bei eventuell auftretenden Beschädigungen das Schlimmste verhindern und die dann austretende Körperflüssigkeit auffangen oder zumindest den größten Teil davon.

Wir legen also die Enden dieser Folie in der Mitte zusammen, schlagen sie fest übereinander und verkleben alles mit unserem Klebeband. Dann greift sich jeder von uns eine der Tragschlaufen des Bergetuchs und wir heben es auf Kommando an. Wieder verbiegt sich das Paket, sorgt dafür, dass auch das Bergetuch durchhängt. »Oh, oh, hoffentlich geht das gut«, meint der Kollege hinter mir.

Bereits nach wenigen Schritten treffen wir auf das erste Hindernis. Die Wohnungseingangstür. Sie ist nicht breit genug. Der Gruppenführer und ich, am vorderen Ende des Tuches, wir könnten uns zwar gemeinsam hindurchzwängen, ohne die Tragschlaufen loslassen zu müssen. Ebenso die Kollegen am hinteren Ende. Nicht aber die beiden an den mittleren Schlaufen. Mit dem Tuch in ihrer Mitte hätten sie keine Chance. Jetzt sind die Bestatter gefordert, die schon vorangegangen sind und auf dem Laubengang auf uns warten. Nachdem wir mit dem vorderen Teil durch sind, übernehmen sie die mittleren Tragschlaufen von unseren Kollegen. Der Rest geht problemlos.

Draußen wechseln wir wieder. Die Tür vom Laubengang zum Treppenhaus ist breit genug, wir passieren sie ohne Komplikationen. Und schon stehen wir an der ersten Treppe. Ab jetzt kommt es darauf an, das Paket möglichst in Waage zu halten. Das bedeutet, dass die vorderen Träger, also unser Chef und ich, die Tragschlaufen nach oben ziehen bis in Brusthöhe und die Kollegen am Ende sich bücken müssen. Nur für die beiden in der Mitte ändert sich nichts. Langsam und vorsichtig, Stufe für Stufe, bewegen wir uns abwärts. Wieder gluckst es im Innern unserer Fracht. Die Bestatter gehen voran und räumen einige Pflanzenkübel aus dem Weg, die zur Begrünung auf den Treppenabsätzen aufgestellt wurden und für uns ein Hindernis darstellen.

Eine Mieterin, die ihnen von unten entgegenkommt, wird zurückbeordert in ein tiefer gelegenes Stockwerk. Als sie uns mit dem Tragetuch erblickt, aus dem die Plastikfolie herausragt, wendet sie sich erschrocken ab und flüchtet hinaus auf den Laubengang. Nach jeder Etage, die wir geschafft haben, setzen wir das Paket ab und machen eine Pause. Es scheint uns, als würde es von Minute zu Minute schwerer werden. Wir schütteln unsere Arme aus, die Kollegen am hinteren Ende richten sich auf, können für einen Moment ihren Rücken entlasten. Es vergeht einige Zeit, bis wir endlich das Erdgeschoss erreichen. Glücklicherweise ecken wir nirgendwo an, die Folie wird nicht beschädigt, es läuft nichts aus.

Als wir aus der Hauseingangstür hinaustreten ins Freie, legt der Fotograf los. Wir werden von allen Seiten abgelichtet. Jeder unserer Schritte wird festgehalten. Die Bestatter eilen zu ihrem Leichenwagen, öffnen die Heckklappe und ziehen einen der Särge heraus. Sie stellen ihn auf den Gehweg und legen den Deckel beiseite. Wir folgen ihnen und legen das Bergetuch mit dem Paket am Fußende des Sarges ab. Jeder von uns ist froh, dass bis hierher alles gut gegangen ist. Aber noch ist das Ding nicht im Sarg.

Normal hineinlegen können wir es nicht. Dafür ist es zu breit. Und hochkant ist sehr riskant. Die Gefahr, dass das Paket letztendlich doch noch aufplatzt, wäre sehr groß. Was also tun? Ein Kollege macht den Vorschlag, die anderen beiden Särge auszuladen, vorübergehend im Hausflur abzustellen und das Paket direkt auf die Ladefläche zu legen. »Wir lassen Sandsäcke anrücken, packen sie rundherum und fixieren es damit. Wenn man vorsichtig fährt …«

Einer der Bestatter unterbricht ihn. »Können wir vergessen«, meint er und zeigt auf die Särge im Leichenwagen. »Die sind alle voll«. Damit ist der Vorschlag sofort vom Tisch. Wir können natürlich keine vollen Särge in einem Hausflur zwischenlagern. Leere

Särge wären schon problematisch, ließen sich jedoch aufgrund der besonderen Situation noch rechtfertigen. Aber volle Särge – unmöglich. Die Presse würde uns zerreißen. Uns alle.

Und jetzt? Doch hochkant? So wie es aussieht, haben wir keine andere Wahl. Irgendwie muss das Teil ja in den Leichenwagen. Also stellen wir uns rechts und links neben dem Paket auf, jeweils drei Mann an einer Seite, und heben es vorsichtig vom Bergetuch auf. Es gluckst, es verbiegt sich, unsere Finger krallen sich an der glatten Folie fest. Und während der Fotograf den Auslöser seiner Kamera in ständiger Bewegung hält, schieben die Bestatter den Sarg bis unter das Paket vor. Nicht auszudenken, wenn es jetzt aufplatzen würde. Feuerwehr verliert Leichenteile in Einkaufsparadies. Geschockte Kunden müssen durch Notärzte und Seelsorger betreut werden. So oder ähnlich würden dann wohl die Schlagzeilen auf den Titelseiten der morgigen Tageszeitungen lauten, da bin ich mir ziemlich sicher.

»Okay, eine Seite runterlassen!«, ruft einer der Bestatter, als der Sarg die richtige Position hat. Die Kollegen auf der linken Seite setzen das Paket vorsichtig hinein, während wir es auf unserer Seite aufrichten. Die Körperflüssigkeit gehorcht sofort wieder der Schwerkraft, verteilt sich einseitig in dem Bereich, der sich jetzt unten befindet. Und dann steht es hochkant im Sarg, genau so, wie es zuvor schon zweimal oben in der Kammer gestanden hatte. Und auch diesmal hält die Folie dicht. Gott sei Dank.

Gemeinsam heben wir den Sarg hoch und schieben ihn ohne Deckel zurück in den Leichenwagen. Genau zwischen die beiden anderen Särge. Das herausragende Paketende lehnen wir an einen nebenstehenden Sarg an, der Deckel kommt auf die andere Seite. Er dient als Keil und sorgt für zusätzlichen Halt. Der Rest ist Sache der beiden Bestatter. Unser Gruppenführer ist sichtlich zufrieden und wir auch. Es ist alles glattgegangen, wir werden nicht für negative Schlagzeilen sorgen, unsere Klamotten sind nicht versaut, wir stinken nicht nach Leiche und dürfen zu Hause weiter auf dem Sofa sitzen. Was wollen wir mehr? Trotzdem war es ein ekliger, ungewöhnlicher Einsatz, der an der Wache noch eine ganze Weile für Gesprächsstoff sorgen wird.

Am nächsten Morgen ist unser Einsatz Thema in allen Medien und sogar Top-Thema in den Printmedien. Aus ihnen erfahren auch wir den aktuellen Stand der Ermittlungen. In dem Paket befand sich tatsächlich nur eine einzige Leiche. Ein erwachsener Mann. Er wurde erschossen.

9

UND ALLE SCHAUEN SIE NUR ZU

Als wir an diesem lauen Sommerabend nach einem leckeren Grill-Gelage auf dem Hof der Feuerwache zusammensitzen und die letzten Strahlen der untergehenden Sonne genießen, sind sich alle einig, dass der Tag bislang ganz gut gelaufen ist. Und in der Tat, für einen Samstag ist es wirklich ziemlich ruhig. Normalerweise geht es an den Wochenenden rund. Vor allem der Rettungsdienst ist dann gefordert.

Aber heute können selbst die Jungs in Weiß mal eine vergleichsweise ruhige Kugel schieben. Ich selbst musste als Fahrer des Tanklöschfahrzeuges bis jetzt viermal los. Ein Pkw-Brand, ein kleinerer Grasbrand, ein brennender Müllcontainer auf einer Baustelle. Alles Einsätze, die wir mit unserem Fahrzeug alleine abgearbeitet haben.

Kurz vor Grillbeginn dann ein Einsatz für den kompletten Löschzug im Nachbarrevier. Dort drohte eine angetrunkene Frau damit, vom Balkon zu springen. Für derartige Einsätze werden grundsätzlich zwei Züge alarmiert, um genügend Personal für einen eventuell erforderlichen Sprungtucheinsatz parat zu haben. Allerdings konnten wir unterwegs umkehren, weil die Kollegen des zuständigen Zuges die Frau vor unserer Ankunft überwältigt und an die Polizei übergeben hatten. Alles in allem also nichts, was man in die Kategorie »Außergewöhnliche Einsätze« einstufen würde. Das ändert sich allerdings, als kurz vor 22.30 Uhr die rote Lampe für das TLF im Außen-Alarmtableau erneut zu blinken beginnt.

Gemeinsam mit der übrigen Fahrzeugbesatzung laufe ich hinüber in die Fahrzeughalle, schlüpfe in meinen Einsatzanzug, schwinge mich auf den Fahrersitz und lasse den Motor des Tanklöschfahrzeuges an. Helm aufsetzen, Fahr- und Blaulicht einschalten, warten, bis der Staffelführer mit der Einsatzdepesche kommt und sagt, was los ist und wo wir hinmüssen. Das Einsatzspektrum einer Großstadtfeuerwehr ist gewaltig. Wir sind Mädchen für alles und die wenigsten Einsätze sind wirklich dramatisch. Das meiste ist unspektakulär, jedenfalls aus unserer Sicht. Der betroffene Bürger mag das eventuell anders beurteilen. Aber es gibt durchaus auch Einsätze, bei denen schon von vornherein erkennbar ist, dass sie Scheiße sind. Und der hier ist so einer.

»Wir haben eine brennende Person auf einem Gehweg, Zichorienweg vor Hausnummer sieben. RTW und NAW sind mit aus!«, ruft der Kollege, während er den Automatik-Knopf für das Rolltor betätigt. Das hört sich wirklich nicht gut an, und wenn es sich nicht um eine Unfug-Meldung handelt, dann werden wir in Kürze mit sehr unschönen Anblicken konfrontiert werden. Der Zichorienweg gehört zu einer Wohnsiedlung am nördlichen Rand unseres Wachrevieres und wird rettungsdienstlich versorgt durch eine Rettungswagen-Außenstelle. Das Gebiet ist uns sehr gut bekannt. Unlängst hatten wir dort eine Serie von Kellerbränden, sodass ich die Anfahrt dorthin noch sehr gut im Kopf habe. Verkehrstechnisch ist nicht viel los. Viele haben die Stadt verlassen, sind übers Wochenende an die See gefahren. Ich komme schnell durch und biege nach relativ kurzer Zeit in den Zichorienweg ein.

Die Einsatzstelle ist nicht zu übersehen. Eine riesige Menschentraube, über der dünne Rauchschwaden wabern, steht vor einem Rettungswagen und blockiert die Straße. Zwei Streifenwagen der Polizei, die gleichzeitig mit uns eintreffen, versuchen mit laufenden Martinshörnern und mit Lautsprecherdurchsagen, sich einen Weg durch die Menge zu bahnen. Auch ich trete mit dem Fuß auf das Alarmpedal und lasse unsere Pressluфthörner erschallen. Aber die Leute machen kaum Anstalten, uns durchzulassen. Viele von denen sind augenscheinlich angetrunken. Sie werfen uns böse Blicke zu, einer zeigt mir sogar einen Vogel. Wir müssen anhalten.

»Das S-Rohr vornehmen!«, lautet die knappe Anordnung unseres Staffelführers. Ich lege den Nebenantrieb ein, springe aus dem

Führerhaus und laufe zum Heck des Fahrzeugs. Während meine Kollegen den Schnellangriffsschlauch herausziehen und sich, gemeinsam mit den Polizisten, einen Weg durch die Schaulustigen bahnen, öffne ich das entsprechende Ventil und schiebe den Gashebel nach vorne, bis der Zeiger des Druckmanometers die Fünfbar-Marke erreicht hat. Sekunden später kann ich am Schauglas verfolgen, wie der Wasserspiegel im Tank des Fahrzeugs langsam zu sinken beginnt. Die Jungs löschen. Ich höre das Zischen des Wassers und ich höre die verzweifelte Stimme einer Frau, die immer wieder den Namen eines Mannes ruft. Wahrscheinlich ist es der Name des Opfers. Aber genau weiß ich das nicht, denn ich kann nichts sehen wegen der vielen Leute. Das ändert sich jedoch, als es der Polizei endlich gelingt, die Gaffer abzudrängen.

Auf dem Gehsteig, kaum fünf Meter entfernt, krümmt sich ein Mann, dessen Haut fast komplett verbrannt ist. Lediglich ein paar Fetzen hängen davon noch von seinen Gliedmaßen herab, so wie auch einige wenige Bekleidungsreste. Seine Haare sind ebenfalls vollkommen weggebrannt und von seinem blutigen, verkrusteten und mit Brandblasen übersäten Körper tropfen Reste des Löschwassers auf die grauen Betonplatten des Bürgersteigs. Zusammen mit dem Löschpulver aus dem Fahrzeuglöscher des RTW, den die Kollegen in Weiß bei ihrem Eintreffen als Sofortmaßnahme eingesetzt hatten, bildet es dort einen glitschigen weißen Schmierfilm. Der Geruch verbrannten Fleisches vermischt sich mit dem beißenden Geruch der in der Bekleidung des Mannes geschmolzenen Synthetik-Anteile und steigt mir in die Nase. Abgelöscht war er ja schnell, aber seine Verbrennungen sind so massiv, dass ich seine Chance zu überleben als sehr gering einstufe.

Er wimmert leise vor Schmerzen und die Kollegen vom Rettungswagen sind dabei, eine dünne Rettungsdecke aus Aluminium zu entfalten, in die sie ihn einhüllen wollen. Der Angriffstrupp hat den Schnellangriffsschlauch beiseite gelegt und kümmert sich um die verzweifelte Frau. Die beiden Kollegen führen sie weg vom

Brandopfer, um sie nicht länger einem solchen Anblick auszusetzen. Sie hatte wohl noch versucht, das Feuer zu ersticken, denn neben dem Mann liegt eine angekokelte Wolldecke. Und während unser Staffelführer über Funk einen zweiten Rettungswagen für die Frau anfordert, weise ich den soeben ankommenden Notarztwagen ein. Dann gehe auch ich nach vorne, um mit anzupacken, denn an der Pumpe werde ich jetzt nicht mehr gebraucht.

Dem Mann wird zunächst ein intravenöser Zugang gelegt, was aufgrund der großflächigen Verbrennungen einige Schwierigkeiten bereitet. Aber schließlich sitzt die Nadel und der Arzt kann endlich eine Schmerzbekämpfung einleiten. Mit vereinten Kräften heben wir danach den Schwerstverbrannten vorsichtig an und legen ihn auf die bereitgestellte Trage, hüllen ihn in die darauf ausgebreitete Rettungsdecke ein. Noch im Notarztwagen wird er »abgeschossen«. Das heißt im Klartext, ihm wird ein Narkosemittel gespritzt, damit er intubiert und künstlich beatmet werden kann. Dann fahren ihn die Kollegen in ein Krankenhaus, welches über eine Spezialabteilung für Schwerbrandverletzte verfügt. Die Frau kommt ebenfalls mit einem Rettungswagen ins Krankenhaus. Verdacht auf Schock. Nach dem Abgleich der Personalien ist klar, dass es sich bei ihr um die Ehefrau des Opfers handelt. Die vermutliche Ursache des Dramas war, laut Aussage der Polizei, ein Ehestreit.

Zwei Tage später erfahren wir aus der Presse, dass der Mann nur wenige Stunden nach unserem Einsatz verstorben ist. Dies war zu erwarten und überrascht niemanden von uns. Und deshalb macht es uns auch nicht betroffen. Wir hätten es nicht verhindern können. Denn anders als die herumstehenden Gaffer waren wir noch nicht vor Ort, als der Mann wie eine lebende Fackel auf dem Gehsteig saß und geschrien hat vor Schmerzen. Hätten diese Leute der Frau geholfen, als sie verzweifelt versucht hat, die Flammen mit ihrer Wolldecke zu ersticken, hätten sie ihre eigenen Kleidungsstücke geopfert, hätten sie so viel Arsch in der Hose gehabt zuzupacken, anstatt zuzuschauen, dann hätte er vielleicht überlebt. Leider ist aber genau dieses passive Verhalten ein immer häufiger zu beobachtender Trend in unserer Gesellschaft, in der zugunsten von Sensationsgier und persönlichem Kick Menschlichkeit und Mitgefühl verkümmern. Das ist es, was uns betroffen macht.

10

DER LETZTE SCHLUCK

Der Alarm für das Löschgruppenfahrzeug kommt zu einem sehr ungünstigen Zeitpunkt. Zumindest für mich, denn er erwischt mich auf dem Klo. Weil jedoch der in Not geratene Bürger auf derartige menschliche Bedürfnisse, welche durchaus auch auf Feuerwehrleute zutreffen, verständlicherweise keine Rücksicht nimmt, bleibt mir nichts anderes übrig, als meine Sitzung augenblicklich zu unterbrechen. Es sei denn, ich wäre bereit, die Konsequenzen für einen verpassten Einsatz in Form einer Kaffeetafel für die gesamte Wachabteilung zu tragen. Und das bin ich nicht. Also abkneifen, Hose hoch und los.

Zusammen mit uns rückt auch einer unserer Rettungswagen aus und diese Fahrzeugkonstellation lässt bereits die Einsatzart erahnen. Es gibt nicht sehr viele sogenannte Schadensarten, bei denen ausschließlich diese beiden Fahrzeuge gemeinsam eingesetzt werden, und meistens handelt es sich dann um die Schadensart Notfall, Tür verschlossen. So ist es auch diesmal.

Laut Einsatzdepesche wird in der ersten Etage eines Hauses ein Notfall vermutet. Manchmal sind es die Angehörigen, die sich Sorgen machen, weil niemand ans Telefon geht, und die sich dann hilfesuchend an uns wenden. Oftmals ist es aber auch ein aufmerksamer Mieter, der sich Gedanken macht, weil er seinen Nachbarn ein paar Tage nicht gesehen hat. Und wenn dieser Nachbar dann auf sein Klingeln und Klopfen nicht reagiert, geht ebenfalls bei uns das Licht an. Denn wir führen im Regelfall das erforderliche Equipment auf unserem Fahrzeug mit, mit dem es uns möglich ist, in die Wohnung zu gelangen. Zum Beispiel Sperrwerkzeug zum Öffnen normaler Buntbartschlösser, Spezialwerkzeug, mit dem wir in der Lage sind, ganze Schließzylinder zu entfernen, Hebel und

Schlingen, um Fenstergriffe zu drehen, Brechwerkzeug für ganz hartnäckige Fälle und natürlich Leitern der verschiedensten Art und in unterschiedlichen Längen. Denn wenn Fenster geöffnet oder geklappt sind, bietet es sich oftmals an, lieber diesen Weg zu wählen, weil dadurch in der Regel Schaden vermieden wird. Nur in ganz wenigen Ausnahmefällen müssen wir zusätzliche Kräfte nachfordern. Etwa wenn eine Drehleiter gebraucht wird, weil die Wohnung zwar durch ein geöffnetes Fenster erreicht werden kann, diese Wohnung sich aber oberhalb der dritten Etage befindet, keinen Balkon hat und sich somit dem Wirkungsbereich unserer tragbaren Leitern entzieht.

Die Straße, in der sich unser Haus befindet, gehört nicht gerade zu den ersten Adressen unseres Wachrevieres. Wir sind dort häufiger zu Gast, meist mit dem Rettungswagen und oftmals in Zusammenarbeit mit der Polizei. Alkohol, Drogen, Ehestreitigkeiten, oft in Verbindung mit körperlicher Gewalt, das volle Programm. Dementsprechend ist die Reaktion in der Mannschaft, als wir hören, wohin die Fahrt geht. Jeder von uns hat dort bereits schon einmal seine ganz eigenen negativen Erfahrungen machen müssen. Ich auch. Und ich weiß, dass sich die Einsätze dort meistens hinziehen, was mir jetzt überhaupt nicht in den Kram passen würde.

Denn in meinem Unterleib rumort es gewaltig. Ich nehme die Flasche mit dem Desinfektionsmittel aus der Wandhalterung und benetze meine Hände. Gespült habe ich noch, als mich der Alarm überraschte, zum Waschen fehlte mir jedoch die Zeit. Immerhin sind wir heute zu fünft und die Polizei wird bei dieser Schadensart automatisch mit alarmiert. Das ist schon etwas anderes, als wenn man lediglich zu zweit mit dem Rettungswagen vor Ort ist. Feuerwehrleute sind zwar grundsätzlich nicht zimperlich, wenn es um die Abwehr körperlicher Gewalt geht, trotzdem ist es ein Scheißgefühl, wenn man sich plötzlich inmitten einer Horde angesoffener, aggressiver Typen wiederfindet, die nicht mehr so recht schnallen, dass man ja eigentlich da ist, um zu helfen.

Als wir an diesem warmen Sonntagmorgen die besagte Adresse erreichen, stehen wir wieder einmal vor einem uns allen sehr vertrauten und sehr heruntergekommenen Plattenbau. Die marode, von Fußtritten und anderen Gewalteinwirkungen stark in Mitleidenschaft gezogene Hauseingangstür, auf der sich hartnäckig ein paar schmutziggrüne Farbreste halten, steht weit offen. »Aha, wir werden erwartet«, tut unser Maschinist kund und unser Gruppenführer knurrt: »Mal sehen, was heute wieder los ist.«

Auch er ist nicht gut zu sprechen auf einige Mieter dieses Etablissements. Sind sie ihm doch vor zwei Wochen fast an die Wäsche gegangen, als einer von denen seine Wohnungsschlüssel verloren hatte und er ihn darauf hingewiesen hatte, dass so eine Türöffnung gebührenpflichtig sei. Nur durch das entschlossene Einschreiten der gesamten Fahrzeugbesatzung konnte damals eine Eskalation der Lage verhindert werden.

Heute scheint allerdings alles friedlich zu sein. Kein Gegröle, keine hämmernden Bässe aus leistungsstarken Musikanlagen, die bis zum Anschlag aufgedreht wurden. Nein, es ist mucksmäuschenstill. Sonntagmorgen halt. Nach einer turbulenten Nacht schläft man seinen Rausch aus. Routinemäßig wandern unsere Blicke an der Fassade nach oben. Die Fenster sind zweigeteilt, bestehen aus einem breiten und einem schmalen Teil. In den schmalen Teilen sind Klappen und bei einigen Fenstern ist diese Klappe geöffnet. So auch bei einem Fenster im ersten Stockwerk, welches zu einer Wohnung auf der linken Seite gehört. Die Strahlen der Morgensonne durchdringen nur mühsam dessen schmutzige Glasscheiben und treffen dahinter auf etwas dunkles, vermutlich ein heruntergelassenes Rollo.

Unser Gruppenführer zeigt mit dem Finger dorthin. »Vielleicht gehört das Fenster ja zu der Wohnung, in die wir hinein wollen«, meint er. »Das wäre dann ja gar nicht so schlecht für uns. Wir gehen aber erst mal rein und sehen uns die Wohnungstür an. Eventuell können wir ja da schon was machen. Der Maschinist bleibt unten und wartet auf die Polizei, alle anderen kommen mit mir.«

Im Hausflur stinkt es. Eine Mischung aus Alkohol und Klebstoff hängt in der Luft und das, obwohl die Haustür offen steht. Wie dick mag die Luft hier wohl gewesen sein, als die noch geschlossen war? »Hallo! Jemand zu Hause?«, ruft unser Boss, als wir, bewaffnet mit Türöffnungswerkzeug, in Richtung Treppe marschieren. »Na endlich. Hier oben!«, dröhnt eine Stimme über uns, die sich anhört, als hätte derjenige, zu dem sie gehört, gerade eine Feile verschluckt. »Ach du Scheiße«, zischt von hinten einer der Kollegen vom Rettungswagen, »Lee Marvin persönlich.« Und dann stimmt er die ersten Töne von »I was born under a wandrin' star« an. Nur mit Mühe können alle einen Lachflash unterdrücken.

Oben sitzt ein großer, hagerer Typ auf den Treppenstufen. Der sieht aus, als hätte er eine Woche nicht geschlafen. Verfilzte Haare, ungepflegter Bart und Augenringe, so groß, dass man daran Klimmzüge machen könnte. Seine dünnen Arme zieren zahlreiche Tätowierungen. Sie ragen, wie die Fangarme eines Kraken, aus einem viel zu großen ockerfarbenen Muskelshirt heraus und das wiederum hängt schlabbrig über einer mit Flecken übersäten grauen Jogginghose. Seine Füße stecken in alten, ausgelatschten Sportschuhen, die wohl einmal weiß waren und von denen nur noch ein Schuh mit einem Schnürsenkel ausgestattet ist. Auf dem Treppenabsatz vor ihm steht eine große Plastiktüte, aus der die Hälse von zahlreichen Schnaps- und Bierflaschen herausragen, und neben ihm, auf der Stufe, steht noch eine Flasche. Es ist eine Bierpulle und er hat sie bereits halb leer getrunken. Im Augenblick ist er allerdings gerade damit beschäftigt, sich eine Zigarette zu drehen, was seine ganze Konzentration erfordert.

»Haben Sie uns gerufen?«, will der Fahrzeugführer wissen. »Türlich, wer denn sonst?«, kommt die kratzige, lallende Antwort. »Da vorne vonne Teefonzelle aus. Is bestimmt schon 'ne halbe Stunde her.« Der Mann ist stark angetrunken und fuchtelt mit der Hand in der Luft herum, versucht, die Richtung zu deuten, in der er die Telefonzelle zu wissen glaubt. Dass das mit der halben Stunde nicht stimmt, könnten wir ihm anhand der Einsatzdepesche natürlich sofort widerlegen, verzichten aber darauf, um endlose Diskussionen zu vermeiden.

»Was ist denn passiert?«, hakt unser Chef nach. »Weiß ich doch nich.« Er deutet auf die rechte der beiden Wohnungstüren. »Da drin is mein Kumbl. Wir sind verabreeedet. Sin wir jeeedn Morgen. A a aaber heude macher nich auf.« Der Typ leckt mit seiner Zunge das Zigarettenpapier an und drückt die Papierenden mit den Fingern zusammen. Für uns ist in diesem Augenblick zumindest schon mal eines klar: Die offene Fensterklappe gehört eindeutig zu dieser Wohnung. Was hier drinnen rechts ist, ist von außen gesehen links. Wir haben also zwei Optionen. Sehr schön.

Ich drücke auf den Klingelknopf, warte aber vergeblich auf einen Klingelton. Entweder ist die Klingel abgestellt oder kaputt. Deshalb hämmere ich gegen die Tür. Zuerst mit der Faust, dann mit dem Fuß. Ein Kollege legt ein Ohr an das Türblatt und lauscht. »Haich alles schon gemacht«, tönt Lee Marvin von der Treppe. »Können Sie sich spaan. Dem iss was pssiert, hunnatproßendich.« – »Sein Sie bitte mal still!«, herrscht der Kollege, der an der Tür lauscht, ihn an. »Ich kann sonst nichts hören!« – »Ich hör auch nix«, krächzt Lee Marvin und greift wieder zur Bierflasche.

»Sind Sie wirklich ganz sicher, dass ihr Freund zu Hause ist?«, fragt jetzt ein Kollege vom Rettungswagen. Lee braucht etwas Zeit, um zu antworten. Er stellt die Bierflasche zurück auf die Treppenstufe, schluckt den Rest, den er im Mund hat, herunter und versucht dann in aller Seelenruhe, sich seine Selbstgedrehte anzuzünden. »Hallo! Ich hab Sie was gefragt!« Als der Kollege seine Stimme erhebt, zuckt er zusammen und lallt los: »Na logisch. Der geht nie ausn Haus. Der is garantiat da drin.« Ich hämmere also noch einmal gegen die Tür und mein Kollege lauscht noch einmal. Dann schüttelt er mit dem Kopf. Drinnen tut sich gar nichts, was aber nichts zu bedeuten hat. Es wäre nicht das erste Mal, dass wir trotz eines von uns verursachten Lärmpegels, der normalerweise selbst

Komapatienten ins wirkliche Leben zurückholt, letztendlich dann doch schlafende Leute in der Wohnung vorfinden. Das ist dann auch für uns jedes Mal wieder ein Erlebnis.

Diese Tür hat ein Sicherheitsschloss. Unsere Sperrhaken können wir also getrost vergessen. Deshalb entscheidet unser Chef, dass wir versuchen sollen, die Tür mit der Kelle zu öffnen. Eine ebenfalls sehr geräuschintensive Methode, bei der eine speziell gebogene Maurerkelle in den Spalt zwischen Türblatt und Rahmen geschoben und dann durch Hammerschläge nach unten in Richtung Türfalle getrieben wird. Ist die Tür nicht abgeschlossen, führt diese Methode meistens schnell zum Erfolg. Aber so viel Glück haben wir dann doch nicht. Die Tür ist verschlossen. Leider. Dabei hatte ich so darauf gehofft, dass sie aufspringt und wir diesen Einsatz schnell abschließen können. Denn es rumort weiterhin gewaltig in meinem Unterleib.

Stattdessen öffnet sich plötzlich die Tür der Nachbarwohnung und wir erblicken einen wütend dreinschauenden, lediglich mit einer Boxershorts bekleideten Herrn mittleren Alters, dessen Körpermasse die Belastbarkeitsgrenze jeder noch so stabilen Personenwaage problemlos überschreiten würde. Er beginnt sofort lauthals zu pöbeln: »Was ist denn los hier?«, brüllt er ins Treppenhaus hinein. »Hat man in diesem Scheißhaus nicht mal mehr am Sonntag seine Ruhe?« Unser Chef ist begeistert, wir können es in seinem Gesicht ablesen. »Ganz ruhig, kein Grund zur Panik«, antwortet er in einem möglichst sachlichen, ruhigen Ton. »Die Feuerwehr. Wir haben hier einen Notfall. Gehen Sie wieder in ihre Wohnung und lassen Sie uns unsere Arbeit machen.«

»Du kannst mich mal am Arsch lecken mit deiner Arbeit. Was soll denn das für ein Notfall sein, hä? Hat etwa wieder einer seinen Schlüssel nicht dabei oder was? Geht's etwa um den Penner da?« Er zeigt auf Lee Marvin, der das mitkriegt und sich daraufhin sofort von seiner Treppenstufe erhebt. » Waaas? Was hassu eben gesacht, du fette Sau?« Lee wankt herunter auf den Treppenabsatz, nimmt seine Zigarette aus dem Mundwinkel und hält sie mir entgegen. »Halt ma ebn fest«, röhrt er, »den Arsch mach ich platt.«

Jetzt droht die Sache aus dem Ruder zu laufen und in diesem Augenblick platzt nicht nur unserem Chef der Kragen. Während der den Fleischberg nach Strich und Faden zusammenscheißt, ihm mit einer Anzeige wegen Behinderung von Einsatzkräften bei hoheitlichen Aufgaben und Beamtenbeleidigung droht, bringen die Kollegen vom Rettungswagen und ich Lee Marvin zurück in eine sitzende Position. Die beiden anderen Kollegen vom Löschfahrzeug lassen augenblicklich sämtliches Werkzeug fallen und stellen sich schützend vor unseren Gruppenführer. Genau das hat mir heute Morgen noch gefehlt. Ein Handgemenge mit ein paar Typen, die sich gegenseitig aufs Maul hauen wollen, wo ich doch genug damit zu tun habe, meinen Darm unter Kontrolle zu halten.

»Hier, trink einen Schluck und halt die Klappe«, blaffe ich Lee Marvin an und reiche ihm die Bierflasche. Er sieht mich mit glasigen Augen an, verzieht den Mund zu einem breiten Grinsen und murmelt: »Du biss in Ordnung, weissu das?« Der Fleischberg verschwindet in seiner Wohnung und knallt die Tür hinter sich zu. Dann hören wir, wie er sich drinnen lautstark mit einer Frau streitet, aber das ist uns egal. Die Hauptsache ist, er bleibt da drinnen und lässt uns in Ruhe.

Weil die Tür also abgeschlossen ist und auch sonst noch einen ziemlich stabilen Gesamteindruck macht, im Gegensatz zu den meisten anderen Wohnungstüren dieses Hauses, entscheidet unser Chef, sie vorerst zu verschonen. Es tritt Plan B in Kraft. »Die RTW-Besatzung wartet hier und passt auf, dass alles friedlich bleibt. Sobald die Polizei eintrifft, schicke ich sie euch zur Unterstützung rauf. Der Rest kommt mit mir. Wir versuchen es durchs Fenster«, ordnet er an und macht sich auf den Weg nach unten. Wir folgen ihm. »Viel Spaß noch, bis gleich«, wünscht mein Partner den Kollegen in Weiß und bekommt dafür von beiden den Stinkefinger gezeigt.

Als wir aus dem Hauseingang treten, fährt gerade der Streifen-wagen vor. Und während unser Chef den beiden Polizisten die Lage schildert, bringen wir schon mal mit Hilfe des Maschinisten unsere Steckleiter an der Vorderfront des Gebäudes in Stellung. Bloß keine Zeit mehr verlieren. Je schneller wir hier wieder weg sind, desto eher kann ich aufs Klo.

Kaum ist die Leiter in ihrer endgültigen Position, bin ich auch schon auf dem Weg nach oben. Die Fangleine für ihre Sicherung, sollte das später dann noch erforderlich sein, hängt über meiner Schulter. In den Haken meines Sicherheitsgurtes habe ich die Drahtrolle mit der Schlinge eingeklinkt, mit deren Hilfe ich das Fenster entriegeln will. Auch ein Funkgerät habe ich dabei, für die Kommunikation mit meinen Kollegen. Es steckt in der Brusttasche meiner Jacke. Sollte ich noch weiteres Werkzeug benötigen, was ich nicht hoffe, dann muss ich es halt nachholen.

Wir haben die Leiter so aufgestellt, dass sie neben dem schmalen Fensterteil, in dem sich die Klappe befindet, an der Fassade lehnt. Als ich oben bin, kann ich, während ich mit dem rechten Fuß auf einer der Leitersprossen verharre, meinen linken Fuß auf das Ge-sims des Fensters stellen und mit einer Hand in die Klappenöff-nung hineinfassen, um mich dort festzuhalten. Sofort nehme ich den Geruch wahr, der mir aus dieser Öffnung entgegenschlägt. Es riecht nach kaltem Rauch und abgestandenem Bier. Ähnlich wie der Geruch in einer Kneipe, die man am Morgen als erster Gast betritt und deren Eingangstür kurz vorher von den Wirtsleuten geöffnet wurde, um den Muff, den die nächtlichen Zecher dort hinterließen, ins Freie entweichen zu entlassen.

Ein Blick durch die Fensterscheibe, soweit das bei einem derarti-gen Verschmutzungsgrad möglich ist, bestätigt unsere Vermutung von vorhin. Drinnen ist ein Rollo heruntergelassen, weshalb ich das Zimmer nicht direkt einsehen kann. Auf dem Fensterbrett stehen zahlreiche kleine Becher oder Krüge, in denen etwas ist, was ich nicht wirklich erkenne. Ich glaube aber, dass es Zigarettenkippen sind. Die Griffe der beiden Fensterhälften befinden sich direkt nebeneinander und sie weisen beide nach unten. Die Fenster sind also verriegelt. Jetzt hoffe ich nur, dass die Griffe nicht abschließbar sind, was in diesem Haus aber wohl eher unwahrscheinlich ist.

Ich nehme die Drahtrolle vom Haken meines Sicherheitsgurtes ab und schiebe den Draht mit der Schlinge voran durch die Klappenöffnung in Richtung jenes Griffes, der das kleine Fenster verriegelt. Ich brauche drei Versuche, bis ich ihn erwische. Dann legt sich die Schlinge um den Griff. Langsam ziehe ich den Draht schräg nach rechts oben aus der Öffnung zurück. Die Schlinge zieht sich zu, rutscht dann aber hoch und bleibt am oberen Ende des Griffes hängen, sodass ich keinen Hebel habe, diesen zu drehen. Blödes Scheißding. Willst du, dass ich in die Hose kacke? Ich lasse locker, die Schlinge öffnet sich und ich kann sie erneut ans untere Griffende gleiten lassen. Zweiter Versuch. Sie zieht sich wieder zu und … bleibt diesmal, wo sie ist. Noch vorsichtiger als beim ersten Mal ziehe ich den Draht zurück.

Durch die Scheibe verfolge ich, wie sich der Griff langsam dreht. Er ist also nicht abgeschlossen und ich danke innerlich dem Herrn, der anscheinend endlich ein Einsehen hat mit mir und meiner Notdurft. Als der Griff schließlich eine waagerechte Position einnimmt, genügt ein kurzer Druck mit dem Knie und der Fensterflügel schwingt nach innen. Die beiden Gefäße, die ihm im Weg stehen, werden vom Fensterbrett gefegt und fallen klirrend zu Boden. Auch das Rollo wird weit nach innen gedrückt. »Bin drin!«, rufe ich den Kollegen zu, die unten die Leiter sichern. Dann wechsle ich vom äußeren Sims auf das innere Brett und hüpfe von dort aus der Hocke in den dunklen Spalt zwischen Rollo und Fensterbrett.

Es klirrt gewaltig und meine Füße verlieren sofort jeglichen Halt. Ich bin fürchterlich erschrocken, kann mich mit Mühe und Not gerade noch am Fensterbrett festklammern. Was ist das denn? Sind das Flaschen? Ich drücke das Fenster wieder zu, tauche unter dem Rollo hindurch auf die andere Seite und lasse es nach oben schnellen. Das einfallende Sonnenlicht erhellt augenblicklich den Raum. Jetzt kann ich erkennen, wo ich gelandet bin. Ich stehe tatsächlich in einem Berg leerer Flaschen und sie reichen mir fast bis zu den Knien.

Ich schaue mich um. Die Flaschen liegen überall. Das ganze Zimmer ist voll davon. Schnapsflaschen, Weinflaschen, Bierflaschen. Letztere sind eindeutig in der Überzahl und es riecht schlimmer als in der übelsten Spelunke. Das Mobiliar ragt, kleinen Inseln gleich, aus diesem Flaschenmeer heraus und lässt alles unwirklich aussehen. Ich mag kaum atmen. Hier muss unbedingt frische Luft rein. Deshalb mache ich das Fenster wieder weit auf und öffne zusätzlich auch gleich noch den zweiten, größeren Flügel.

»Ist alles in Ordnung?«, fragt die Stimme des Gruppenführers aus dem Funkgerät. »Was hat da so geklirrt?« Ich melde mich: »Alles klar. Das waren nur leere Flaschen. Ich glaub, hier oben lagert das Leergut von ganz Hamburg. So was hab ich noch nicht gesehen. Und ihr auch nicht. Ich such jetzt die Wohnung ab«. »Soll noch jemand mit raufkommen?«, will er wissen. »Warte kurz ab«, entgegne ich. »Ich kämpf mich zur Eingangstür vor, und wenn ich den Schlüssel finde, dann mach ich euch auf. Wenn nicht, dann melde ich mich wieder.«

Er ist einverstanden und ich stapfe los, lasse meinen Blick schweifen und bahne mir einen Weg zwischen einem Sideboard zu meiner Rechten, auf dem weiteres Leergut einen verstaubten Fernsehapparat einrahmt, und einem kleinen rechteckigen Couchtisch auf der linken Seite. Bei jedem Schritt, den ich mache, scheppert und klirrt es unter meinen Füßen. Ich habe das Gefühl, auf rollenden Kugeln zu gehen, und muss aufpassen, dass ich nicht das Gleichgewicht verliere und stürze.

Auch der Couchtisch ist komplett mit Flaschen vollgestellt. Ebenso wie die Eckgarnitur, die hinter dem Tisch vor einer Wand steht, auf welcher eine altmodische vergilbte Blümchentapete ihr Dasein fristet. In diesem Raum ist aber, so viel ist sicher, außer mir niemand mehr. Es wäre auch gar kein Platz mehr da, wo sich derjenige aufhalten könnte. Als ich am anderen Ende des Zimmers ankomme, dort, von wo aus man in den Flur gelangt, steigt der Flaschenberg noch einmal gehörig an. Die Zimmertür steht offen. Sie ließe sich wegen der vielen Flaschen auch gar nicht mehr schließen.

Direkt hinter der Türöffnung endet das Flaschenmeer. Bis jetzt. Denn mit dem letzten Schritt befördere ich etliche Exemplare davon in den Flur hinein, der ansonsten komplett begehbar ist. Und auch hier treffe ich niemanden an. Nur ein Paar Schuhe liegen auf dem Boden herum. Darum gilt meine ganze Aufmerksamkeit jetzt zunächst einmal der Wohnungseingangstür. Ich sehe sofort den Schlüssel. Er steckt im Schloss und darunter hängt an einem Ring ein ganzes Bund weiterer Schlüssel. Damit ist die Sache hier so gut wie gelaufen.

Nur Sekunden später habe ich die Tür entriegelt und kann die Kollegen vom Rettungswagen und von der Polizei hereinbitten. Auch Lee Marvin möchte sich natürlich dazugesellen, wird aber von einem der Polizisten zurückgewiesen, was ihm so gar nicht passt. Als der ihm dann auch noch die Tür direkt vor seiner Nase zumacht, beschwert er sich lautstark und schmettert mit seiner Reibeisenstimme sämtliche Kraftausdrücke, die ihm einfallen, in das Treppenhaus hinein. Soll er nur. In die Wohnung kommt er trotzdem nicht. Jedenfalls nicht, solange wir nicht wissen, was mit seinem Freund ist.

Ich greife zu meinem Funkgerät und teile unserem Chef schon einmal hocherfreut mit, dass die Tür geöffnet ist und die Leiter zurückgenommen werden kann. Dann setze ich gemeinsam mit den Kollegen die Suche nach dem Kumpel von Lee Marvin fort. Der Flur wirkt kalt und ungemütlich. Außer ein paar Garderobenhaken hinter der Eingangstür, an denen ein schmutziger blauer Anorak neben einem verschlissenen braunen Jackett hängt, gibt es hier keine weiteren Einrichtungsgegenstände. An den dunkel gefärbten Raufasertapeten, deren Ecken man durchaus schon als schwarz bezeichnen könnte, hängt kein einziges Bild. Und an der Decke baumelt das Unterteil einer Leuchte, die nur noch durch die Anschlussdrähte da oben gehalten wird und in deren beiden Fassungen ich keine Glühlampe ausmachen kann.

Neben der Wohnungstür, etwas oberhalb, ragen zwei weitere dünne Drähte aus der Wand. Dort befand sich wohl einmal eine Klingel. Kein Wunder, dass wir das Läuten nicht gehört haben. Vom Flur zweigen neben der Eingangs- und der Wohnzimmertür vier weitere Türen ab. Eine davon führt ins Schlafzimmer. Dort setze ich meine Suche fort und einer der beiden Polizisten begleitet mich. Meine Kollegen knöpfen sich derweil die anderen Räume vor.

Im Schlafzimmer sieht es noch schlimmer aus als im Wohnzimmer und es riecht dort auch noch intensiver. Nicht nur nach Kneipe, sondern auch nach Latrine. Das Leergut ist an drei Seiten um ein großes eisernes Doppelbett herum aufgestapelt. Nur zur Tür hin, da wo wir stehen, sind keine Flaschen. Nachttische gibt es ebenso wenig wie einen Kleiderschrank. Die Klamotten liegen alle auf der hinteren Betthälfte. Hosen, Jacken, Unterwäsche, T-Shirts, Hemden. Wahllos zusammengeworfen und völlig zerknittert, ein riesiger Haufen. Die vordere Hälfte des Bettes ist leer. Niemand liegt darin. Wir blicken auf ein beflecktes, schmutziges Kopfkissen und sehen ein zerwühltes, uringetränktes und mit Kot beschmiertes Laken. Auf dem Fußboden neben dem Bett, direkt vor unseren Füßen, liegt eine dicke zusammengeknüllte und ebenfalls mit Fäkalien befleckte Bettdecke.

»Mein Gott, wie kann man nur so leben«, sagt der Polizist und schüttelt den Kopf. »Hier ist er jedenfalls nicht.« Ich pflichte ihm bei. »Habt ihr schon was?«, rufe ich in den Flur hinein den Kollegen zu. »Bis jetzt noch nicht«, ist die Antwort. »Weder in der Küche noch im Bad. Aber da ist noch eine Tür neben der Garderobe. Vielleicht versteckt er sich ja dort.« Wir gehen alle zu der besagten Tür und schauen nach. Es ist die Abstellkammer und auch die ist mit Flaschen vollgestellt, aus denen nur noch die Stiele von Schrubbern oder Besen herausragen, die hier an der Wand hängen und deren letzter Einsatz wohl schon Jahre zurückliegt. Aber die Person, nach der wir suchen, finden wir auch hier nicht.

»Das gibt's nicht«, meint einer der Kollegen. »Der Typ muss hier irgendwo sein. Schließlich steckte der Schlüssel doch von innen in der Tür, oder?« Er sieht mich fragend an. »Genauso ist es«, nicke ich. »Und niemand kann sich in Luft auflösen. Lasst uns noch mal genau nachsehen. Vielleicht liegt er ja irgendwo unter den Flaschen begraben.« Das glaube ich zwar nicht wirklich, könnte es aber auch nicht gänzlich ausschließen.

In diesem Augenblick wird es im Treppenhaus wieder richtig laut und wir alle können hören, wie sich Lee Marvin da draußen mit unserem Gruppenführer anlegt. Jetzt reicht es den beiden Polizisten. Sie reißen die Wohnungstür auf und kommen unserem Chef zu Hilfe. Einer schnappt sich den pöbelnden Lee Marvin, erteilt ihm Hausverbot und befördert ihn blitzschnell und etwas unsanft die Treppe hinunter. Der andere trägt ihm die Tüte mit seinem Getränkevorrat hinterher. »Der hat ja nicht alle Latten am Zaun«, kommentiert unser Chef ziemlich erregt das Verhalten von Lee Marvin und kommt zu uns herein. Er will von mir wissen, wie der Stand der Dinge ist. »Wir haben alle Räume durchsucht, konnten bislang aber keine Person finden«, berichte ich ihm. »Jetzt kämmen wir alles noch einmal durch.« »Macht das. Seht genau nach, irgendwo muss er ja sein. Ich helfe euch dabei«, meint er und begibt sich schnurstracks ins Bad.

Ich schaue ihm nach und dabei fällt mein Blick auf das Klobecken. Der Druck in meinem Innern nähert sich mittlerweile einem kritischen Punkt und für einen kurzen Moment überlege ich tatsächlich, ob ich die Gelegenheit nicht nutzen sollte. Aber dann gelange ich doch zu der Erkenntnis, dass ich lieber in die Hose scheißen würde, als dass ich in dieser Bude das Klo benutze.

Stattdessen begebe ich mich noch einmal zurück ins Schlafzimmer, um unter dem Bett nachzusehen. Damit ich das tun kann, muss ich die stinkende Bettdecke entfernen, die vor dem Bett auf dem Fußboden liegt. Ich suche mir also ein einigermaßen sauberes Ende dieser Decke und will sie hochheben. Das geht aber nicht. Das Teil ist ungewöhnlich schwer für eine Bettdecke. Und in diesem Augenblick ahne ich schon, was los ist. Ich packe mit beiden Händen zu und ziehe erneut. Plötzlich entrollt sie sich und heraus purzeln eine Wodkaflasche und ein kleines, spindeldürres Männchen. Lee Marvins Kumpel. Er muss sich mitsamt der Decke aus dem Bett herausgedreht haben, ist auf den Boden gefallen und wurde unter ihr begraben.

Und da liegt er nun vor mir auf dem Bauch, bekleidet nur mit einer vollgeschissenen Unterhose. Er sieht nicht mehr sehr lebendig aus. Seine Haut ist blass, eigentlich mehr grau, und unterhalb der Rippenpartien sowie an den Oberschenkeln haben sich große blaurote Leichenflecken gebildet. »Ich hab ihn«, rufe ich den Kollegen zu und drehe ihn auf den Rücken. Er ist stocksteif. Die Leichenstarre hat bereits vollständig von seinem Körper Besitz ergriffen, was bedeutet, dass er seit mindestens dreizehn Stunden tot ist. Der Gruppenführer, die beiden Kollegen vom Rettungswagen, die Polizisten, sie alle kommen jetzt ins Schlafzimmer und sehen ihn sich an. »Armes Schwein«, meint unser Chef, »dem kann niemand mehr helfen. Hat sich vermutlich totgesoffen. Wir sind hier fertig, Männer. Abrücken!« Ein Wort, das wie Musik in meinen Ohren klingt. Endlich weg hier. Endlich an die Wache. Endlich aufs Klo.

Unten vor dem Haus haben unsere restlichen Kollegen inzwischen die Leiter verstaut und warten auf uns. Lee Marvin wartet auch. Als er vom Ableben seines Saufkumpans erfährt, bekundet er sehr eindrucksvoll seine Betroffenheit. »Das haich gewusst!«, brüllt er und fuchtelt wieder wild mit seinen Händen in der Luft herum. Danach bricht er kurz in Tränen aus, bevor er schließlich eine Schnapsflasche aus seiner Plastiktüte herauszieht. »Jetzt brauch ich 'n Schluck«, röhrt er und nimmt einen tiefen Zug. Er wird einen neuen Kumpel finden, da sind wir uns ganz sicher, und er wird nicht lange suchen müssen. Alkoholismus ist leider ein weit verbreitetes Problem, welches sich in allen Schichten unserer Gesellschaft widerspiegelt. Fakt ist aber auch, dass der Tag nicht mehr fern ist, an dem es auch für ihn, so wie für seinen Kumpel oben in der Wohnung, der letzte Schluck sein wird. Wir alle werden diesen Einsatz wohl nicht so schnell vergessen, ich schon gar nicht. Denn neben kuriosen Rahmenbedingungen war es für mich auch ein Einsatz, der mir wirklich alles abverlangt hat. Nur mit äußerster Disziplin und einem Höchstmaß an Körperbeherrschung war es mir bislang gelungen, eine persönliche Katastrophe zu verhindern.

Als wir kurze Zeit später wieder zurück sind an der Feuerwache, kenne ich nur ein Ziel. Es ist eine kleine weiß lackierte Tür in einem schmucklosen gefliesten Raum. Und als ich endlich auf der anderen Seite dieser Tür Platz nehme, fasse ich einen Entschluss. Wenn mich hier noch einmal ein Alarm erwischt, dann schmeiße ich die Kaffeetafel.

11

AUSGERASTET

Normalerweise sind Menschen, welche die Notrufnummer der Feuerwehr wählen, weil sie deren Hilfe benötigen, stets erfreut, wenn wir bei ihnen eintreffen. Das gilt nicht nur für den Bereich Brände und technische Hilfeleistungen, sondern insbesondere für den Rettungsdienst, unser Hauptgeschäftsfeld in einer Großstadt wie Hamburg. Denn im Gegensatz zur Polizei, die oft als Prügelknabe der Nation herhalten muss, ist das Verhältnis zwischen Bürger und Feuerwehr seit jeher wesentlich entspannter.

Leider müssen aber auch wir feststellen, dass dieses Privileg zu bröckeln beginnt. Feuerwehrleute, insbesondere im Rettungsdienst eingesetzte, sind heutzutage ebenfalls immer öfter massiven tätlichen Angriffen ausgesetzt. Dabei reden wir hier nicht von kleineren Rangeleien. Die gab es schon immer und die wird es auch weiterhin geben. In Kneipen oder auf dem Kiez, wo renitente Zecher mit blutenden Kopfplatzwunden oder dickgehauenen Augen zur Räson gebracht werden müssen, gehören sie zum Alltag einer Großstadtfeuerwehr und sind durchaus beherrschbar.

Nein, womit wir es mehr und mehr zu tun bekommen, sind Angriffe von Leuten, die total ausrasten und deren Hemmschwelle sich auf einem bedenklich niedrigen Niveau eingependelt hat oder überhaupt nicht mehr vorhanden ist. Die Ursachen hierfür sind ganz unterschiedlicher Art. Vollkommener Realitätsverlust durch Drogenkonsum, Frust, Arbeitslosigkeit und damit verbunden dann oftmals auch Neid auf unseren Beamtenstatus. Außerdem hat die Zahl psychisch kranker und verhaltensgestörter Mitbürger erschreckende Dimensionen angenommen. Tendenz steigend.

Und mit genau so einem Kandidaten bekommen wir es an einem milden Septemberabend zu tun, als wir mit unserem Rettungswagen zu einem Notfall in einem Hochhaus ausrücken. Wir sind wieder einmal zu dritt. Außer meinem Kollegen und mir befindet sich noch ein junger Feuerwehranwärter im Fahrzeug. Er ist im Zuge seiner Ausbildung für sechs Monate an unserer Dienststelle stationiert und begleitet uns heute. Dass wir ihn dabeihaben, soll sich bereits wenig später als ein großer Vorteil für uns herausstellen.

Es handelt sich bei unserem Einsatz um einen sogenannten Hausunfall. In einer Wohnung in der zehnten Etage eben dieses Hochhauses soll sich ein Mann eine Schädelverletzung zugezogen haben. Ein Notarztwagen ist ebenfalls alarmiert und auf dem Weg dorthin. Der Anrufer will auf uns in der Wohnung warten. So steht es jedenfalls auf der Einsatzdepesche geschrieben, die uns unser Kollege, seines Zeichens Oberbrandmeister, während der Anfahrt vorliest. Mit seinen fast fünfzig Jahren ist er mit Abstand der Älteste auf dem Wagen und der ruhende Pol.

Die Glasscheibe, die den Fahrerraum vom Patientenraum trennt, hat er zur Seite geschoben, damit der Praktikant, der während der Alarmfahrten dort hinten auf dem Begleitersitz neben der Krankentrage sitzen muss, es auch mitbekommt. Und der hat sich, soweit es irgend geht und wie es sein Sicherheitsgurt zulässt, nach vorne gebeugt, um den Worten des alten Hasen andachtsvoll zu lauschen. Er ist ja noch neu im Geschäft und deshalb ist jeder Einsatz für ihn natürlich etwas Besonderes. Wir selbst kennen das ja aus eigener Erfahrung. Dass es diesmal aber auch für uns ein außergewöhnlicher Einsatz werden würde, ahnen wir zu diesem Zeitpunkt noch nicht.

Ein paar Minuten später biege ich in die Straße ein, in der sich das Hochhaus befindet. Es ist eines von fünf, die sich gleich zu Beginn auf der linken Straßenseite hintereinander aufreihen. Dunkelgraue Fassaden aus Fertigbetonelementen, unterbrochen durch meist blumenlose Balkone, elf bis fünfzehn Stockwerke hoch, eingebettet in eine Grünanlage. Wir halten vor Nummer drei und laufen durch die Reihe der parkenden Pkw hindurch in Richtung Hauseingang. Die Tasche für die Erstversorgung und die Gerätschaften für eine eventuelle Reanimation sind gerecht aufgeteilt. Jeder von uns trägt etwas. Die Trage bleibt im RTW, wir holen sie später. Denn um sie im Aufzug zu platzieren, müssten wir diesen zunächst einmal vergrößern. Dazu ist jetzt keine Zeit.

Als wir den Gehsteig überquert haben, führen ein paar Stufen hinab auf einen kurzen Plattenweg, welcher vor einem Podest am überdachten Eingangsbereich endet. In dem Moment, als wir an der Hauseingangstür ankommen, wird diese von innen geöffnet und ein paar Leute kommen heraus. Gut für uns. Wir verlieren keine Zeit durch Klingeln und müssen nicht warten, bis jemand den Türöffner betätigt. Der Praktikant bekommt den Auftrag, die dicke Gummifußmatte, die in einer rechteckigen Aussparung des gefliesten Fußbodens liegt, herauszunehmen und damit die Eingangstür zu blockieren. So hat später das Notarztwagen-Team ebenfalls ungehinderten Zugang.

Wir gehen unterdessen weiter bis zu den beiden Aufzügen, die sich nebeneinander in der Mitte des quadratischen Flures befinden, der den Aufzugschacht hufeisenförmig umschließt und von dem aus man zu den Wohnungen gelangt. Ich drücke den Taster für die Aufwärtsfahrt. Es dauert fast eine halbe Minute, bis sich endlich eine der beiden Kabinen hinter dem schmalen Glasausschnitt, der sich in der Mitte der grün lackierten Stahltür befindet, vorbei bewegt, langsamer wird und schließlich zum Stillstand kommt.

Eine Horde lärmender Kinder stürmt heraus. Sie haben einen Fußball dabei, und als sie uns in unseren weißen Rettungsdienstanzügen wahrnehmen, umringen sie uns sofort und bombardieren uns mit Fragen. Was denn passiert sei, ob jemand gestorben ist und ob sie mit uns wieder nach oben fahren dürften, um uns bei unserer Arbeit zuzusehen. Wir müssen sie regelrecht abwimmeln und es dauert noch mal eine kleine Weile, bis die innere Kabinentür sich vor den Glasausschnitt schiebt und ihren neugierigen Blicken Einhalt gebietet. Hören können wir sie trotzdem noch. Sie johlen und rufen uns irgendwas hinterher. Erst als wir das nächste Stockwerk passieren, wird es still. Für die Kids ist es ganz offensichtlich ein Event, wenn hier jemand einen Rettungswagen benötigt.

Als wir in der zehnten Etage aussteigen, werden wir tatsächlich erwartet. Ein junger Mann, Anfang zwanzig, schlanke Figur, kommt uns im Flur entgegen. Er ist mindestens einen Meter achtzig groß, erweckt in seiner blauen Schlag-Jeans und dem beigen Pullover mit den dunklen Querstreifen über der Brust, dessen Ärmel er bis zu den Ellenbogen hochgeschoben hat, bei uns sofort den Eindruck, als erwarte er nicht seine Helfer, sondern seine Gegner. Mit einem Gesichtsausdruck, der einen das Fürchten lehrt, baut er sich vor uns auf, stemmt die geballten Fäuste in seine Hüften und blafft uns an: »Wer von euch ist der Doktor? Der kann mit mir kommen. Die anderen bleiben draußen!« Dreht sich um und verschwindet in einer Wohnung auf der rechten Seite des Flures. Na super. Ein Typ, der auf Krawall gebürstet ist, uns duzt und dann auch noch bestimmen will, wie wir unseren Job zu machen haben. So was mögen wir besonders gern.

Wir folgen ihm, natürlich zu dritt, und sind jetzt auf einiges gefasst. »Bleib hinter uns«, zischt der alte Hase dem Praktikanten zu. »Es könnte sein, dass es Ärger gibt.« – »Ist klar«, flüstert der Prakti zurück und reiht sich sofort hinter mir ein. Als wir die Wohnung betreten, schlägt uns der Geruch von Zigarettenrauch entgegen. Wir finden den Typen im Wohnzimmer. Er steht neben einem anderen Mann, welcher stöhnend vor einem Fernsehtisch auf dem Fußboden liegt und dessen Kopf blutüberströmt ist.

Als er sich zu uns umdreht und sieht, dass wir ihm alle drei gefolgt sind, bekommt er einen Wutanfall. »Nur der Doktor, hab ich gesagt!« Er brüllt uns an, deutet mit dem ausgestreckten Arm in Richtung Ausgangstür und droht, uns eigenhändig rauszuwerfen, wenn wir nicht augenblicklich die Wohnung verlassen. Scheiß Situation. Was tun? Brüllen wir zurück, eskaliert das Ganze vielleicht. Gehen wir raus, so wie der Typ es verlangt, können wir den

Patienten nicht versorgen. Und der braucht, so wie es aussieht, wirklich dringend unsere Hilfe. Also stellen wir ganz langsam unsere Gerätschaften in der Nähe der Zimmertür ab und versuchen, den Spinner zu beruhigen. Nicht einfach, denn der ist ziemlich in Rage und ich warte eigentlich nur darauf, dass er jeden Moment handgreiflich wird.

Vorsichtshalber werfe ich schon mal einen Blick in Richtung Ausgangstür und überlege, ob ich unser Equipment mitnehme oder es lieber im Zimmer zurück lasse, sollten wir gleich die Flucht ergreifen müssen. Aber so weit kommt es dann doch nicht. Denn irgendwie gelingt es unserem älteren Kollegen, der bekannt ist für seine ruhige, väterliche Art, diesem Choleriker klarzumachen, dass von uns dreien leider keiner einen Doktortitel vorweisen kann, wir aber durchaus in der Lage sind, bis zu dessen Eintreffen Hilfe zu leisten und dies auch schleunigst tun sollten.

Und tatsächlich gewährt uns der Pöbelbruder plötzlich den Zugang zum Patienten, bei dem es sich um seinen Vater handelt, wie er uns jetzt mitteilt, und der angeblich gestürzt sei. Dabei hätte er sich den Kopf am Fernsehtisch aufgeschlagen. Wir knien uns zu zweit neben den Mann auf dem Fußboden und sehen uns dessen Verletzung genauer an. Der Prakti bleibt unterdessen bei den Gerätschaften und behält den Typen im Auge, der nun damit beginnt, wie ein Irrer in der ganzen Wohnung auf und ab zu marschieren.

Wir tasten vorsichtig den Schädel des Verletzten ab und unsere Untersuchungshandschuhe färben sich sofort rot. Blut sickert aus einem etwa fünf Zentimeter langen Riss in der Schädeldecke des Mannes, dessen Alter wir auf Mitte bis Ende fünfzig schätzen. Er ist bei Bewusstsein und wir fragen ihn, ob er sich daran erinnern kann, was passiert sei. Das mit dem Fernsehtisch scheint jedenfalls zu stimmen. An einer Ecke des massiven Holztisches klebt Blut. Der alte Herr stöhnt aber nur weiter vor sich hin, ist anscheinend ziemlich angeschlagen und nicht in der Lage zu antworten.

Ganz im Gegensatz zu seinem Sohn. Als der nämlich mitbekommt, dass wir seinen Vater befragen, stürmt er zurück ins Zimmer und pöbelt uns erneut an: »Ich habe euch doch gesagt, dass er ausgerutscht ist!«, brüllt er mit hochrotem Kopf. »Nehmt ihn endlich mit und bringt ihn ins Krankenhaus oder macht, dass ihr rauskommt!«

»Ganz ruhig, Freundchen!«, entgegnet ihm unser väterlicher Kollege plötzlich in einem Ton, den ich so bei ihm noch nie vernommen habe und den man, wollte man ihn beschreiben, wohl am besten mit »Gefahr im Verzuge« interpretiert. Außerdem erhebt er sich spontan und noch ehe ich mich recht versehe, stehen sich die beiden Nase an Nase gegenüber. Es dauert nur eine Sekunde, da bin ich bei ihm. Auch der Prakti, der seine Rolle als Bewacher des Sani-Equipments nun nicht mehr länger für angebracht hält, erkennt die drohende Gefahr und kommt sofort dazu.

Und dann wird es richtig laut. Mit scharfen Worten machen wir dem Wutkopf klar, dass, wenn er uns weiterhin bei unserer Arbeit behindert, wir die Polizei hinzuziehen und ihn festnehmen lassen. Dabei sind wir bei der Wahl unserer Worte nun auch nicht mehr sehr zimperlich. Was der kann, das können wir schon lange. Und siehe da, dies ist anscheinend die einzige Sprache, die ein Typ wie er versteht. Er ist geschockt. Jedenfalls für den Augenblick.

Glücklicherweise bekommen wir just in diesem Moment auch noch Verstärkung durch das Notarztwagen-Team, sodass er sich plötzlich insgesamt sechs Leuten gegenüber sieht, was selbst bei ihm zu der Erkenntnis führt, dass seine Chancen im Falle einer körperlichen Auseinandersetzung nicht die besten sein dürften. Der Arzt und die Kollegen vom NAW kriegen natürlich sofort mit, dass hier die Luft brennt. Um die Lage zu entschärfen und vernünftig arbeiten zu können, dirigieren sie den renitenten Sohn kurzerhand aus dem Zimmer und schlagen ihm die Tür vor der Nase zu.

Aber so einfach lässt der sich nicht abschütteln. Während ich vom Telefon aus, welches auf einem kleinen Beistelltisch neben

der Couch steht, nun die Polizei anfordere, versucht er noch zweimal, wieder zurück ins Zimmer zu gelangen. Erst nach dem dritten
Rauswurf gibt er auf und bleibt draußen. Beruhigt hat er sich aber
noch lange nicht. Ganz im Gegenteil. Wir hören ihn fluchen und
herumrennen. Er wirft mit Gegenständen, Glas splittert und wir
sind darauf gefasst, dass er einen erneuten Versuch startet. Deshalb
postieren der Prakti und ich uns an der Tür und stemmen unsere
Körper dagegen. Abschließen können wir sie leider nicht. Es gibt
keinen Schlüssel. Doch der durchgeknallte Spinner bleibt vorerst
draußen. Und so können der Doktor und die Kollegen den alten
Herrn ohne weitere Unterbrechungen versorgen und seine Transportfähigkeit herstellen. Er hat eine schwere Schädelverletzung, ist
eingetrübt und damit ein klarer Fall für den NAW.

Wir brauchen jetzt die Trage. Der Prakti und ich sollen sie holen.
Dafür müssen wir allerdings nach draußen, vorbei an dem randa-
lierenden Typen. Ein unangenehmer Gedanke. Doch wir können
nicht warten, bis die Polizei eintrifft. Wir müssen sie jetzt holen,
damit unser Patient endlich ins Krankenhaus kommt, denn bei dem
besteht immerhin Lebensgefahr. Vorsichtig öffnen wir die Wohnzimmertür und werfen einen Blick in den Flur. Dort ist niemand.
Der Kerl muss in einem der anderen Zimmer sein.

Zu viert gehen wir hinaus. Nur der Doktor und ein Kollege vom
NAW bleiben bei dem Verletzten. Wir huschen am Schlafzimmer
vorbei, dann an der Küche. Da sehen wir ihn. Er sitzt am Küchen-
tisch und raucht eine Zigarette. Auch er bemerkt uns, bleibt aber
sitzen. Der Prakti und ich sehen zu, dass wir so schnell wie möglich
zu den Aufzügen kommen. Die beiden Kollegen passen auf, dass
der Typ in der Küche bleibt und uns nicht hinterherkommt.

Unten vorm Haus ist noch nichts von der Polizei zu sehen. Nur
die Kinderhorde und ein paar neugierige Passanten schauen zu, als
wir die Trage aus dem Notarztwagen holen und damit zurück in
Richtung Haus gehen. Die Schlüssel für die manuelle Aufzugsteue-
rung und die Entriegelung der Kabinenzwischentür entnehmen wir

einem Kasten, der direkt neben der Eingangstür in die Hausfassade eingelassen ist. Der Schlüssel für diesen Kasten hängt an unserem Bund mit den Fahrzeugschlüsseln. Es ist ein Einheitsschlüssel, der für sämtliche Kästen dieser Art passt.

Kurz darauf haben wir die beiden Türflügel, die im geschlossenen Zustand als hintere Kabinenwand dienen, entriegelt und zur Seite geklappt. Jetzt passt die Krankentrage in ihrer vollen Länge in den Aufzug. Nur die Tragegriffe müssen wir einschieben, damit die Kabinentür schließt. Wir fahren wieder nach oben in die zehnte Etage. Dank der manuellen Steuerungsmöglichkeit kann außer uns nun niemand mehr diesen Aufzug benutzen. Das heißt, die Kabine bleibt so lange in der gewünschten Etage stehen, bis wir sie mit dem entsprechenden Schlüssel wieder in Gang setzen.

Oben in der Wohnung hat sich die Lage kein bisschen entspannt. Der Sohn läuft wieder wie ein angestochener Stier hin und her, tritt mit den Füßen gegen die Türen und pöbelt. Und die Kollegen halten ihn weiterhin davon ab, das Wohnzimmer zu betreten. Wir schaffen es durch den Flur bis zu ihnen, ohne dass er uns gegenüber tätlich wird, haben aber den Eindruck, dass ihm das sehr schwerfällt.

»Was ist mit der Polizei?«, fragt einer von den NAW-Leuten. »Ist noch nicht in Sicht«, antworte ich. »Okay, wir bringen ihn trotzdem runter«, entscheidet der Doktor. »Er muss wirklich dringend in die Klinik.« Also legen wir den alten Herrn auf die Trage und machen uns auf den Weg. Bis zum Aufzug geht auch alles gut.

Aber dann eskaliert das Ganze. Der Sohn besteht darauf, mit nach unten zu fahren, was der Arzt strikt ablehnt. Daraufhin wird er handgreiflich, es kommt zur Rangelei. Er hat aber keine Chance. Wir sind zu viele, können ihn zurückdrängen. Als die Trage im Aufzug ist, werfe ich den Schlüssel für die Korbsteuerung einem der Kollegen zu und schließe die Tür von außen. Denn alle passen wir nicht hinein.

Dann rauschen der Arzt, der NAW-Führer, unser väterlicher Kollege und der Prakti mit dem Patienten und unserem gesamten Equipment abwärts. Der Sohn ist außer sich, drückt wie ein Besessener immer wieder den Knopf für den zweiten Aufzug, um damit ebenfalls nach unten zu gelangen. Der NAW-Fahrer und ich entscheiden uns spontan für die Treppe. Bloß weg von dem durchgeknallten Kerl.

Es dauert eine ganze Weile, bis wir die zehn Etagen im Sicherheitstreppenraum nach unten gelaufen sind. Als wir endlich im Erdgeschoss ankommen und zurück in den Flur gehen, in dem sich der Aufzugschacht befindet, ist unser Patient hier längst durch. Der Prakti ist schon dabei, die Kabine wieder zu verkleinern. Ich gehe hin und helfe ihm. Der Kollege vom Notarztwagen hingegen begibt sich eiligst nach draußen, damit sich die Abfahrt ins Krankenhaus nicht noch weiter verzögert.

Als wir alles erledigt haben und die Schlüssel wieder im Kasten neben der Eingangstür verstauen, stürzt der Sohn plötzlich aus dem Haus, rennt an uns vorbei auf die Straße und dort dann direkt zum NAW. Wir ahnen nichts Gutes und rennen ihm hinterher. Er reißt die seitliche Schiebetür zum Patientenraum auf, pöbelt erneut los und will einsteigen. Das geht gar nicht. In einem Notarztwagen dreht sich alles einzig und alleine nur um den Patienten. Da ist kein Platz für Angehörige und für pöbelnde Angehörige schon gar nicht.

Wir ziehen ihn also zurück, drängen ihn vom Fahrzeug weg und versuchen, ihn festzuhalten. Ich brülle ihn an, frage ihn, ob er noch alle Latten am Zaun hat. Der Typ reißt sich los und wir erwarten, dass er sich jetzt auf uns stürzt. Stattdessen aber geht er mit weit ausladenden Schritten nach vorne und baut sich direkt vorm NAW auf, will verhindern, dass der losfahren kann. Unser väterlicher Kollege, der dabei ist, unsere Gerätschaften im Rettungswagen zu verstauen, hat mich anscheinend gehört und kommt sofort zu uns herüber.

»Wo ist denn die Polizei?«, will ich von ihm wissen. »Noch immer nicht da«, antwortet er. »Das gibt's doch nicht. Der Blödmann rastet hier total aus und die Polizei ist weit und breit nicht zu sehen. Kommen die aus Lübeck, oder was?« Ich bin ziemlich stinkig.

»Keine Ahnung, was bei denen los ist«, meint er und wendet sich an den Praktikanten: »Geh noch mal ans Funkgerät und frag nach. Sag dem Disponenten, dass wir bedroht werden.«

Der Prakti rennt los. Mittlerweile haben sich immer mehr Passanten versammelt. Sie stehen zu beiden Seiten der Straße auf den Bürgersteigen und diskutieren aufgeregt. Auch sie sehen, dass der Typ vor dem Notarztwagen steht und nicht zulässt, dass dieser abfahren kann. Als er dann auch noch mit voller Wucht den rechten Scheinwerfer des Fahrzeugs kaputt tritt, gerät die Situation plötzlich vollkommen außer Kontrolle.

Ein Mann mit Halbglatze stürzt sich auf ihn und gleich darauf ist eine wilde Prügelei im Gange. Mitten auf der Straße, direkt vorm NAW. Dabei kommt der Sohn zu Fall, schreit vor Schmerz auf und hält sich sein Knie. Als die Halbglatze sich auf ihn kniet, um ihn am Boden zu halten, mischt sich ein Kerl in Turnschuhen ein, anscheinend ein Freund des Sohnes. Er will den anderen wegzerren, was wiederum eine Frau auf den Plan ruft, die wohl irgendwie zu dem Glatzenmann gehört. In ihrem langen hellblauen Mantel und ihren hochhackigen Schuhen läuft sie zu den Kontrahenten auf die Straße und wirft sich mit aller Kraft gegen den Turnschuhtypen.

Mit unsicherem Gang nähert sich ein weiterer grimmig dreinblickender Zeitgenosse, anscheinend ebenfalls ein Kumpel des am Boden liegenden Sohnes. Er scheint stark alkoholisiert zu sein, kann die Situation wohl nicht so richtig einschätzen und umkreist die Kontrahenten erst einmal in ein, zwei Metern Abstand. Jetzt müssen wir was machen, sonst brauchen wir hier gleich diverse weitere Rettungswagen. Zum Glück kommt der Prakti zurück. »Die Zentrale macht noch mal Druck bei der Polizei«, berichtet er. »Zur Unterstützung schicken sie uns erst mal den Löschzug.« Diese Entscheidung findet sofort unsere vollste Zustimmung.

Zu dritt gelingt es uns, das Knäuel zu entwirren und die Kampfhähne zu trennen. Und während der Turnschuhtyp seinem Kumpel, der sich immer noch das Knie hält, wieder auf die Füße hilft, drängen wir den Rest der Bagage zurück auf den Bürgersteig. Doch wer jetzt glaubt, das war's, der täuscht sich gewaltig.

Kaum steht der ausgerastete Sohn wieder aufrecht, stürmt er auf uns zu und will erneut dem Glatzenmann an die Wäsche. Unser väterlicher Kollege stellt sich ihm in den Weg. Und nun holt der Kerl doch tatsächlich aus und will zuschlagen. Aber dazu kommt er nicht mehr, denn jetzt reicht's mir. Blitzschnell umklammere ich von hinten seinen Hals, nehme ihn in den Würgegriff und reiße ihn zu Boden. Wir fallen beide auf die Rasenfläche neben dem Bürgersteig und ich verspüre augenblicklich im Mittelfinger meiner linken Hand einen Schmerz, der wie ein elektrischer Schlag meinen gesamten linken Unterarm bis hinauf zum Ellenbogen durchzuckt. Am liebsten würde ich sofort wieder aufspringen und herumhüpfen wie das Männchen in der Zigarettenwerbung, aber das geht nicht. Wenn ich den Kerl jetzt loslasse, dann macht er uns womöglich tatsächlich platt.

Er windet sich, bäumt sich auf und will sich aus meinem Griff befreien. Aber der alte Hase ist zur Stelle. Er kniet sich auf die Beine des vor Wut schnaubenden Schlägers und drückt dessen Oberkörper nach unten. Dagegen kann der nicht mehr anstrampeln. Dass die Situation bedrohlich ist, erkennt auch der NAW-Fahrer, der eigentlich jetzt losfahren könnte. Die Straße ist frei. Stattdessen springt er aus seinem Fahrzeug und kommt uns zu Hilfe. Zusammen mit dem Prakti hält er den Glatzenmann, den Turnschuhtypen und den Angesoffenen mit dem bösen Blick davon ab, sich einzumischen.

Wie der Zufall es will, kommt ein Polizist in Zivil vorbei. Er bietet uns sofort seine Hilfe an und wir nehmen sofort dankend an. Mit einem einzigen Hebelgriff setzt er den ausgerasteten Sohn blitzschnell und endgültig außer Gefecht, was die anderen Hitzköpfe außerordentlich beeindruckt. Sie gehen sofort auf Distanz. Und dann kommt endlich der Streifenwagen. Ohne Blaulicht, ohne Sirene, in ganz normaler Fahrt. Die beiden Polizisten, die ihm entsteigen, kommen zu uns herüber und sind sichtlich überrascht, als sie sehen, was sich hier abspielt.

»Wir sollen eigentlich zu einem Unfall in Haus Nummer drei«, sagt der Ältere von ihnen. »Und was ist hier los?« – »Das hier ist der Unfall aus Haus Nummer drei!«, brüllen wir. »Beeilt euch!« Wir können es nicht fassen, dass sie so seelenruhig und anscheinend völlig ahnungslos hier auftauchen. Irgendetwas muss bei der Kommunikation zwischen Feuerwehr und Polizei voll in die Hose gegangen sein.

Als kurz darauf der Löschzug mit aufgeblendeten Scheinwerfern, Blaulicht und eingeschalteten Martinshörnern um die Ecke biegt und hoch motivierte Feuerwehrleute mit Beilen, Brecheisen und anderen, für einen Nahkampf geeigneten Geräten herausspringen, sitzt der ausgerastete Sohn bereits in Handschellen auf dem Rücksitz des Streifenwagens. Seine Kumpels haben das Weite gesucht und der Notarztwagen ist mit dem Patienten auf dem Weg ins Krankenhaus. Wir zünden uns eine Zigarette an und berichten dem Zugführer, was passiert ist. Alle sind ziemlich aufgewühlt. Mit Arschlöchern haben wir es ja öfter mal zu tun, aber so eines ist noch keinem von uns untergekommen.

Zurück an der Wache übernimmt ein Kollege meine Funktion. Meine Schicht ist zu Ende, ich fahre ins Krankenhaus. Der Mittelfinger schmerzt immer noch gewaltig. Wie sich herausstellt, ist er gestaucht.

Der Sohn gibt übrigens gegenüber der Polizei zu, dass er sich mit seinem Vater gestritten und dessen Kopf absichtlich gegen den Fernsehtisch geschlagen hat. Wie es dem alten Herrn geht, weiß ich nicht. Ich jedenfalls bin die nächsten zwei Wochen arbeitsunfähig.

12

HAUTNAH

Eine Leichenbergung ist stets eine unangenehme Angelegenheit und obendrein meist auch eine sehr unappetitliche. Eine Wasserleiche macht da keine Ausnahme. Im Gegenteil. Bis die an der Wasseroberfläche auftaucht und entdeckt wird, sind meist etliche Tage oder sogar Wochen verstrichen, was sich auf den allgemeinen Zustand des Subjekts in der Regel negativ auswirkt. Witterungsbedingte Einflüsse tun ihr übriges. Je höher die Umgebungstemperatur ist, desto höher ist auch die Wassertemperatur und umso schneller verläuft der Fäulnisprozess.

An einem warmen Sommertag wie heute können wir uns deshalb sehr gut vorstellen, was da auf uns zukommt, als wir einen Blick auf die Einsatzdepesche werfen, die der Alarmdrucker auswirft. Wir sollen eine Leiche aus einem Badesee fischen, der sich bei der Bevölkerung sehr großer Beliebtheit erfreut. Zum Einsatz kommen das Löschgruppenfahrzeug und der Rüstwagen. Letzterer deshalb, weil auf seinem Dach ein Schlauchboot verlastet ist. Wir sind zu fünft und teilen uns entsprechend unserer bei Dienstbeginn zugeteilten Funktionen auf. Drei Mann bleiben auf dem LF, ich besetze mit einem Kollegen den Rüstwagen. Dabei ist es meine Aufgabe, das Fahrzeug zu fahren und als Maschinist die fest eingebauten Geräte zu bedienen.

Wir haben es nicht eilig, denn es geht bei diesem Einsatz nicht mehr um Leben, sondern nur noch um Tod. Und ist der erst einmal eingetreten, spielt Zeit bekanntlich keine Rolle mehr. Außerdem ist der Vormittag sowieso gelaufen, denn der See befindet sich zwar in unserem Wachrevier, ist aber nicht gerade um die Ecke. Er liegt sehr idyllisch in einem beliebten Naherholungsgebiet und wir werden in normaler Fahrt bestimmt zwanzig Minuten benötigen, um ihn zu erreichen. Wir fahren aus dem Stadtkern hinaus, durchqueren ein riesiges Gemüseanbaugebiet und erreichen schließlich den Badesee. Eigentlich ein schöner Ausflug, wäre da nicht der bevorstehende Einsatz. Am See herrscht kaum Betrieb. Es ist ein normaler Wochentag und es halten sich jetzt lediglich einige Dauercamper hier auf, die von unserer Ankunft kaum Notiz nehmen. An den Wochenenden ist hier die Hölle los. Da hätte die Streifenwagenbesatzung, die uns empfängt, wohl kaum ausgereicht, um die vielen Schaulustigen zurückzudrängen. Heute aber können wir ganz in Ruhe und völlig problemlos agieren.

Einer der Polizisten zeigt uns, wo sich die Leiche befindet. Sie schwimmt gar nicht weit vom Ufer entfernt. Es sind keine zwanzig Meter und ihr aufgeblähter Leib ragt unübersehbar aus dem Wasser. »Zwei Jogger haben sie entdeckt und uns dann angerufen«, sagt er. »Der Bestatter ist informiert?«, möchte unser Gruppenführer wissen. »Ist bereits unterwegs«, entgegnet der Polizist. »Gut. Also, Männer, so wie es aussieht, ist das Wasser hier ziemlich flach. Wir versuchen es erst mal mit Wathosen und Fangleine. Hierfür macht sich die Rüstwagenbesatzung fertig. Und vergesst die Schwimmwesten nicht.« Sein Vorschlag ist ganz in meinem Sinne. Wenn es klappt, ersparen wir uns nämlich das Gerödel mit dem Schlauchboot.

Mein Partner ist ein noch sehr junger Feuerwehrmann. Er hat zwar auch schon einige Tote gesehen, aber noch keine Wasserleiche. Wohl genau deshalb ist ihm jetzt plötzlich eine gewisse Nervosität anzumerken. Wir entledigen uns unserer Lederstiefel und steigen in die Wathosen. Mit dieser Kombination aus Gummistiefeln und Latzhose sind wir in der Lage, durch hüfthohes Wasser zu gehen, ohne dass unsere Körper in direkten Kontakt damit kommen. Unsere anderen Kollegen helfen uns beim Anlegen der Schwimmwesten und befestigen eine Sicherungsleine an jedem von uns. Dann ziehen wir uns die dicken ledernen Einsatzhandschuhe über und der Gruppenführer drückt mir das Ende einer Fangleine in die

Hand. »Versucht mal, ob ihr die irgendwo an der Leiche festgezurrt kriegt«, sagt er. »Vielleicht an einem Arm oder an den Füßen. Wenn ihr sie dranhabt, dann kommt ihr zurück und wir ziehen sie gemeinsam an Land.« So weit der Plan.

Kurz darauf sind wir im Wasser. Die ersten Meter können wir uns auch zügig vorwärtsbewegen, das sandige Ufer fällt nur sanft ab. Das Wasser umspült unsere Beine zunächst bis zu den Waden, dann bis zu den Knien. Aber nach etwa fünf Metern bricht die Uferkante jäh ab. Ich mache den nächsten Schritt und stehe plötzlich bis zum Bauch im Wasser. In einem kräftigen Schwall schwappt ein Teil des Sees in meine Wathose hinein, läuft an meinen Hüften und an meinen Beinen hinab in das untere Ende der Hose und füllt diese bis zu meinen Knien.

Der Kollege am Ufer, der mich an der Leine hat, verhindert, dass ich tiefer abrutsche. Auch mein Partner, der etwas versetzt einen Schritt hinter mir geht, reagiert sofort. Er greift nach meiner Sicherungsleine und mit vereinten Kräften werde ich zurück auf das höher gelegene Uferstück gezogen. Dabei gelangt noch einmal eine nicht unerhebliche Menge Wasser in meine Hose, sodass der Pegel darin jetzt bis zu meinem Gesäß reicht. »Na super! Das war wohl nichts!«, rufe ich. Wir machen kehrt und waten zurück in Richtung Strandstreifen, denn jetzt ist klar, dass doch das Schlauchboot her muss.

Während die Kollegen es vom Dach des Rüstwagens wuchten, ziehe ich meine vollgelaufene Wathose aus, drehe sie um und lasse das Wasser abfließen. Allgemeines Gelächter. Na ja, wer den Schaden hat … Ein paar Minuten später liegt das Boot im flachen Wasser und wird von den Kollegen mit einer Leine gesichert. »Okay, Leute«, sagt der Gruppenführer, » dasselbe Team, zweiter Versuch.« Ich steige also wieder in die große Gummihose und stapfe hinüber zum Boot. Wir werfen die für die Leiche bestimmte Leine hinein, ebenso unsere Handschuhe. Dann schieben der junge Kollege und ich es gemeinsam durch das flache Wasser bis an die Abbruchkante. Dort schwingen wir uns ins Boot hinein und verteilen uns.

Mein Kollege setzt sich nach vorne, ich bleibe am Heck. Mit wenigen Paddelschlägen sind wir bei der Leiche und gehen mit dem Boot längsseits. Sie ist männlich, trägt eine Badehose, deren Farbe wegen der daran haftenden Algen nicht mehr erkennbar ist, und sie war schon längere Zeit im Wasser. Der glitschige, aufgedunsene Leib glitzert im Sonnenlicht dunkelgrün bis tiefschwarz. Er wird umschwirrt von zahlreichen Fliegen, die ihn als Start- und Landeplatz benutzen. Wir blicken in ein entstelltes Gesicht mit einem weit aufgerissenen Mund. Von der Nase fehlt ein Stück und die tiefen Augenhöhlen werden immer wieder von einem dichten Haarbüschel verdeckt, welches sich an der Wasseroberfläche im Rhythmus der flachen Wellen hin und her wiegt. Es stinkt.

Als der Kollege seine Sitzposition ändert und sich zu mir umdreht, erkenne ich sofort, dass er etwas blass um die Nase geworden ist. Ich kann mich sehr gut in seine Lage versetzen, weiß, wie er sich jetzt fühlt. Wir alle kennen dieses Gefühl, haben es irgendwann am eigenen Leib erfahren. Es ist dieser Anblick, auf den man so gar nicht vorbereitet ist, und dieser widerliche Leichengeruch, der einem völlig unverhofft in die Nase steigt. »Alles in Ordnung?«, frage ich fürsorglich. Er nickt. »Geht schon. So eklig hatte ich es mir nicht vorgestellt.«

Vom Ufer ruft der Gruppenführer: »Könnt ihr die Leine irgendwo anschlagen?« – »Wir versuchen es!«, rufe ich zurück, lege mein Paddel zur Seite und ziehe mir die dicken Einsatzhandschuhe über. Ich ergreife ein Ende der Fangleine, knie mich im Boot hin und beuge mich vorsichtig über die seitliche Gummiwulst, auf der Suche nach einer Anschlagsmöglichkeit. Dadurch bekommt das Boot etwas Schlagseite, neigt sich in Richtung Wasseroberfläche, was wiederum bewirkt, dass der aufgeblähte Leib des Toten plötzlich ein Stück über die Wulst hinausragt. Ich berühre ihn beinahe mit meinem Gesicht. Mit einem Ruck wende ich mich angewidert ab und sitze im nächsten Augenblick in der Mitte des Bootes auf meinen vier Buchstaben.

Das Schlauchboot schaukelt mächtig hin und her. Mein Partner ist entsetzt. »So wird das nichts«, sage ich zu ihm. »Paddle noch ein kleines Stück weiter, damit ich an seine Füße herankomme.« Er braucht nur einen einzigen Paddelschlag zu machen, dann habe ich die unteren Extremitäten neben mir. Aber auch dort habe ich kein Glück. Das Boot schaukelt, die Leiche dümpelt auf und ab. Als ich versuche, die Leine mit einem doppelten Ankerstich an ihren Füßen zu befestigen, dreht sie sich hin und her und die glitschigen Füße entgleiten immer wieder meinen Handschuhen. Wasser läuft in sie hinein.

Der junge Kollege beobachtet meine vergeblichen Versuche und ist sicherlich heilfroh, dass er nicht an meiner Stelle ist. Auch die kritischen Blicke der Kollegen am Ufer spüre ich förmlich in meinem Nacken. Also gut. Wir müssen uns etwas anderes einfallen lassen. Aber was? Anbinden geht nicht und ins Boot kriegen wir den Fleischberg schon gar nicht. Uns bleibt nur eine Möglichkeit. »Ich werde ihn schieben«, erkläre ich meinem verdutzten Partner. »Mit meinem Paddel.«

Er sieht mich an und in seinem Blick erkenne ich sehr viel Skepsis. »Du meinst, das kann man einfach so machen?«, fragt er ungläubig. »Warum denn nicht?«, entgegne ich. »Irgendwie müssen wir ihn doch an Land bringen. Ungewöhnliche Situationen erfordern manchmal ungewöhnliche Maßnahmen. Du paddelst, ich schiebe die Leiche und die Kollegen ziehen das Boot, alles klar?« – »Alles klar. Versuchen wir's.«, entgegnet er, schaut aber sehr ungläubig drein. »Und wenn es doch nicht klappt?«, will er wissen. »Das klappt«, entgegne ich. »Wirst schon sehen«.

Es erfolgt eine kurze Absprache mit den Kollegen an Land, mein Partner rutscht auf seiner Bank ganz auf eine Seite, sozusagen als Kontergewicht zu mir, ich drücke mein Paddel vorsichtig unter das Kinn der Leiche, dann setzt sich unser kleiner Schubverband in Bewegung. Es funktioniert hervorragend, genau so, wie ich es mir erhofft hatte. Allerdings nur bis zur Abbruchkante. Dort setzen

Boot und Leiche auf dem flachen Uferstreifen auf und es bewegt sich nichts mehr. Der aufgeblähte Leib ragt jetzt noch ein ganzes Stück weiter aus dem flachen Wasser heraus und das ganze Ausmaß des Körpers wird erst jetzt richtig sichtbar. Der Gestank nimmt erheblich zu.

Wir steigen aus, müssen den Leichnam irgendwie die restlichen Meter aufs Trockene schaffen. Die Kollegen ziehen deshalb zunächst einmal das Boot gänzlich an Land, damit wir Bewegungsfreiheit haben. Dann stellen wir uns links und rechts neben dem Toten auf, packen ihn unter den Achseln und zerren ihn weiter in Richtung Land. Eine eklige Angelegenheit, die Überwindung kostet. Besonders unseren jungen Kollegen. Am schlimmsten ist der Gestank.

Es ist nicht leicht für uns, den schweren Körper zu bewegen, auch wenn das Wasser als Gleitmittel fungiert. Aber immerhin schaffen wir noch ein paar Meter. Dann aber wird es so flach, dass wirklich überhaupt nichts mehr geht. Eigentlich könnte die Leiche da, wo sie sich jetzt befindet, liegen bleiben. Bei ihrem Eigengewicht besteht keine Gefahr, dass sie in den See zurückgespült wird. Das Wasser ist hier nur noch knöcheltief. Aber die Mitarbeiter des angeforderten Bestattungsunternehmens würden auf jeden Fall nasse Füße bekommen. Aufgrund dessen bittet uns die Polizei, zu versuchen, sie noch ein kleines Stück weiter herauszuziehen.

Unser Gruppenführer möchte diesem Wunsch gern entsprechen und mein Partner und ich sollen ihn umsetzen. »Kommt, Männer, noch ein kleines Stück. Das kriegt ihr hin.« Wir fühlen uns geehrt. Jeder von uns greift sich jetzt einen Arm des Toten und überstreckt diesen nach vorne bis über dessen Kopf hinaus. Mit dem einen Handschuh packen wir in Höhe des Ellenbogens zu, der andere Handschuh umklammert das Handgelenk. Dann ziehen wir und schaffen es Stück für Stück tatsächlich bis aufs Trockene.

Doch genau in dem Augenblick, als wir dort ankommen, wird der Reibungswiderstand des Untergrundes so groß, dass die Haut an den Ellenbogengelenken des Toten nachgibt. Innerhalb von Sekundenbruchteilen gleiten unsere ledernen Handschuhe über seine Unterarme und reißen die gesamte Haut, die sich dort befindet, herunter. Das Ergebnis ist vergleichbar mit einem Rubbel-Los, nur mit dem Unterschied, dass die abgerubbelte Schicht als Fetzen an unseren Handschuhen hängt.

Automatisch lassen wir die Arme des Toten zu Boden fallen und blicken entsetzt auf unsere Handschuhe. Auch unsere anderen Kollegen und die beiden Polizisten starren ungläubig auf uns und auf die Leiche. Damit hatte niemand gerechnet. Unser junger Kollege schon gar nicht. Nachdem er die Schrecksekunde überwunden hat, schreit er seinen Ekel lauthals heraus. »Ääääh! Scheiße! Scheiße! Scheiße!« Dabei hüpft er auf der Stelle und versucht verzweifelt, seine Handschuhe abzuschütteln. Das gelingt ihm aber nicht sofort. Bevor er sie endlich los ist, fliegen erst einmal nur die Hautfetzen durch die Gegend, ein Großteil von ihnen bleibt an seiner Wathose kleben. Und diese Hautfetzen sind vom Geruch her absolut identisch mit dem Geruch, der direkt von der Leiche ausgeht.

Deshalb habe auch ich kein Verlangen, diese Handschuhe noch länger an meinen Händen zu behalten und streife sie ab. Aber gaaaanz langsam und gaaaanz vorsichtig. Zuerst den mit den Hautfetzen, danach den anderen. Es dauert eine Weile, bis ich es geschafft habe, meine nassen Hände von ihnen zu befreien. Derweil decken die Kollegen den Toten mit einer undurchsichtigen Plastikfolie ab. Unsere letzte Aktion. Alles Weitere ist Sache der Polizei und der Bestatter.

Der Gruppenführer gibt den Befehl zum Abmarsch. Bevor wir jedoch unsere Sachen wieder verstauen, nehmen wir unseren Schnellangriffsschlauch und spülen alles gründlich mit Wasser aus dem TLF-Tank ab. Das Schlauchboot, die Paddel, die Leinen, die Wathosen, eben alles, was mit der Leiche und dem sie umgebenden Seewasser in Berührung kam. Nur die ledernen Einsatzhandschuhe nicht. Die kommen in einen Plastiksack und werden entsorgt, wenn wir zurück an der Wache sind. Für die anschließende Reinigung unserer Hände geht fast eine ganze Flasche Desinfektionsmittel drauf. Trotzdem sind wir der Meinung, dass sie immer noch stinken, was natürlich absoluter Quatsch ist. Aber Leichengeruch hat nun leider einmal die Eigenschaft, sich hartnäckig und über einen längeren Zeitraum in der Nase festzusetzen. Und diese Erfahrung muss heute auch unser junger Kollege machen.

13

DRAMA IM VERBORGENEN

Den meisten Notrufen, die bei der Feuerwehr eingehen, liegen konkrete Angaben zum Einsatzort vor. Außerdem teilen die anrufenden Personen in der Regel mit, was passiert ist. Dies gilt sowohl für Feuer und technische Hilfeleistungen wie auch für Rettungsdiensteinsätze. Dadurch kann sich der Disponent in der Einsatzzentrale im Allgemeinen ein erstes Bild von der Lage vor Ort machen und die aus seiner Sicht erforderlichen Kräfte entsenden.

Das ist aber leider nicht immer so. Aufregung, Ortsunkenntnis und Sprachbarrieren erfordern bei einer Vielzahl von Anrufen akribische Ermittlungsarbeit und psychologische Grundkenntnisse des Kollegen, um dem Anrufer die notwendigen Informationen zu entlocken. Hierdurch verstreicht nicht nur wertvolle Zeit bis zur Alarmierung, auch die Einsatzkräfte vor Ort müssen dann oft auf der Basis lückenhafter Informationen agieren. So auch bei einem nächtlichen Feueralarm zwischen Weihnachten und Silvester, bei dem ich als Staffelführer auf dem TLF eingesetzt bin.

Schon als ich auf dem Weg vom Telegrafenzimmer in die Fahrzeughalle die Einsatzdepesche überfliege, weiß ich, dass es Probleme geben und das Ganze länger dauern wird. Wir sollen zu einem Feuer, das angeblich in einem Wohnhaus gegenüber einer Schule, die sich in unserem Wachrevier befindet, ausgebrochen ist. Keine Hausnummer, keine Etage. Entweder handelt es sich wieder einmal um eine der zahlreichen Unfug-Meldungen und wir suchen erfolglos die gesamte Gegend um die Schule ab, oder aber jemand hat das Feuer von außen gesehen. In beiden Fällen wäre die Nacht so gut wie gelaufen, denn bis wir zurück sind an der Wache, wird so viel Zeit vergangen sein, dass unsere Schicht wahrscheinlich zu Ende ist.

Zusammen mit uns ist auch die örtliche Freiwillige Feuerwehr alarmiert worden. Wenn es sich tatsächlich um eine Unfug-Meldung handeln sollte, werden die sich besonders freuen. Denn im Gegensatz zu uns beginnt für die Kameraden anschließend ein ganz normaler Arbeitstag.

Während wir uns noch auf der Anfahrt befinden, ist das erste Fahrzeug der FF, aufgrund der räumlichen Nähe zur Einsatzstelle, bereits vor Ort und setzt über Funk eine erste Rückmeldung ab. Diese verstärkt unsere Vermutung, dass sich wieder einmal jemand einen Scherz erlaubt hat. Die Kameraden melden nämlich, dass sie optisch kein Feuer wahrnehmen können, und fragen nach, ob es nähere Angaben zum Einsatzort gibt. Der Disponent muss das leider verneinen, fügt aber hinzu, dass der Anrufer stark angetrunken war. Er hätte angegeben, einen Feuerschein hinter einem Fenster – ziemlich weit oben – gesehen zu haben. »Na, was der wohl gesehen hat«, meint einer der Kollegen vom Angriffstrupp neben mir auf der Bank und lehnt sich entspannt zurück. Für ihn ist jetzt schon klar, dass dieser Einsatz eine »Ente« ist. Für mich eigentlich auch und ich glaube, dass jeder von uns in diesem Augenblick wohl so denkt.

Wenig später erreichen wir die Einsatzstelle, zeitgleich mit dem zweiten Fahrzeug der Freiwilligen Feuerwehr. Es ist kurz nach vier Uhr und stockdunkel. Ein Feuerschein müsste eigentlich gut zu sehen sein. Aber das Einzige, was wir im Schein der Straßenlaternen erblicken, ist die graue Waschbetonfassade eines sechsgeschossigen Wohnblocks, wo hinter einigen wenigen Fenstern zwar Licht brennt, aber kein Feuer. Unser Zugführer nimmt Kontakt auf mit dem Wehrführer der FF und den ebenfalls anwesenden Polizisten und bespricht mit ihnen kurz die Lage. Dann beginnt die gemeinsame Suche nach der Brandstelle.

Sämtliche Hauseingänge sind mit beleuchteten Hausnummern gekennzeichnet. Vier von ihnen befinden sich genau gegenüber der Schule: 23, 25, 27 und 29. Auf die konzentrieren wir uns zuerst. In Nummer 25 ist bereits ein Erkundungstrupp der Freiwilligen unterwegs. Der Rest der Einsatzkräfte, mit Ausnahme der Maschinisten, wird auf die anderen drei Hauseingänge verteilt. Und der Drehleiter-Führer soll inzwischen die Gebäuderückseite erkunden. Meine Aufgabe ist es, mit unserem ersten Angriffstrupp und zwei freiwilligen Feuerwehrleuten eine Überprüfung in Nummer 27 durchzuführen. Es ist saukalt, deshalb lassen alle Maschinisten jetzt schnellstens die Standheizungen in den Einsatzfahrzeugen anlaufen. Wir werden es zu schätzen wissen, wenn wir zurückkommen.

Ausgerüstet mit Handlampen, Sprechfunkgeräten und Kübelspritze, machen wir uns auf den Weg zum besagten Hauseingang. Der frische Schnee, der in der Nacht gefallen ist, wurde noch nicht geräumt und knirscht bei jedem Schritt unter unseren Stiefeln. Die beiden Kollegen vom Angriffstrupp tragen zwar üblicherweise ihre Atemschutzgeräte bereits auf dem Rücken, haben die Masken aber noch nicht aufgesetzt. Solange wir die Brandstelle nicht lokalisiert haben, ist dies auch nicht erforderlich. Wenn es denn überhaupt eine Brandstelle gibt, was mittlerweile wirklich alle bezweifeln.

Aber weil dies eben noch nicht sicher ist, müssen wir halt so lange suchen, bis wir uns sicher sind oder bis wir etwas gefunden haben. Ich drücke sämtliche Klingelknöpfe auf dem Tableau neben der Eingangstür und es dauert eine ganze Weile, bis eine verschlafene Männerstimme aus dem Lautsprecher der Gegensprechanlage zu hören ist: »Ja?« – »Die Feuerwehr. Machen Sie bitte mal die Tür auf?«, antworte ich höflich. Schweigen. Und dann: »Feuerwehr? Was ist denn los?« – »Das wissen wir noch nicht. Wir haben eine Feuermeldung. Machen Sie bitte die Tür auf!« Meine Stimme ist diesmal etwas lauter und klingt wohl auch nicht mehr ganz so freundlich. Aber sie zeigt Wirkung.

Es schnarrt im Türschloss und wir sind drin. Gleich darauf schnarrt es erneut und dann noch einmal. Außerdem geht plötzlich die Treppenraumbeleuchtung an. Wahrscheinlich drücken jetzt alle anderen Mieter, die ich aus dem Schlaf geklingelt habe. Ich mache die Tür weit auf und trete mit dem Fuß auf den Türstopper, damit sie nicht wieder zufällt. Hier unten ist der Treppenraum schon mal rauchfrei und es riecht auch nicht verbrannt. Der Anrufer will den Feuerschein ja auch ziemlich weit oben gesehen haben, also begeben wir uns nach oben. Einen Aufzug gibt es nicht und er würde uns auch nichts nützen. Denn Aufzüge sind bei Feueralarm absolut tabu, und zwar auch dann, wenn keinerlei Anzeichen für einen Brand erkennbar sind.

Es gibt zwei Wohnungen in jeder Etage. Eine auf der linken und eine auf der rechten Seite. Im ersten Stock sind beide Wohnungstüren geöffnet und zwei Mieter in Bademänteln warten hier schon auf uns. Es sind zwei ältere Herrn und sie sind ziemlich aufgeregt, wollen wissen, was denn los sei. Wir erklären ihnen, dass wir eine Feuermeldung haben und wir deshalb das Gebäude überprüfen müssen. Wenn bei ihnen in den Wohnungen aber alles in Ordnung sei, müssten sie sich keine Sorgen machen und sollten am besten wieder reingehen. Das tun sie dann auch.

In der zweiten Etage das gleiche Spiel. Diesmal ist es ein Ehepaar, welches durch meine nächtliche Klingel-Attacke wohl etwas beunruhigt ist. Im dritten Stock wartet niemand auf uns. Aber auch hier gibt es keinerlei Anzeichen für ein Feuer und jeder von uns glaubt schon, dass es so weitergeht und wir letztendlich in Kürze eine weitere Unfug-Meldung in unsere Einsatzstatistik aufnehmen können. Aber als wir auf dem Treppenabsatz zwischen der dritten und der vierten Etage ankommen, riecht es plötzlich doch ein wenig verbrannt.

Sofort mache ich eine »Schnüffelprobe« an den beiden Wohnungstüren in der Vierten, lasse meine Nase den Spalt zwischen Tür und Rahmen entlanggleiten und taste die Türblätter in Augenhöhe mit der Hand ab. Aber da ist nichts, was mich beunruhigen sollte. Der Brandgeruch verstärkt sich nicht und beide Türen sind eiskalt. Also weiter nach oben. Mit jeder Stufe wird der Geruch nun intensiver. Als wir in der Fünften ankommen, sehen wir Rauch, der sich unter der Decke des Treppenraumes sammelt. Es sind nur ein paar dünne Schwaden, aber sie dämpfen bereits ein wenig das Licht der Deckenlampe. Jetzt ist es ganz offensichtlich: Hinter einer der beiden Wohnungstüren brennt es.

Sofort tasten wir wieder die Türblätter ab. Während die rechte Tür kalt ist, ist an der linken im oberen Bereich eine leichte Erwärmung spürbar. Außerdem sind in den oberen Ecken des Türrahmens kleine Rußfahnen erkennbar, welche der austretende Rauch hinterlassen hat. Ich nehme kurz meinen Helm ab, drücke mein Ohr an die Tür und lausche. Ich höre kein Knacken, kein Flammenprasseln, keine typischen Feuergeräusche. Was immer da drinnen brennt, es konnte sich bislang noch nicht richtig entwickeln. Ich vernehme auch keine menschlichen Stimmen. Es ist ganz still.

»Der Angriffstrupp legt Atemschutz an und wartet vor der Tür«, ordne ich an, denn Brandräume werden grundsätzlich erst dann betreten, wenn ausreichend Löschmittel bereitstehen und erst recht, wenn eine unvollständige Verbrennung aufgrund von Sauerstoffmangel vermutet wird. Und weiter: »Die Kameraden der FF belüften den Treppenraum und sorgen dafür, dass alle Bewohner sofort das Haus verlassen. Verteilt sie auf die Löschfahrzeuge, damit sich keiner da draußen Frostbeulen holt.« Diese Maßnahme mag vielleicht etwas übertrieben anmuten, aber ich habe da so einige negative Erfahrungen gemacht mit Wohnungsbränden, die so viel Hitze und Rauch entwickelten, dass Teile des Treppenraumes plötzlich als Flucht- und Rettungsweg nicht mehr nutzbar waren.

Über Funk informiere ich unseren Zugführer über die neue Lage. Und während die Kollegen hier oben nun ihre Masken aufsetzen, während ich mit meinen Fäusten kräftig gegen die Tür der Brandwohnung poche, auf eine Reaktion von innen hoffend, während die ersten Mieter aus der gegenüberliegenden Wohnung, nur mit Nachtzeug und Bademantel bekleidet, von den Kameraden nach unten begleitet werden, laufen draußen jetzt ebenfalls umfangreiche Maßnahmen an. Alle Trupps, die sich noch in den benachbarten Treppenräumen aufhalten, werden zurückgepfiffen.

Vor dem Haus wird eine Wasserversorgung aufgebaut, ein Verteiler wird gesetzt und eine C-Schlauchleitung im Treppenraum nach oben gezogen. Ein zweiter Atemschutztrupp macht sich auf den Weg zu uns. Es wird vorübergehend etwas eng auf den Treppen. Von unten kommen unsere Kollegen, von oben die Hausbewohner. Auch unser Zugführer quetscht sich durch und kommt zu uns herauf, will sich selbst ein Bild machen. »Ein Lebenszeichen aus der Wohnung?«, fragt er nach. »Negativ«, antworte ich ihm. »Okay, wenn wir Wasser vor haben, gehen wir rein.«

Der Angriffstrupp ist bereit, hockt auf dem Fußboden neben dem Türrahmen. Die Flaschenventile sind geöffnet, die Drücke habe ich notiert, die Masken mit den Lungenautomaten sitzen fest auf den Gesichtern der beiden Kollegen. Als das Wasser wenig später am Strahlrohr ankommt, trete ich mit meinen dicken Sicherheitsstiefeln direkt unterhalb des Türknaufs gegen die Tür. Die springt völlig unerwartet gleich nach dem ersten Tritt auf, obwohl sie ein Sicherheitsschloss hat, und knallt innen mit voller Wucht gegen die Wand des Flures. Anscheinend war sie gar nicht abgeschlossen.

Sofort wabert schwarzer Rauch aus der Wohnung in den Treppenraum hinein. Wärme strömt uns entgegen, aber es wird nicht unerträglich heiß. Trotzdem legen sich alle flach auf den Boden und auf die Treppenstufen und warten kurz ab. Ich auch. Als keine Stichflammenbildung erfolgt, kriecht der Angriffstrupp rein, den Schlauch hinter sich herziehend. Die Kollegen vom Schlauchtrupp schieben nach und sorgen dafür, dass er nirgendwo hängen bleibt.

Der Zugführer und ich riskieren einen Blick in den Wohnungsflur. Wir leuchten mit unseren Stabtaschenlampen hinein. Feuer ist von hier aus nicht zu sehen, nur der auf allen vieren vorwärts kriechende Angriffstrupp. Und Rauch. Hauptsächlich unter der Decke. Dort ist er auch richtig schwarz und flockig. Weiter unten hingegen lichtet er sich, wird zu dünnen Nebelschleiern, die von den starken Lichtstrahlen unserer Lampen durchdrungen werden. Der Trupp wird sich in der Wohnung also gut orientieren können. Doch dieser

Rauch füllt langsam, aber stetig nun auch den oberen Bereich des Treppenraumes und es wird nicht allzu lange dauern, dann wird er für alle, die sich hier draußen ohne Atemschutz aufhalten, zum Problem werden. Die letzten Treppenraumfenster sind nämlich in Höhe des Absatzes zwischen der vierten und der fünften Etage, also unterhalb. Alles, was sich jetzt hier oben sammelt, kann eigentlich nur aus den Fenstern der Wohnung entweichen. Aber die sind im Augenblick alle noch geschlossen, denn ansonsten hätten wir den Rauch von der Straße aus gesehen.

Als der Trupp aus unserem Sichtfeld verschwindet, weil der Flur im rechten Winkel abknickt, heißt es warten. Allerdings nicht lange. Nur kurze Zeit später hören wir die Stimme des Angriffstrupp-Führers aus unseren Handsprechfunkgeräten: »Wir haben eine schwer verbrannte Person gefunden! Bringen sie raus!« Sofort werden ein Rettungswagen und ein Notarztwagen angefordert. Außerdem lässt unser Zugführer ein Bergetuch sowie das Sauerstoffbehandlungsgerät und einen Sanitätskasten heraufbringen.

Die Person, die von den Kollegen aus der Wohnung gebracht und im Treppenraum abgelegt wird, ist eine Frau. An ihrem nackten, dampfenden Körper kleben die Reste eines Bademantels. Ihre Haut ist fast komplett verbrannt und sie ist größtenteils von einer schwarzen Kruste überzogen. Der Kopf und das Gesicht sind hiervon besonders betroffen. Bis auf zwei, drei Büschel sind alle Haare weggebrannt. Es sieht so aus, als wurde sie mit irgendetwas übergossen, außerdem verströmt sie einen starken stechenden Geruch. Es ist der Geruch von verbranntem Kunststoff.

Die Frau ist nicht mehr bei Bewusstsein, atmet aber noch. Während die Kollegen sie sofort vorsichtig mit dem Wasser aus der Kübelspritze benetzen, schildert der Angriffstrupp-Führer kurz die Situation in der Wohnung: »Was genau gebrannt hat, wissen wir nicht, aber das Feuer scheint bereits aus zu sein. Wir gehen wieder rein und suchen nach weiteren Personen.« Unser Zugführer schickt nun auch den zweiten Atemschutztrupp, welcher bislang als

Sicherungstrupp fungierte, zur Unterstützung mit in die Wohnung hinein. Beide Trupps sollen jeweils in unterschiedlichen Zimmern suchen und parallel dazu sämtliche Fenster öffnen, damit der Rauch abziehen kann. Und während sie das tun, beginnt im Treppenraum, so gut es geht, die Erstversorgung der verbrannten Frau. Viel können wir nicht machen, zu schwer sind ihre Verletzungen. Sie wird vorsichtig in eine Rettungsdecke aus Aluminiumfolie eingehüllt, bekommt Sauerstoff über eine Nasensonde und wir legen sie auf das Bergetuch. Dann tragen die Kollegen sie langsam und vorsichtig nach unten. Dort wird sie, wenn die nachgeforderten Rettungsmittel eintreffen, in deren Obhut übergeben.

Glücklicherweise werden in der Wohnung keine weiteren Personen gefunden. Als der Rauch abgezogen ist und wir ohne Atemschutz rein können, sehen wir uns an, was passiert ist. Das Feuer war zweifelsfrei im Wohnzimmer ausgebrochen. Brandursache war vermutlich ein Adventsgesteck oder ein Adventskranz auf einem Porzellanteller. Denn den finden wir, verrußt und samt Kerzenhaltern, ausgeglühtem Bindedraht und ein paar verlaufenen Wachsresten, auf dem Wohnzimmertisch.

Wir vermuten, dass die Frau auf der Couch oder in einem der beiden Polstersessel eingeschlafen ist und zunächst gar nicht mitbekommen hat, dass die Flammen der heruntergebrannten Kerzen die ausgetrockneten Tannenzweige entzündet haben. Vermutlich gab es eine Stichflamme, die bis hinauf an die Zimmerdecke reichte und die dort angebrachten Polystyrol-Platten in Brand setzte. In vielen Wohnungen sind solche Platten als Verschönerungselemente zurzeit absolut angesagt, obwohl sie ein katastrophales Brandverhalten aufweisen. Denn Polystyrol schmilzt, wenn es sich entzündet und tropft dann brennend ab. Und genau das ist hier geschehen und wurde der Frau zum Verhängnis.

Die Zimmerdecke sieht aus wie das Gewölbe einer Tropfsteinhöhle. Lange Fäden von geschmolzenem und jetzt wieder erkaltetem Kunststoff hängen wie Stalagtiten von ihr herab. Das gesamte

Mobiliar ist von einer Rußschicht bedeckt und mit erstarrtem Kunststoff überzogen. Das brennend abtropfende Zeugs hatte an mehreren Stellen kleinere Brände verursacht, die sich jedoch nicht richtig entwickeln konnten aufgrund von Sauerstoffmangel und die deshalb fast alle von selbst wieder erloschen waren. Da, wo noch irgendetwas vor sich hin schwelte, hatte dann der Angriffstrupp mit ein paar Tropfen Wasser schnell Erfolg gehabt.

Höchstwahrscheinlich wurde auch die schlafende Frau von dem brennenden Polystyrol getroffen. Als sie es merkte, war es bereits zu spät. Vermutlich benommen durch die giftigen Brandgase, schleppte sie sich in Richtung Wohnzimmertür. Auf ihrem Weg dorthin muss sie permanent dem Feuerregen ausgesetzt gewesen sein. Selbst schon brennend und sicherlich unter entsetzlichen Schmerzen hatte sie es trotzdem noch bis in den Flur geschafft. Dort brach sie zusammen und verlor schließlich das Bewusstsein.

Das alles hat sich im Verborgenen abgespielt und es hätte wohl auch niemand mitbekommen, wäre da nicht ein angetrunkener Nachtschwärmer gewesen, der auf dem Nachhauseweg zufällig nach oben schaut und einen Feuerschein sieht. Wäre er nicht gewesen, wer weiß, wann dieses nächtliche Feuerdrama dann entdeckt worden wäre. Wahrscheinlich erst Stunden später. Für die arme Frau ist es dennoch zu spät. Der Notarzt findet an ihrem gesamten Körper nur noch eine einzige winzige Stelle am Fußgelenk, die nicht verbrannt oder mit einer Kunststoffkruste überzogen ist und in die er seine Injektionsnadel für den Zugang stechen kann. Sie stirbt bereits kurz nach ihrer Einlieferung im Krankenhaus.

14

DAFÜR LOHNT ES SICH

Wir sehen die Frau schon von Weitem. Sie steht auf der Straße und schwenkt beide Arme über dem Kopf. Es scheint eilig zu sein. »Siehst du, was ich sehe?«, fragt mich mein Kollege. »Das sieht nicht gut aus«, antworte ich ihm und ziehe die Einsatzdepesche aus der Brusttasche meiner Rettungsdienstjacke. Habe ich was übersehen? Nein. Hier steht weder etwas von »NICHT ANSPRECHBAR«, noch davon, dass ein Notarzt mit aus ist. Es soll sich lediglich um eine Erkrankung handeln.

»Kommen Sie schnell! Mein Mann! Er ist umgefallen!«, ruft sie, als wir aussteigen. Sie ist völlig panisch und rennt in den Eingang Nummer 47 des mehrgeschossigen Wohnhauses, zu dem wir gerufen wurden. Wenn jemand umfällt, können die Ursachen dafür ganz unterschiedliche sein. Vielleicht ist er einfach nur ausgerutscht oder über etwas gestolpert und dadurch zu Fall gekommen. Vielleicht ist er aber auch ohne ersichtlichen Grund einfach zusammengebrochen. Letztere Variante wäre die schlechtere, denn das könnte bedeuten, dass im ungünstigsten Fall ein Herz-Kreislauf-Versagen vorliegt.

Da wir es zum jetzigen Zeitpunkt noch nicht wissen, soll mein Kollege vorsichtshalber alles, was wir für eine Reanimation benötigen, mitnehmen. »Soll ich auch schon einen NAW anfordern?«, fragt er nach. »Noch nicht. Wir schauen erst mal, was los ist«, rufe ich ihm zu, während ich die Sanitätstasche aus dem Patientenraum hole. Viele Leute reagieren bekanntlich über, stehen total neben sich, wenn einmal etwas passiert, was über Nasenbluten oder einen verknacksten Knöchel hinausgeht. Nicht selten entpuppt sich dann ein zunächst dramatisch anmutender Einsatz als eine Bagatelle. Für die Anforderung eines Notarztwagens brauchen wir Fakten. Und genau die fehlen uns im Moment noch.

Ich laufe ins Haus hinein und finde die Frau im Flur ihrer Wohnung im Erdgeschoss. Sie kniet neben ihrem Mann, der regungslos auf dem Fußboden liegt. So wie es aussieht, doch kein Bagatellfall. »Willi! Willi, sag doch was!«, ruft sie immer wieder mit weinerlicher Stimme und rüttelt an seinem Oberkörper.

»Lassen Sie mich mal«, unterbreche ich sie mit ruhiger Stimme, woraufhin sie aufsteht und mir Platz macht. Ich gehe in die Hocke und beuge mich über den Mann. »Hallo! Können Sie mich hören?!« Er reagiert nicht auf meine Frage. Ich setze einen Schmerzreiz, kneife mit Daumen und Zeigefinger in seine Nasenscheidewand. Auch jetzt keine Reaktion. »Was ist mit ihm?«, fragt die Frau. »Ist er tot?« »Das wollen wir nicht hoffen«, versuche ich sie zu beruhigen. »Aber es sieht nicht gut aus.«

»Am besten ist, Sie setzen sich ins Wohnzimmer und lassen uns machen«, mischt sich mein Kollege ein, der jetzt die Sachen für die Reanimation hereinbringt. »Nein, nein, nein«, schluchzt sie. »Ich möchte hier bleiben.« Wir haben leider keine Zeit für Diskussionen, deshalb lassen wir sie gewähren. Ich muss die Vitalfunktionen des Mannes überprüfen. Seine Pupillen sind geweitet, er atmet nicht und ich fühle keinen Puls. Jetzt liegen die Fakten auf dem Tisch. »NAW!«, lautet die knappe Anweisung an meinen Partner, der sofort wieder nach draußen läuft, um dies über Funk in die Wege zu leiten.

Die anschließende Reanimation läuft professionell und routiniert ab. Mein Kollege beatmet, ich führe die Herzdruckmassage durch. Wir sind beide seit vielen Jahren »im Geschäft« und haben somit auch reichlich Erfahrung mit derartigen Einsätzen. Womit ich nicht sagen will, dass alle unsere Wiederbelebungsmaßnahmen von Erfolg gekrönt waren. Oh nein. Bei den meisten Patienten waren unsere Bemühungen vergeblich und das lag stets an ungünstigen Rahmenbedingungen. Oft war die Zeitspanne zwischen Herzversagen und Reanimationsbeginn zu groß. Auch die Schwere einer Erkrankung oder Verletzung sowie das Alter einer Person spielten eine große Rolle. Die Chancen, einen Teenager wieder ins Leben zurückzuholen, sind meist erheblich größer, als dies bei einer krebskranken Achtundneunzigjährigen der Fall ist.

Manchmal aber passte eben einfach alles zusammen. Wir waren schnell am Ort des Geschehens, die Person hatte kein schweres Grundleiden, die Atemwege waren nicht verlegt oder blockiert, sodass eine sofortige Beatmung möglich war, und die wichtigen inneren Organe waren nicht zu lange von der Sauerstoffzufuhr abgeschnitten. Dann zahlte sich unser Engagement stets aus und wir konnten über den Tod triumphieren. Auch hier und heute läuft es anscheinend sehr gut. Unter den flehenden Blicken der Ehefrau, deren Alter ich auf Mitte sechzig schätze, machen wir unseren Job.

Der Kollege kann problemlos beatmen und meine Druckmassage zeigt bereits nach kurzer Zeit Wirkung. Der Mann hat plötzlich wieder einen eigenen Puls. Sofort halte ich inne, und während mein Partner weiter beatmet, beobachten wir ein schwaches Zucken an der Halsschlagader. »Was ist los?«, fragt die Frau sofort mit angsterfüllter Stimme. »Das Herz ihres Mannes schlägt wieder«, kläre ich sie auf, woraufhin sie ihr Gesicht für einen Moment in ihren Händen vergräbt. »Ist das wahr?«, stößt sie hervor. »Oh, danke. Ich danke Ihnen beiden!«. »Danken Sie uns nicht zu früh«, mahnt mein Partner. »Noch haben wir nicht gewonnen.«

Wie recht er hat, merkt die Frau keine halbe Minute später, als das Zucken wieder aufhört und ich erneut mit der Herzdruckmassage beginne. Auch diesmal lässt die Eigenaktivität des Herzens nicht lange auf sich warten. Ich kann meine Bemühungen abermals unterbrechen. Mein Kollege drückt weiter gleichmäßig den Beatmungsbeutel zusammen, denn für eine eigene Atmung reicht es leider noch nicht.

Ich frage die Frau, ob irgendwelche Vorerkrankungen bei ihrem Mann bekannt sind und ob er regelmäßig Medikamente nehmen muss. »Er hat einen erhöhten Blutdruck und dafür hat er auch Tabletten«, berichtet sie. »Ansonsten ist er eigentlich ziemlich fit. Wissen Sie, wir haben beide immer gearbeitet. Großartig krank war nie einer von uns.« »Keine anderen Medikamente?«, unterbreche ich sie. »Nein, sonst nimmt er nichts.« Sie schüttelt den Kopf. »Hat er denn seine Tablette heute schon genommen?«, will mein Partner wissen. »Ja, natürlich. Beim Frühstück, so wie jeden Morgen. Da pass ich auch auf«, meint sie etwas entrüstet.

Wir lassen sie die Blutdrucktabletten aus der Küche holen, damit wir diese parat haben, wenn der Notarzt eintrifft. »Wie alt ist denn Ihr Mann?«, möchte ich als Nächstes wissen. »Er wird in diesem Jahr siebzig«, sagt sie, »und das wollten wir eigentlich groß feiern.« Ihr schießen wieder die Tränen in die Augen und diesmal gelingt es uns, sie davon zu überzeugen, dass es wirklich besser ist, wenn sie im Wohnzimmer wartet.

Die Herzaktivität des Mannes hat weiterhin Bestand und seine Pupillen verengen sich deutlich. Indizien, die zu berechtigter Hoffnung Anlass geben. Auch als der Notarzt eintrifft, hat sich an dieser Situation glücklicherweise noch nichts geändert. Schnell ist ein Zugang gelegt, unser Patient intubiert und am Tropf. Das EKG zeigt einen deutlichen Ausschlag, offenbart allerdings dem geschulten Auge auch sofort die vermutliche Ursache für den augenblicklichen Zustand. Der Mann hat einen Herzinfarkt. Kreislauf stärkende Medikamente sollen deshalb zu einer weiteren Stabilisierung beitragen.

Mit der Eigenatmung hapert es aber nach wie vor. Die will dem alten Herrn einfach immer noch nicht gelingen. Deshalb ist der Arzt zunächst noch skeptisch und wartet ab. Er beobachtet den EKG-Monitor eine ganze Weile, aber dann ist er sich anscheinend doch sicher, dass unser Patient transportfähig ist. »Ich glaube, wir können es wagen«, meint er und nickt uns zu. Ein Kollege vom Notarztwagen übernimmt die Beatmung, mein Partner und ich gehen nach draußen und holen die Krankentrage aus dem NAW. Wir müssen sie im Treppenraum abstellen, weil es im Flur der Wohnung zu eng ist.

Der Arzt spricht mit der Ehefrau. Er erklärt ihr die Situation und macht ihr auch klar, dass sie nicht mitfahren kann ins Krankenhaus, obwohl sie es gerne möchte. Das mag für einen Außenstehenden vielleicht hart klingen, ist aber richtig. Das NAW-Team hat nämlich während des Transports alle Hände voll zu tun und sollten unterwegs Komplikationen auftreten, dann würde ihre Anwesenheit deren Arbeit nur behindern.

Während der Arzt jetzt die Beatmung selbst übernimmt, platzieren wir vorsichtig ein Laken unter dem Körper des Patienten. Dann legen wir ihm den EKG-Monitor und den Tropf auf den Bauch, heben ihn zu viert mit dem Laken an und tragen ihn hinaus ins Treppenhaus, wo wir ihn auf die Trage legen. Bevor wir ihn allerdings weitertransportieren, möchte der Doc erst noch einmal einen Blick auf den Monitor werfen. Er schaut sich die Amplituden an und nickt zufrieden. Wenige Augenblicke später liegt der Mann auch schon im Notarztwagen. Wenn jetzt nichts mehr schiefgeht, ist der Job für uns erledigt. Alles andere ist nun Sache der NAW-Besatzung. So wie es aussieht, hat der alte Herr gute Chancen durchzukommen. Und wir haben einen nicht unwesentlichen Teil dazu beigetragen. Ein tolles Gefühl.

Wir gehen zurück ins Haus und packen unsere Sachen zusammen. Sofort kommt die Ehefrau dazu. Sie möchte von uns wissen, wie wir die Lage einschätzen. »Wird er es schaffen?«, fragt sie ängstlich. »Er wird doch wieder gesund, oder?« »Es sieht zumindest nicht schlecht aus«, antworte ich ihr, »er ist sehr robust, aber über den Berg ist er noch nicht. Immerhin hat er einen Herzinfarkt. Die nächsten Tage sind entscheidend.« Ich kann ihr zwar Mut machen, darf aber keine falschen Hoffnungen wecken. Denn auch wenn die Voraussetzungen gut sind, ist ihr Mann noch lange nicht außer Lebensgefahr. Wir drücken ihr jedenfalls die Daumen, als wir uns verabschieden.

Auf dem Weg zurück an die Wache sind wir dann beide der Meinung, dass dieser heutige Tag, dieser sonnige 18. März, ein wirklich guter Tag ist. Für den alten Herrn, für seine Frau und natürlich auch für uns. Ein Tag, an dem wir endlich wieder einmal rechtzeitig da waren, an dem wir einem Menschen das Leben retten konnten. Ein ganz besonderer Tag.

Gut drei Monate später sitzt unsere Wachabteilung im Unterrichtsraum der Feuerwache zusammen. Der Wachabteilungsführer referiert über die richtige Einsatztaktik bei Bränden in Hochhäusern, als ich plötzlich über die Rundspruchanlage aufgefordert werde, in das Büro des Dienststellenleiters zu kommen. Eine solche Aufforderung löst bei den meisten von uns ein ungutes Gefühl aus. Auch bei mir. Auf dem Weg dorthin überlege ich deshalb, was wohl der Grund dafür sein könnte. Habe ich im Einsatz Mist gebaut? Hat sich irgendjemand über mich beschwert?

Als ich dann eintrete, finde ich unseren Chef in einem sehr angeregten Gespräch mit einem älteren Herrn, der mir irgendwie bekannt vorkommt. »Das ist er«, sagt mein Boss und deutet mit dem Finger in meine Richtung. Und ergänzend fügt er hinzu: »Der zweite Mann ist zurzeit leider im Urlaub.« Der alte Herr erhebt sich von seinem Stuhl, kommt auf mich zu und streckt mir lächelnd seine Hand entgegen. »Hallo«, sagt er, »nett, dass ich Sie endlich mal kennenlerne. Ich bin die Wiederbelebung aus dem Gottfried-Schroeder-Weg. Sie erinnern sich?«

Einen kleinen Augenblick dauert es, bis ich begreife, was los ist. Dann habe ich es geschnallt. »Der Herzinfarkt!«, platze ich heraus. »Das ist ja ein Ding. Entschuldigen Sie bitte, aber ich habe Sie nicht gleich erkannt.« »Macht nichts. Ich Sie auch nicht«, erwidert er und lacht. »Ich möchte mich ganz herzlich bei Ihnen bedanken, auch im Namen meiner Frau«, fährt er fort und zeigt auf drei Torten, die auf dem runden Tisch an der Wand unter dem Bild mit dem Hafenmotiv stehen. »Hat sie selbst gebacken.«

Ich weiß überhaupt nicht, was ich sagen soll. So ein Feedback habe ich bisher noch nie bekommen. Ich versichere ihm, dass ich seinen Dank an meinen Partner weiterleiten werde. Wir unterhalten uns alle drei noch eine ganze Weile über seine Herzoperation und wie er den anschließenden Genesungsprozess erlebt hat, dann verabschiedet er sich. Es gäbe noch viel zu tun, meint er mit einem Augenzwinkern. Sein siebzigster Geburtstag stünde an und der werde ganz groß gefeiert.

In diesem Augenblick ist mir wieder einmal klar, dass ich damals, als ich mich für diesen Beruf entschied, die richtige Wahl getroffen habe. Wir sehen zwar oft schreckliche Dinge, schlagen uns die Nächte um die Ohren mit Betrunkenen oder müssen in eisiger Kälte im Korb der Drehleiter ausharren, um einen Dachstuhlbrand zu bekämpfen. Und manchmal bin ich so kaputt, wenn ich aus der Nachtschicht komme, dass ich für meine Familie erst am Nachmittag zur Verfügung stehe. All das nehme ich gerne in Kauf für Momente wie diesen hier. Denn dafür lohnt es sich.

15

DIE ANGST IM NACKEN

Eigentlich ist der Einsatz so gut wie beendet. Die schwer verletzte Frau ist aus ihrem Fahrzeug befreit, sie ist versorgt und im Notarztwagen auf dem Weg ins Krankenhaus. Den ausgelaufenen Kraftstoff haben wir mit Ölbindemittel abgedeckt und die Fahrzeugtrümmer zusammengefegt. Nur ein völlig demolierter Pkw, eingehüllt in herbstliche Nebelschwaden, steht noch auf der Kreuzung und blockiert den abendlichen Berufsverkehr. Und natürlich wir. Wir füllen mit unserem Löschzug und dem Rüstwagen den gesamten Rest der Kreuzung aus.

Die Polizei hat alles abgesperrt und leitet die genervten Autofahrer über Nebenstraßen um. Das zertrümmerte Auto an die Seite zu ziehen ist keine große Sache mehr. Eine Routineangelegenheit, die schnell erledigt sein wird. Danach werden wir endlich zurück an die Wache fahren, wo das Abendessen wartet. Wird auch höchste Zeit, denn es ist bereits fast zwanzig Uhr und nicht nur ich verspüre allmählich ein anständiges Hungergefühl.

Doch es kommt wieder einmal alles ganz anders. Gerade wollen wir Hand anlegen, als die Einsatzzentrale uns über Funk ruft und nachfragt, ob noch der gesamte Zug an der Einsatzstelle benötigt wird oder ob einige Fahrzeuge herausgelöst werden können, um einen neuen Einsatz zu übernehmen. Ein Feuer in einem Mehrfamilienhaus.

Unser Zugführer überlegt nicht lange und übernimmt mit dem Tanklöschfahrzeug und der Drehleiter den Feuereinsatz. Das Löschgruppenfahrzeug und der Rüstwagen bleiben vor Ort. Sie reichen aus, um die restlichen Arbeiten zu bewerkstelligen. Ich übernehme in meiner Funktion als Gruppenführer jetzt die hiesige Einsatzstelle. Und während unsere Kollegen in ihren Fahrzeugen mit Blaulicht und Martinshorn davonfahren, nehmen wir den zerfledderten Pkw auf den Haken, um ihn von der Fahrbahn zu ziehen. Das ist mit sechs Leuten in wenigen Minuten erledigt.

Nachdem wir den Schrotthaufen auf dem Gehweg abgestellt haben, hören wir über Funk schon die erste Rückmeldung unseres Zugführers von der Brandstelle: »Feuer im dritten Obergeschoss eines fünfgeschossigen Wohnhauses. Bewaffneter Brandstifter im Gebäude. Zweiter Alarm.« Daraufhin packen wir in Windeseile unsere Geräte zusammen und ich melde, als das erledigt ist, nun auch unsere beiden Fahrzeuge wieder einsatzbereit. Die Zentrale ordnet uns dem Einsatz sofort zu, und noch während ich die letzten Worte mit dem Disponenten wechsle, sind wir bereits unterwegs.

Die Straße, in der sich die Brandstelle befindet, ist nicht sehr weit von unserer jetzigen Einsatzstelle entfernt. Wir kommen zeitgleich mit einigen anderen nachalarmierten Fahrzeugeinheiten dort an. Es ist eine kleine Nebenstraße und sie reicht nicht aus, um sämtliche Einsatzfahrzeuge aufzunehmen. Zudem ist es eine Einbahnstraße, deren Fahrbahn durch beidseitig parkende Pkw erheblich eingeengt wird. Die Löschfahrzeuge, die es vor uns gerade noch schaffen, sich zwischen den Pkw und unter den tief herunterhängenden Ästen der Straßenbäume hindurch dort hineinzuquetschen, stehen Sekunden später dicht an dicht hintereinander und stauen sich zurück bis in den Einmündungsbereich an der Hauptstraße. Wir kommen da nicht mehr rein. Also stellen wir unsere Fahrzeuge vor der Einmündung ab.

Es riecht nach Rauch, als wir aussteigen. Über mein Handsprech-funkgerät melde ich uns bei unserem Zugführer an, teile ihm mit, dass wir da sind. Der beordert uns sofort zu sich. Wir sollen sämtliche Atemschutzgeräte, die sich auf dem Löschgruppenfahrzeug befinden, umgehend an die Brandstelle schaffen. Während wir uns also unsere Atemschutzmasken umhängen und die Pressluftgeräte aus dem Fahrzeug räumen, nimmt das Zucken der Blaulichter und das Auf- und Abschwellen der Martinshörner um uns herum stetig zu. Aus allen Richtungen treffen weitere Einsatzfahrzeuge ein und

blockieren nach und nach immer mehr Fahrspuren der Hauptstraße. Neben Lösch- und Rettungsfahrzeugen rückt insbesondere
die Polizei mit einem Großaufgebot an. Wieder kommt der Verkehr
zum Erliegen.

Die Geräte unter den Arm geklemmt, laufen wir auf dem Gehweg
hinter den parkenden Pkw entlang in Richtung Brandstelle. Und
die ist trotz Dunkelheit und Nebel nicht zu übersehen. Über dem
Dach des betroffenen Gebäudes, welches Teil einer geschlossenen
Häuserzeile ist, sind Feuerschein und eine intensive Rauchentwicklung erkennbar. Direkt vorm Haus spielen sich dramatische Szenen
ab. Mehrere Hausbewohner, darunter ein Kind, werden gerade aus
dem verqualmten vierten Obergeschoss von zwei unserer Kollegen
über die Drehleiter nach unten geführt. Bewaffnete Polizisten, die
Pistolen im Anschlag, stehen am Fuß des Leiterparks und sichern
die Aktion ab. Ihre Blicke und ihre Waffen sind auf die Fenster
und auf die Balkone in der Hausfassade gerichtet. Wahrscheinlich
befürchten sie, dass der Brandstifter auf die Einsatzkräfte oder die
Bewohner schießt.

Wir quetschen uns zwischen den Pkw hindurch auf die Straße
und sehen zu, dass wir so schnell wie möglich hinter die großen
Einsatzfahrzeuge kommen. Hinter unserem Tanklöschfahrzeug
gehen wir in Deckung. Dort empfängt uns der Maschinist. Auch
er hat seinen Platz bei der Pumpe am Heck verlassen und hält sich
seitwärts hinter dem Fahrzeug auf. »Blöde Sache«, meint er. »Wir
können nichts machen, solange wir nicht wissen, wo sich der Kerl
versteckt hat.« »Wo ist unser Zugführer?«, will ich von ihm wissen,
aber er zuckt nur mit den Schultern. »Keine Ahnung. Irgendwo im
Gebäude.« Wir legen die Atemschutzgeräte in den Mannschaftsraum des TLF hinein und dann greife ich erneut zu meinem Sprechfunkgerät, rufe unseren Zugführer und erfrage seinen Standort. Er
teilt mir mit, dass er sich im Hausflur im Erdgeschoss befindet. Ich
soll dorthin kommen. Alleine. Die Mannschaft soll sich so lange bei
den Fahrzeugen aufhalten und in Deckung bleiben, bis die weitere

Vorgehensweise klar ist. Plötzlich blitzt es hinter einem Straßenbaum. Einmal, zweimal, dreimal. Unwillkürlich ziehen wir unsere Köpfe ein, aber dann ist klar: Die Presse ist soeben eingetroffen.

Von der Straße bis zur Häuserzeile sind es zirka fünfzehn Meter. Die werden durch eine Grünfläche ausgefüllt. Es ist eine Art großer Vorgarten mit Rabatten und Rasen. Unterbrochen durch gepflasterte Wege, die zu den einzelnen Hauseingängen führen. Diese Fläche muss ich überwinden. Ich nehme mir eine Handlampe aus dem Fahrzeug, und um dem Typen kein Ziel zu bieten, laufe ich zunächst hinter den Einsatzfahrzeugen ein Stück zurück in die Richtung, aus der wir eben gekommen sind. Hinter allen Fahrzeugen hocken Kollegen von anderen Zügen. Auch sie müssen abwarten, wie sich die Lage entwickelt.

Als ich mich gegenüber der linken Hausecke befinde, dort, wo das Gebäude an ein eingerüstetes Nachbarhaus stößt, verlasse ich meine Deckung. Ich überquere die Straße, zwänge mich auf der anderen Seite abermals zwischen parkenden Pkw hindurch, husche geduckt durch eine Blumenrabatte, renne über ein Stück Rasen und erreiche unbeschadet das Haus. So muss sich ein Hase fühlen, hinter dem die Jäger her sind. Ein Scheißgefühl.

Immer an der Fassade entlang haste ich nun wieder in die entgegengesetzte Richtung, bis ich schließlich am Hauseingang ankomme. Die wuchtige Doppeltür steht offen und vom Verteiler auf der Straße schlängelt sich ein praller C-Schlauch in den Hausflur hinein. Ich gehe rein und treffe drinnen auf unseren Zugführer. Er unterhält sich gerade sehr lebhaft mit einem der zahlreichen Polizisten, die den Flur und den Treppenraum bevölkern. Alle wirken ziemlich angespannt, einige von ihnen haben ihre Waffen gezogen. Als er mich sieht, winkt er mich zu sich. Und dann erfahre ich, wie prekär die augenblickliche Lage tatsächlich ist.

»Wir haben ein Feuer in einer Wohnung im dritten Obergeschoss«, erklärt er mir. »Vermutlich hat der Brandstifter seine eigene Bude angezündet und sich jetzt irgendwo da oben verschanzt.

Er ist bewaffnet und sehr gefährlich. Das hier ist schon das dritte Feuer, das er heute gelegt hat, und bei den beiden vorherigen gab es bereits Opfer. Eine tote und eine schwer verletzte Frau. Der Kerl ist anscheinend vollkommen durchgeknallt. Die Polizei hat deshalb ab dem zweiten Obergeschoss den Treppenraum abgeriegelt und lässt niemanden durch. Auch uns nicht. Wir kommen also von innen nicht an die Brandwohnung heran und können im Augenblick nur verhindern, dass das Feuer nach unten durchläuft. Ich habe einen Trupp mit einem C-Rohr im zweiten Stock in Bereitschaft, aber ich habe keinen blassen Schimmer, wie es weiter oben aussieht und wie weit das Feuer fortgeschritten ist. Das vierte Obergeschoss ist jedenfalls schon komplett verqualmt. Gott sei Dank konnten wir die Leute da noch rechtzeitig rausholen.«

»Ich weiß«, unterbreche ich ihn, »wir haben den Drehleitereinsatz mitbekommen.« »Überhaupt sind alle Bewohner draußen«, merkt der Polizist an. »Das Gebäude ist komplett geräumt.« Ich nicke. Das ist schon mal eine gute Nachricht.

Unser Zugführer fährt fort: »Wir haben also ein Feuer, das sich unkontrolliert ausbreitet, und einen Angriffstrupp, der im zweiten Obergeschoss im Treppenraum festsitzt.« Er deutet mit der Hand in Richtung Treppe. »Wie du siehst, haben wir hier einen innenliegenden Treppenraum. Auf dem Dach ist also höchstwahrscheinlich ein großes Oberlicht. Ich muss dir nicht erklären, was passiert, wenn das Teil durch die Hitze zerstört wird.«

Nein, das muss er wirklich nicht. Denn so etwas hat fast jeder von uns schon erlebt. In unserem Einsatzgebiet stehen sehr viele Häuser wie dieses hier. Sie stammen aus der Jahrhundertwende und weisen eben genau diese Baumerkmale auf. Wenn das Oberlicht zerstört wird und das zersplitterte Glas in den Treppenraum stürzt, wirkt dieser wie ein Kaminzug. Das Feuer breitet sich dann rasend schnell über sämtliche Etagen aus. Und die hölzerne Treppe, die meist über Jahrzehnte mit Bohnerwachs behandelt wurde, wird ihren Teil dazu beitragen.

»Uns läuft die Zeit davon«, schimpft er. »Die Polizei hat das Mobile Einsatzkommando angefordert, aber solange die den Kerl nicht ausgeschaltet haben, können wir einen Innenangriff vergessen. Ich konnte mir bis jetzt noch nicht einmal die Rückseite des Hauses ansehen. Die einzige Tür zum Hof ist im Keller und auch die wird von der Polizei blockiert. Das heißt im Klartext, wir kommen von hier aus auch nicht nach hinten.«

Dass er darüber verärgert ist, merkt man ihm deutlich an. »Wer da durchgeht, ist genau im Schussfeld«, rechtfertigt der Polizist die Entscheidung und natürlich weiß auch mein Zugführer, dass diese Maßnahme vernünftig ist. Trotzdem bohrt er nach. »So wie es aussieht, müssen wir uns also zunächst einmal damit zufriedengeben, die Nachbargebäude zu schützen, richtig?« Auf seine Frage zuckt der Polizeibeamte mit den Schultern. »Sieht wohl so aus.« – » Okay, wir werden das mit unseren Führungsbeamten weiter diskutieren, sobald die vor Ort sind.« Mit diesen Worten lässt er den Polizisten stehen.

Dann zieht er mich zur Seite, legt eine Hand auf meine Schulter und seine Stimme klingt fast beschwörend: »Ich kann hier jetzt nicht weg, muss warten, bis der Staffelführer zurück ist. Der sucht im Keller nach dem Hausanschlusskasten. Ich will das Haus so schnell wie möglich stromlos haben. Du versuchst inzwischen, nach hinten zu kommen. Vielleicht hast du im Nachbarhaus Glück. Ich brauche dringend einen Lagebericht von der Gebäuderückfront.« Er hebt mahnend einen Finger. »Aber sei vorsichtig und bleib in Deckung.« »Worauf du dich verlassen kannst«, antworte ich ihm und mach mich auf den Weg.

Kurz bevor ich die Ausgangstür erreiche, kommen zwei Feuerwehrleute in schwarzen Lederjacken herein. Bei beiden prangt vorne auf dem Helm ein dicker roter Buchstabe. Dort, wo normalerweise die Nummer der Wache aufgeklebt ist. Bei dem einen ist es ein C, bei dem anderen ein B. Diese Buchstaben weisen sie als Kollegen des Einsatzführungsdienstes aus. Ich kenne sie beide. Sie haben mit uns schon bei mehreren größeren Einsätzen zusammengearbeitet und sie werden auch hier gleich die Einsatzstelle übernehmen. Der sogenannte C-Dienst als Technischer Einsatzleiter, der B-Dienst als Gesamteinsatzleiter. »Der Zugführer ist da hinten!«, rufe ich ihnen im Vorbeilaufen zu und weise mit dem Daumen über meine Schulter in Richtung Treppenraum.

Draußen vor der Tür bleibe ich kurz stehen. Links oder rechts, das ist jetzt die Frage. Ich entscheide mich für rechts, und wie sich schnell herausstellt, ist es die richtige Entscheidung. Denn an der Ecke des Nachbargebäudes, noch ein gutes Stück entfernt von dessen eigentlichem Haupteingang, führen zwischen zwei Gerüstpfosten ein paar Stufen hinab zu einer Souterrainwohnung. Durch einen Glasausschnitt in der Eingangstür fällt ein Lichtschein nach außen. Ich gehe hinunter und drücke mehrmals auf den Klingelknopf.

Nach einem kurzen Augenblick öffnet eine ältere Frau die Tür. Sie ist sehr aufgeregt, hat einen Mantel übergeworfen und einen Hut auf dem Kopf. Auf meine Frage, ob es in diesem Haus einen Zugang nach hinten gibt, bittet sie mich herein und fragt ängstlich, was denn eigentlich los wäre. Sie würde allein leben, hätte mitbekommen, dass es nebenan brennt. Und dann hätte sie die viele Polizei bemerkt. Ich erkläre ihr, dass sich ein bewaffneter Brandstifter im Nachbarhaus aufhält und sie auf keinen Fall ihre Wohnung verlassen sollte. Mit dieser unsensiblen Äußerung erschrecke ich sie sehr und hätte mir dafür am liebsten sofort selbst aufs Maul gehauen. Aber gesagt ist gesagt. Ihre Sorge, das Feuer könnte eventuell auf dieses Haus übergreifen, kann ich immerhin zerstreuen. »Momentan besteht keine Gefahr«, beruhige ich sie. »Wenn es kritisch wird, geben wir Ihnen Bescheid und holen Sie hier raus.«

Sie führt mich durch einen langen schmalen Flur, von dem auf der linken Seite mehrere Räume abzweigen. Als wir an dem letzten Raum vorbeigehen, kann ich durch die geöffnete Tür einen Blick hineinwerfen. Es ist das Wohnzimmer. Auf dem Tisch steht ein kleiner aufgeklappter Koffer. Anscheinend ist sie gerade dabei, das Notwendigste zu packen. Am Kopfende des Flures gibt es eine weitere Tür. Die Frau schließt sie auf und ich blicke in einen kleinen schlauchartigen Innenhof. Eigentlich ist es mehr ein Lichtschacht zwischen den Häusern, der durch das Gerüst an diesem Haus noch schmaler wirkt, als er ohnehin schon ist. Es riecht verbrannt und man kann das Feuer bis hierher hören. Es knackt und prasselt im hinteren Dachbereich des Nebengebäudes.

Die Frau ist wieder sehr erschrocken und auch ich ahne Schlimmes. Ohne bereits konkret zu wissen, wie es da hinten aussieht, bereite ich sie, und diesmal schonend, schon einmal darauf vor, dass es eventuell erforderlich sein könnte, eine Schlauchleitung durch ihren Flur zu verlegen. Ihre Antwort kommt ebenso prompt wie gefasst. »Junger Mann, das ist ja wohl eine Selbstverständlichkeit«, sagt sie. »Und machen Sie sich bitte keine Gedanken darüber, wenn hier irgendwas schmutzig wird. Die Hauptsache ist doch, dass Sie das Feuer löschen können.« Ich verschweige ihr lieber, dass genau das unser großes Problem ist. Stattdessen bedanke ich mich für ihr Verständnis.

Der Nebel hat zugenommen, vermischt sich in dem Lichtschacht mit dem Brandrauch und schränkt die Sicht ein. Ein Vorteil für mich. So bin ich für den Brandstifter nicht so leicht auszumachen. Ich bitte die Frau, die Tür hinter mir wieder abzuschließen. Wir machen ab, dass ich klopfe, wenn ich zurück will, und ich mich dann mit »Feuerwehr« melde. Sie verspricht, dass sie nur mir öffnen wird.

Im Schutz des Nebels schleiche ich mich durch den Innenhof, der sich immer mehr verengt und am Ende nur noch eine Breite von vielleicht gerade einmal zwei Metern hat. Aber dafür ist er erstaunlich lang. Wenn ich berücksichtige, dass ich bereits ein ganzes Stück in der Wohnung der Dame zurückgelegt habe, komme ich auf eine geschätzte Gebäudetiefe von mindestens zwanzig Metern. Das hatte ich nicht erwartet. Das Haus ist größer, als es von der Straße aus den Eindruck erweckt. Der schlauchartige Hof mündet in eine

Rasenfläche, die mehrere Grundstücke auf der Rückseite der Gebäude miteinander verbindet.

Mit meiner Lampe leuchte ich das Areal ab. Zäune sehe ich keine, aber Betonpfähle. Zwischen einigen von ihnen sind Leinen gespannt. Die Fläche dient wohl als allgemeiner Wäschetrockenplatz. Und dann ist da noch dieser einzelne große Baum. Er steht mitten auf dem Rasen. Das ist mein Baum. Sein mächtiger Stamm bietet mir eine ideale Deckung. Lampe aus, ein kurzer Spurt, schon bin ich da.

Jetzt habe ich die Rückseite des Brandhauses direkt vor mir, und was ich erblicke, sieht nicht gut aus. Aus zwei Fenstern im dritten Obergeschoss schlagen Flammen. Ihr leuchtendes Rot durchdringt die grauen Nebelschleier, taucht die Fassade und die schmalen Balkone mit den senkrechten Gitterstreben in ein flackerndes Licht. Auch der Brandrauch hat eine rötliche Färbung. Er wird begleitet von einem starken Funkenflug. Das Feuer hat den darüber befindlichen Dachüberstand bereits erfasst und schickt sich an, auf die Dachgeschosswohnung überzugreifen. Wenn hier nicht sofort etwas passiert, gerät das Ganze außer Kontrolle.

Leider sehe ich keine Möglichkeit für eine qualifizierte Brandbekämpfung. Dazu müssten wir entweder Schiebleitern aufstellen oder versuchen, mit Hakenleitern über die Balkone in die Brandwohnung einzudringen, um dort mit C-Rohren einen Löschangriff vorzutragen. Daran ist aber aufgrund der akuten Gefährdungslage überhaupt nicht zu denken. Die einzige Möglichkeit, den drohenden Flammenüberschlag zu verhindern, ist der Einsatz eines B-Rohres von hier unten aus der Deckung heraus. Ein harter Vollstrahl gegen die Zimmerdecken der Brandwohnung. Dadurch würde zwar das Feuer nicht komplett erlöschen, aber diese Maßnahme könnte zumindest die Brandausbreitung erheblich verzögern und wir würden Zeit gewinnen. Der Wasserschaden wäre wahrscheinlich enorm, ich sehe jedoch keine andere Option.

Über mein Sprechfunkgerät nehme ich Kontakt zu meinem Zugführer auf und übermittle ihm die hiesige Lage sowie meinen

Vorschlag mit dem B-Rohr. Der sieht das genauso wie ich. Auch der B-Dienst ist in das Gespräch involviert und auch er gibt sein Okay, macht aber zur Bedingung, dass die Aktion unter Polizeischutz stattfindet. Außerdem soll der Zug der Nachbarwache den Einsatz durchführen. Wir sollen aufs Dach. Und zwar so schnell wie möglich. Treffpunkt ist in fünf Minuten am Tanklöschfahrzeug unserer Wache. Anscheinend wurde die Einsatzstelle bereits in Abschnitte aufgeteilt, was bei größeren Einsatzlagen durchaus üblich und auch sinnvoll ist.

Durch den Innenhof schleiche ich mich zurück zur Tür, klopfe und melde mich wie abgesprochen. Die Frau öffnet mir. Sie hat immer noch ihren Mantel an und den Hut auf dem Kopf. Während wir durch den Flur zur Vordertür gehen, teile ich ihr mit, dass gleich Kollegen von mir erscheinen, um die angekündigte Schlauchleitung zu verlegen. Dann werfe ich einen Blick auf meine Armbanduhr. Es ist 20.15 Uhr und ich habe geradezu einen Bärenhunger. Aber so wie es aussieht, muss sich mein Magen wohl noch eine ganze Weile gedulden.

Draußen auf der Straße ist Bewegung in die Truppe gekommen. Unter dem Schutz der Polizei werden Schläuche ausgerollt, Verteiler gesetzt, Atemschutzgeräte angelegt. Auch das Mobile Einsatz Kommando ist inzwischen eingetroffen. Die zum Teil vermummten Beamten in den dunklen Kombianzügen schnallen sich ihre schusssicheren Westen um und besprechen sich neben ihren Fahrzeugen. Ich sehe auch viele Kollegen vom Rettungsdienst, die sich etwas abseits für alle Eventualitäten bereithalten. Denn eines ist sicher: Sollte es zu einem Schusswechsel kommen, ist mit Toten und Verletzten zu rechnen.

Durch die Rabatten und hinter den Einsatzfahrzeugen entlang, genauso wie ich auch gekommen bin, laufe ich zurück zu unserem Tanklöschfahrzeug. Meine Kollegen, die ich dort zurückgelassen hatte, haben mittlerweile ihre Deckung verlassen und sind ebenfalls aktiv. Sie sind dabei, einen B-Schlauch in den Leiterpark von unserer Drehleiter zu wuchten. Andere stellen Rollschläuche und Gerät bereit. Auch hier stehen Polizisten, die Hausfassade im Visier.

Unser Zugführer und der C-Dienst erwarten mich bereits und ich erhalte sofort meinen Einsatzauftrag. Ich soll mit meiner gesamten Gruppe über die Drehleiter auf das Dach des Brandhauses steigen, dort zwei C-Rohre zur Sicherung in Stellung bringen und auf weitere Anweisung warten. Wenn das Feuer auf das Dachgeschoss übergreifen sollte, werden wir die Dachhaut öffnen müssen, um es von oben zu bekämpfen, solange dies möglich ist. Deshalb sei es notwendig, alle dafür erforderlichen Geräte schon jetzt und in einem Gang nach oben zu schaffen. Damit wir nur einmal an den Fenstern vorbeiklettern müssen und dem Schützen nur einmal ein Ziel bieten.

Wir schnallen uns die Atemschutzgeräte auf unsere Rücken, nehmen die bereitgestellten Geräte auf und klettern, einer hinter dem anderen, im Leiterpark nach oben. Zuerst ich, danach der Rest der Mannschaft. Und plötzlich ist es wieder da, dieses mulmige Gefühl. Es nimmt stetig zu, je näher ich den Fenstern und Balkonen der oberen Etagen komme. Hat sich da nicht eben etwas neben der Gardine bewegt oder bilde ich mir das nur ein? Ich merke, dass ich unwillkürlich schneller steige, aber als ich noch näher am Fenster bin, erkenne ich, dass es Rauch ist, der sich hinter der Fensterscheibe kräuselt.

Das Gebäude hat ein zur Straßenfront abgeschrägtes Mansarddach mit integrierten Dachgauben und unser Drehleitermaschinist hat den Leiterpark genau zwischen zwei dieser Gauben auf der Dachschrägung abgelegt. Aus dem geöffneten Fenster der Gaube zu meiner Rechten steigt jetzt dichter schwarzer Rauch in den Nachthimmel auf. Es ist die Gaube, aus der bei unserer Ankunft die Leute gerettet wurden. Jetzt hätten sie keine Chance mehr. Dieser schwarze Rauch könnte ein Indiz dafür sein, dass das Feuer jetzt auch im Dachgeschoss ist. Das würde bedeuten, dass erstens das B-Rohr auf der Rückseite des Hauses zu spät kommt und zweitens, dass unser

Aufenthalt auf dem Dach wie ein Tanz auf einem Vulkan ist. Ich erklimme die letzten Sprossen der Leiter, dann bin ich oben.

Den Verteiler und den C-Schlauch, den ich mitgenommen habe, lege ich auf dem flachen Dach ab und entledige mich auch meines Atemschutzgerätes. Noch stellt der Rauch hier oben kein wirkliches Problem dar. Der Nebel aber sehr wohl. Er schränkt die Sicht doch erheblich ein. Meine Kollegen kommen auch alle unbeschadet an und jedem Einzelnen von ihnen ist die Erleichterung anzusehen. Ich war also nicht der Einzige, der ein ungutes Gefühl hatte. »Verteiler setzen und Wasser vor bis zum Verteiler«, sage ich, »aber noch keine Schläuche verlegen. Ihr bleibt hier, bis ich mir das Dach angesehen habe.«

Ich schalte meine Handlampe ein, und während ich die Dachfläche abschreite, versuche ich, mit dem Lichtstrahl die Nebelsuppe zu durchdringen. Zwei, drei Meter, weiter kann ich nicht sehen. Vor mir taucht schemenhaft eine große Pyramide auf. Es ist das vermutete Oberlicht. Ich sehe es mir näher an und stelle fest, dass die von Metallstreben eingefassten Glasscheiben alle noch heil sind. Das ist gut. Allerdings kann ich nicht durch sie hindurchsehen. Dies verhindert der Brandrauch, der sich unter der Kuppel fängt und auf der Innenseite der Scheiben eine dunkle Rußschicht hinterlässt. Ich ziehe einen meiner Schutzhandschuhe aus und berühre mit der bloßen Hand vorsichtig das Glas. Es ist sehr warm. So warm, dass ich die Hand sofort wieder zurückziehen muss. Das ist nicht gut. Denn jetzt wird es wahrscheinlich nicht mehr allzu lange dauern, bis die erste Glasscheibe reißt. Ich muss umdisponieren.

»Ein C-Rohr zum Kühlen des Oberlichtes vor!«, rufe ich meinen Kollegen zu, und während die sofort aktiv werden, setze ich meine Erkundung auf dem Dach fort. Hinter dem Oberlicht riecht es nach Bitumen, und je weiter ich nach hinten durchgehe, desto intensiver wird der Geruch. Plötzlich habe ich das Gefühl, auf einem weichen Untergrund zu gehen. Ich leuchte auf die Dachfläche und sehe, dass sich die Pappeindeckung wellt. An mehreren Stellen haben sich schon große Blasen gebildet. Das Dach dampft. Damit wird meine Befürchtung bestätigt. Das Feuer ist im Dachgeschoss. Es muss direkt unter mir sein. Wir sollten deshalb ein Stück weiter vorne, in Richtung Straße, so schnell wie möglich das Dach aufnehmen und verhindern, dass der Brand den gesamten Dachstuhl erfasst.

Ich informiere unseren Zugführer über die veränderte Lage und bekomme auch sofort grünes Licht für mein Vorhaben. Er mahnt jedoch äußerste Vorsicht an. Sollte es zu gefährlich werden, sollen wir uns sofort zurückziehen. Im Übrigen würden wir in Kürze Unterstützung bekommen. Es sollen weitere Trupps mit C-Rohren auf den Dächern der beiden Nachbargebäude postiert werden. Hierfür würden noch zwei Drehleitern in Stellung gebracht, die auch wir dann als alternative Rückzugswege nutzen können. Und was den Brandstifter betrifft, auch hier sei weiterhin Wachsamkeit angesagt. Es wird nämlich noch eine ganze Weile dauern, bis das MEK zuschlagen kann, sagt er. Denn ohne Atemschutz können auch die nicht in das Gebäude hinein. Leider seien aber die zusätzlichen Atemschutzmasken, die für deren Einsatz extra angefordert wurden, noch nicht eingetroffen. Na super.

Ich gehe nicht weiter nach hinten, es wäre zu gefährlich. Ich weiß nicht, ob das Dach dort mein Gewicht noch trägt. Stattdessen mache ich einen Schwenk nach links in Richtung Nachbarhaus, um zu erkunden, ob und wo wir von hier aus im Notfall am besten hinübergelangen. Wie aus dem Nichts taucht da plötzlich der Lichtschacht vor mir auf. Ich bemerke ihn erst, als ich nur noch etwa einen Meter davon entfernt bin. Scheiß Nebel. Erschrocken bleibe ich stehen, mein Herz pocht wie wild. Tief unten im Innenhof höre ich die Kollegen des anderen Zuges, wie sie die Schlauchleitung für das B-Rohr verlegen, und mir läuft ein eiskalter Schauer über den Rücken. Wenn ich nur zwei Schritte weiter gegangen wäre … Schlagartig ist mir klar, dass wir unsere Arbeit hier oben nicht ohne eine entsprechende Absicherung durchführen sollten.

Ein Stück weiter vorne, in Richtung Straßenfront, kann ich kurz darauf den Schacht umgehen und gelange problemlos auf das Flachdach des Nachbargebäudes. Auf dieser Seite wäre also ein Rückzug auf jeden Fall möglich. Entweder vorne über die Drehleiter und runter auf die Straße oder hinten über das Gerüst in den Innenhof. Aber wie sieht es drüben aus? Könnten wir uns auch dort notfalls absetzen? Ich gehe noch einmal quer über das Dach, hinüber auf die rechte Seite. Dadurch verstreicht zwar weitere wertvolle Zeit. Zeit, die wir eigentlich nicht haben. Aber Sicherheit geht jetzt ganz klar vor. Auch drüben treffe ich wieder auf einen Lichtschacht, welcher dieses und das Nachbarhaus im gesamten hinteren Bereich voneinander trennt. Doch diesmal bin ich darauf gefasst.

Im vorderen Bereich sind die Dächer miteinander verbunden, so wie auf der linken Seite. Also könnten wir auch hier auf das Nachbargebäude ausweichen und über die Drehleiter nach unten, sollte das Feuer tatsächlich den gesamten Dachstuhl erfassen. Das ist gut. Ich eile zurück zu meinen Kollegen, die inzwischen damit begonnen haben, das Oberlicht zu kühlen. In mehreren breiten Rinnsalen kommt mir das Löschwasser auf der leicht abschüssigen Dachfläche entgegen, um nach hinten in Richtung Hofseite abzufließen. Wir besprechen kurz das weitere Vorgehen und ich warne sie alle eindringlich vor der akuten Absturzgefahr bei den Lichtschächten.

Dann veranlasse ich als Erstes, dass sich unser Maschinist wieder nach unten zu den Fahrzeugen begibt, um alle noch verfügbaren Handlampen sofort hier hoch zu schaffen. Wir werden sie an den Rändern der Lichtschächte aufstellen und sie werden uns mit ihren gelben Kalotten und der Blinkfunktion daran erinnern, dass es hinter dem Blinklicht ins Jenseits geht. Der Kollege soll aber so lange warten, bis eine der Drehleitern an den Nachbargebäuden in Stellung gebracht ist. Er soll auf keinen Fall unsere Leiter benutzen, damit er nicht noch einmal vor den Fenstern des Brandhauses auf- und absteigen muss. Bis er mit den Lampen eintrifft, wird es eine Weile dauern. Aber so lange können wir nicht warten und bereiten deshalb schon mal das zweite Rohr vor. Außerdem bringen wir Kettensäge, Trennschleifer, Brecheisen und Äxte dorthin, wo ich die Dachhaut aufnehmen lassen will. Nämlich am Übergang vom festen zum weichen Bereich. Da, wo die Pappe sich noch nicht gewellt hat.

Nachdem wir Wasser auch am zweiten Rohr vor haben, legen wir los. Während ein Mann weiterhin das Oberlicht kühlt, beginnt ein anderer Kollege damit, die Dachpappe mit dem Trennschleifer einzuschneiden, bis sich ein etwa zwei Meter langes und ein Meter breites Viereck abgezeichnet hat. Erst als das erledigt ist, können wir die Kettensäge einsetzen. In der dicken Bitumen-Pappe hätte sich die Sägekette hoffnungslos festgefressen. Mit der darunter befindlichen Holzschalung hat sie allerdings leichtes Spiel und so dauert es gar nicht lange, bis uns die ersten dicken Rauchschwaden aus dem Dachgeschoss entgegenkommen. Jetzt müssen wir doch alle unsere Atemschutzgeräte anlegen.

Ein paar Minuten später sind alle Schalbretter durchtrennt und wir versuchen, sie mit Brecheisen von der sich darunter befindenden Balkenlage loszulösen. Parallel dazu lasse ich ein paar Meter weiter seitlich ein zweites Loch in das Dach sägen, was augenblicklich eine weitere Zunahme der Rauchentwicklung zur Folge hat. Es ist schwierig, die Schalung von den Dachbalken zu trennen. Die dicke aufgeklebte Papplage macht es uns nicht leicht. Immer wieder züngeln Flammen aus dem Loch heraus, zwingen uns, die Arbeit zu unterbrechen und zwischendurch abzulöschen.

Als nebenan am zweiten Loch die Kettensäge verstummt, dringen plötzlich Stimmen an unsere Ohren und wir hören das Scheppern von Schlauchkupplungen. Die angekündigte Verstärkung trifft auf den Dächern der Nachbargebäude ein. Wissen die Jungs von den Lichtschächten? Vorsichtshalber greife ich zu meinem Funkgerät und weise darauf hin. Sie waren aber bereits durch unseren Maschinisten informiert, der mit ihnen zusammen ebenfalls wieder oben ankommt und die Lampen bringt. Viele hat er nicht mehr auftreiben können.

Nur vier Stück. Alle anderen hatten die eingesetzten Trupps bereits unter sich aufgeteilt. Ich nehme sie ihm ab, und während er sich schleunigst sein Atemschutzgerät anlegt, positioniere ich jeweils zwei Lampen vor jedem Lichtschacht. Nicht optimal, aber besser als nichts. Kurze Zeit später haben wir es am ersten Loch geschafft. Alle Bretter sind entfernt und wir blicken durch die Holzbalkendecke, deren Unterseite durch die enorme Hitze bereits vollkommen zerstört wurde, direkt hinein in das brennende Dachgeschoss. Jetzt zählt jede Sekunde. Wir müssen unbedingt verhindern, dass das Feuer unter uns hindurch in den Treppenraum und von dort in die vorderen Wohnungen läuft.

Deshalb kommt augenblicklich das zweite C-Rohr zum Einsatz. Die Kollegen, die eben noch mit Axt und Brecheisen hantiert haben, löschen nun, was das Zeug hält. Die Hitze, die uns aus dem Loch entgegenkommt, ist so gewaltig, dass wir uns zur Seite wegducken müssen, und der Rauch hüllt uns komplett ein. Für einen Moment sehen wir überhaupt nichts mehr und können uns beim besten Willen nicht vorstellen, dass sich da unten noch jemand verschanzt hat. Und wenn doch, dann ist er entweder längst erstickt oder verbrannt oder beides.

Unser C-Rohr-Einsatz zeigt schnell Wirkung. Noch besser wird es, als auch das zweite Loch im Dach ist und auch dort Hitze und Rauch entweichen können. Jetzt kann ich das erste Rohr vom Oberlicht abziehen und ebenfalls hier einsetzen lassen. Geballte Ladung in beide Löcher. Der Erfolg lässt nicht lange auf sich warten. Nach etwa fünf Minuten ist unter uns alles dunkel. Zumindest dort, wo das Wasser aus unseren Strahlrohren das Feuer tatsächlich erreicht hat. Und das ist leider nur in einem eng begrenzten Bereich in der Dachwohnung der Fall. Weiter hinten, in Richtung Gebäuderückseite, brennt es munter weiter. Unterm Dach ebenso wie in der darunterliegenden Wohnung im dritten Stock. Wir kommen mit unserem Löschstrahl unmöglich von hier aus dorthin. Wir können auch nicht mal eben losgehen, um zusätzliche Löcher ins Dach zu sägen. Es wäre unverantwortlich, weil wirklich niemand weiß, wie stabil die Dachkonstruktion in dem Bereich überhaupt noch ist. Immerhin konnten wir durch unsere Maßnahme eine Brandausbreitung in den vorderen Dachbereich verhindern und auch das Oberlicht ist noch intakt. Wenigstens etwas.

Ich rufe erneut unseren Zugführer, schildere ihm die Lage und erfahre, dass inzwischen das B-Rohr auf der Rückseite im Einsatz ist. Zu spät, wie wir wissen. Außerdem können die Jungs damit nur den ganz hinteren Bereich abdecken. Zwischen dem Wirkungsbereich des B-Rohres und dem Wirkungsbereich unserer C-Rohre liegen aber etliche Meter, auf denen sich das Feuer in zwei Etagen weiterhin ungehindert austoben kann, und weder die da hinten noch wir hier oben können das verhindern. Jedenfalls nicht von außen. Einzig und alleine ein gezielter Innenangriff würde zum Erfolg führen. Aber der ist wegen der anhaltenden Bedrohungslage für die Einsatzkräfte nach wie vor nicht möglich. Eine verteufelte Situation. Solange das MEK den Typen nicht überwältigt hat, sind wir mehr oder weniger zur Untätigkeit verdammt. Für einen Feuerwehrmann ist das der blanke Horror. Und für uns hier oben bedeutet das konkret, dass wir lediglich die Dachhaut kühlen können und versuchen werden, zu verhindern, dass sich das Feuer weiter ausdehnt, indem wir hin und wieder den Wasserstrahl in das Dachgeschoss lenken. Nicht sehr effektiv.

Ich schaue erneut auf meine Armbanduhr. Es ist kurz nach 21.00 Uhr und ich denke, wir alle brauchen jetzt dringend etwas zum Essen. Mir jedenfalls hängt der Magen schon in den Kniekehlen. Fakt ist: Verpflegung für die Einsatzkräfte wird frühestens nach vier Stunden angefordert. So lange werden wir nicht warten. Auf den Einsatzfahrzeugen befindet sich die sogenannte Notration. Sie besteht aus Mineralwasser, Schokolade und Traubenzucker. Nichts Besonderes, aber besser als gar nichts. Also hoch damit. Unser Maschinist muss erneut dran glauben. Er wird dazu verdonnert, die Notverpflegung aufs Dach zu schaffen.

Unverhofft kommt Wind auf. Er bläst den Rauch über das Dach nach hinten weg. Das ist sehr gut für uns. Wir können unsere Atemschutzgeräte wieder ablegen. Als der Kollege mit der Notration auf dem Dach eintrifft, stürzen wir uns wie die Geier darauf. Es gibt ein altes Feuerwehrsprichwort, das lautet »Ohne Mampf kein Kampf«, und ich glaube, noch nie war dieses Sprichwort so zutreffend wie heute. Der Wind kommt uns eigentlich sehr gelegen. Er bläst aber nicht nur den Rauch von uns weg, sondern er bläst leider auch durch die gesägten Öffnungen in das Dachgeschoss hinein und facht das Feuer drinnen weiter an. Und wir können nichts dagegen machen. Wir kühlen die Dachhaut und hoffen auf das Mobile Einsatz Kommando.

So vergeht eine halbe Stunde, ohne dass etwas passiert. Dann neigt sich auf der linken hinteren Hälfte langsam, quasi im Zeitlupentempo, die Dachfläche nach unten. Sie biegt sich durch wie eine Hängematte, die zwischen zwei Bäumen aufgespannt ist und in die sich nun jemand hineinlegt. Das Dach ist kurz davor einzustürzen und es wird für uns hier zu gefährlich. Wir können unsere derzeitige Position nicht mehr halten. So schnell wie möglich ziehen wir uns bis zum Oberlicht zurück und geben von hier, aus sicherer Entfernung, weiter Wasser. Parallel dazu informiere ich unseren Zugführer über die drohende Einsturzgefahr. In diesem Augenblick ist klar, dass eine Durchsuchung der linken hinteren Dachgeschosswohnung durch das MEK nicht mehr möglich ist. Und wenn nicht bald etwas passiert und sich das Ganze hier noch weiter verzögert, brauchen sich die Jungs auch nicht mehr zu bemühen. Dann können wir die Hütte abschreiben.

Es verstreichen weitere zehn Minuten des Wartens und des Hoffens. Minuten, in denen das Feuer an der Dachkonstruktion nagt, sich von unten in sie hineinfrisst, ihr die Stabilität nimmt. Und plötzlich geht ein Ruck durch das gesamte Dach. Ein Teil der durchgebogenen Fläche knickt ein. Die beiden so entstandenen Hälften krachen in das darunterliegende Zimmer, werden aber durch die dicke Bitumen-Pappe immer noch zusammengehalten. Zwischen ihren linken und rechten Flanken und den Wänden des Raumes sind allerdings schmale Spalte entstanden, aus denen jetzt meterhohe Flammen emporlodern. Ihr helles Flackern durchdringt den Nebel und taucht die gesamte Dachfläche in ein orangefarbenes Licht. Nun haben wir ein echtes Angriffsziel und halten mit beiden C-Rohren drauf.

Auch von den Nachbardächern kommt sofort Unterstützung. Auf der linken Seite löscht ein Trupp vom Gerüst aus und von rechts kommt ein Trupp mit einem weiteren C-Rohr zu uns herüber. Die beiden Kollegen übernehmen die Kühlung der restlichen hinteren Dachfläche. Durch den massiven Löschangriff werden die Flammen schnell wieder kleiner, ziehen sich unter die eingestürzten Dachteile zurück und es wird wieder dunkel um uns herum. Wasser halt und warten. Warten, bis irgendwann wieder ein Flackern zu sehen ist, irgendwo eine Flamme unter den Dachteilen hervorlugt. Frustrierend. So einen Einsatz hat noch keiner von uns erlebt.

Mittlerweile ist es bereits 22.00 Uhr und wir sind nach wie vor nicht in der Lage, einen wirklich effektiven Löschangriff zu starten, weil irgend so ein durchgeknallter Typ noch immer irgendwo da drinnen sitzt. Unser Zugführer erscheint auf dem Dach, um sich selbst ein Bild von der Lage zu machen. Auch er ist stinksauer. »Was ist denn nun mit dem MEK?«, will ich von ihm wissen. »Sind eben erst ins Gebäude rein«, antwortet er und schüttelt resigniert den Kopf. »Die fangen mit den Wohnungen im dritten Obergeschoss an, die noch nicht vom Feuer betroffen sind. Danach kommt das Dachgeschoss an die Reihe. Oder, besser gesagt, was dann davon noch übrig ist.«

Wir fragen ihn, warum das alles so lange gedauert hat, und erfahren, dass es dafür anscheinend mehrere Gründe gab. Alle kennt er auch nicht. Aber zum einen konnten nur vier von denen überhaupt mit Atemschutzgeräten ausgerüstet werden. Warum auch immer. Vielleicht haben alle anderen keine Atemschutztauglichkeit? Er weiß es nicht. Und dann gab es massive Probleme, unsere Atemschutzgeräte über deren schusssicheren Westen anzulegen. Eine Situation wie diese ist wohl auch für das MEK ganz neu.

Es vergeht noch einmal eine endlos dahinschleichende Viertelstunde, bis endlich über Funk vom Gesamteinsatzleiter der Feuerwehr die erlösende Meldung kommt: »Keine Person in den beiden oberen Geschossen angetroffen.« Jetzt kann der lang erhoffte Innenangriff beginnen. Zweieinhalb Stunden nach der ersten Alarmierung!

Die Frage, die sich allerdings jeder von uns nun sofort stellt, lautet: »Wenn der Brandstifter weder im dritten noch im vierten Stock ist, wo ist er dann?« Wir können nur spekulieren. Ist er vielleicht schon längst im Feuer umgekommen und liegt, bis zur Unkenntlichkeit verbrannt, irgendwo unter den Trümmern der Dachkonstruktion? Wundern würde es uns nicht. In Anbetracht der enormen Temperaturen, die in den beiden Geschossen herrschen, wäre es fast ein Wunder, wenn er noch am Leben wäre. Andererseits besteht, solange er nicht wirklich gefunden wurde, natürlich immer noch ein gewisses Restrisiko. Das MEK wird also weiter suchen müssen. Deshalb verlässt unser Zugführer uns auch wieder. Er muss sich jetzt um die Sicherheit der Trupps im Gebäude kümmern. Wir sollen weiterhin hier oben die Stellung halten, was wir auch tun.

Während dieser Zeit spielt sich das Hauptgeschehen im Innern des Gebäudes ab und entzieht sich größtenteils unseren Blicken. Der Vollständigkeit halber möchte ich an dieser Stelle aber trotzdem schildern, was sich unter unseren Füßen abspielt. So wie es die Kollegen, die dort eingesetzt sind, erleben und uns später berichten.

Die Trupps, inzwischen zwei an der Zahl, die im zweiten Obergeschoss im Treppenraum ausharren, leiten sofort nach Freigabe der oberen beiden Etagen in diesen einen Innenangriff mit je einem C-Rohr ein. Die Löscharbeiten gestalten sich wegen der eingeknickten Dachteile und einer inzwischen eingestürzten Geschossdecke, die bis dahin die dritte von der vierten Etage trennte, als sehr schwierig und gefährlich, bringen aber endlich den gewünschten Erfolg.

Parallel zu den Löscharbeiten durchsucht das MEK alle Wohnungen vom zweiten Stock abwärts bis hinunter ins Hochparterre und wird tatsächlich doch noch fündig. Der gesuchte Brandstifter wird in einem Zimmer im ersten Obergeschoss überwältigt, in welches er sich, unbemerkt von den Einsatzkräften, geflüchtet hatte. Vermutlich war er bereits, gleich nachdem er das Feuer gelegt hatte, an der Rückseite des Gebäudes heruntergeklettert und dort eingedrungen. Er hatte versucht, sich die Pulsadern zu öffnen, und sein apathisches Verhalten lässt zudem eine Tablettenintoxikation vermuten. Aufgrund dessen wird er dem Notarzt übergeben und in Begleitung von Polizeibeamten im Notarztwagen zunächst einmal in ein Krankenhaus befördert.

Oben bei uns auf dem Dach macht sich der erfolgreiche Einsatz der beiden C-Rohre im Gebäudeinnern schnell bemerkbar. Der aufsteigende Rauch wird mehr und mehr durch Wasserdampf ersetzt, nach einer Stunde ist das Feuer unter Kontrolle. Der Gesamteinsatzleiter gibt gegen 23.30 Uhr »Abspannen«, was für die Einsatzzentrale bedeutet, dass keine weitere Erhöhung der Alarmstufe mehr zu erwarten ist. Aber es dauert noch eine weitere Stunde, bis unser Zug von den Kollegen eines anderen Löschzuges abgelöst wird.

Als wir dann um kurz nach eins wieder an der Wache sind, sind alle am Ende ihrer Kräfte. Wir sehen aus wie Dreckschweine, sind vollkommen durchnässt und frieren. Unser Zugführer kämpft mit einem heftigen Wadenkrampf. Die Kollegen vom Rettungsdienst, die zurzeit nicht im Einsatz sind, helfen uns dabei, die Fahrzeuge und Geräte wieder klarzumachen oder kümmern sich am Herd um die Steaks. Nach einer heißen Dusche sitzen wir alle zusammen und dann wird endlich gegessen.

An der Brandstelle ziehen sich unterdessen die Nachlöscharbeiten noch bis in die Morgenstunden des folgenden Tages hin.

Sie werden erschwert durch weitere drohende Deckeneinstürze. Wegen des nassen Brandschutts sind mehrere Decken im zweiten Obergeschoss an ihre Belastungsgrenzen gestoßen und müssen durch Stützen gesichert werden. Das gesamte Ausmaß des Schadens wird allerdings erst nach einer abschließenden Begutachtung durch die Bauprüfabteilung deutlich. Vier der insgesamt dreizehn Wohnungen des Hauses sowie das Dach sind durch das Feuer zerstört, fünf weitere Wohnungen durch Löschwasser erheblich beschädigt. Das gesamte Gebäude wird für einen langen Zeitraum unbewohnbar sein. Was für ein Motiv den Mann zu seiner Tat veranlasst hat und ob er für den Schaden, den er angerichtet hat, jemals aufkommen muss, werden wir wohl nie erfahren. Sicher ist nur: Von uns wird keiner diesen Einsatz jemals vergessen. Denn keiner von uns hat jemals zuvor bei einem Einsatz so ein mulmiges Gefühl gehabt und so eine Hilflosigkeit verspürt.

16

WAS BLEIBT, IST DIE ERINNERUNG

Einsatz für das Tanklöschfahrzeug. Spülen eines Fahrstreifens nach einem Verkehrsunfall. Dies geschieht immer dann, wenn dem unbeteiligten Bürger der Blick auf unansehnliche oder Ekel erregende menschliche oder tierische Hinterlassenschaften erspart bleiben soll. Für Feuerwehrleute normalerweise ein Routineeinsatz. Der Anblick von Blut und anderen körpereigenen Substanzen, auch wenn es sich um größere Mengen handelt, ist Teil unseres Berufsalltags. Aber dieser Einsatz sollte sich in eine Richtung entwickeln, die niemand von uns während der Anfahrt ahnt.

Bei unserer Ankunft an der Einsatzstelle, im Kreuzungsbereich zweier stark frequentierter Hauptverkehrsstraßen, sehen wir zunächst nur einen Lastzug, der mit eingeschalteter Warnblinkanlage auf der Gegenfahrbahn hält. Daneben, in einer Haltebucht für Busse, steht ein Rettungswagen unserer Wache. Die Polizei ist mit mehreren Streifenwagen vor Ort, leitet den Verkehr um und hält die Schaulustigen vom Ort des Geschehens fern. Auch die Beamten des Verkehrsunfalldienstes sind bereits tätig, machen Fotos und vermessen die Kreuzung. Ich schalte kurz das Blaulicht ein und lenke das TLF ebenfalls auf die Gegenfahrbahn, um es gleich hinter dem Rettungswagen zu parken.

Als wir aussteigen und zu unseren Kollegen in Weiß gehen, die mit gesenkten Köpfen auf dem Bürgersteig warten, erblicken wir plötzlich die eigentliche Unfallstelle. Sie ist unmittelbar hinter dem Anhänger. Dort hockt auf dem Fußgängerüberweg ein Polizist vor etwas, das er mit einer schwarzen Plastikfolie abgedeckt hat. Neben ihm liegt ein völlig deformiertes Kinderfahrrad. Augenblicklich ist uns klar, was passiert ist. Ein Kind ist mitsamt seinem Fahrrad unter den Lkw geraten. Und mit einem Mal wird aus dem vermeintlichen

Routineeinsatz ein tragisches Ereignis, welches auch bei jedem von uns sofort eine tiefe Betroffenheit auslöst. Die Kollegen des Rettungswagens sehen wirklich ziemlich angeschlagen aus, was wir jetzt absolut nachvollziehen können. Sie waren schließlich die Ersten vor Ort und von ihnen erfahren wir nun Einzelheiten.

Bei dem Opfer handelt es sich um einen kleinen Jungen. Er war von dem abbiegenden Lastzug auf dem Fußgängerüberweg erfasst und überrollt worden. Der Fahrer hatte ihn vermutlich übersehen. Bei ihrem Eintreffen lag der Mann schreiend auf der Straße und musste mit einem schweren Schock im Notarztwagen behandelt und in ein Krankenhaus eingeliefert werden. Für den Jungen hingegen kam jede Hilfe zu spät. Sein kleiner Körper hatte unter der tonnenschweren Last des Lkw nicht die geringste Chance. Er war auf der Stelle tot. Und da liegt er jetzt. Auf dem Asphalt der Straße, unter einem Stück schwarzer Plastikfolie.

Als die Polizei wenig später die Ermittlungen zum Unfallhergang abgeschlossen hat, beginnt unser Teil der Arbeit. Es ist ein trauriger Job, der zwar professionell, aber schweigend erledigt wird. Gemeinsam mit den Kollegen vom Rettungswagen bereiten wir die Krankentrage vor, breiten mehrere Papierlaken und ein großes Stofflaken darauf aus. Dann stellen wir sie direkt neben dem Kind auf den Boden und ziehen uns Einweghandschuhe über. Ein Kollege hebt die Folie an einer Seite ein Stück an und wir können erstmals einen Blick auf den Jungen werfen. Der Anblick ist fürchterlich. Nichts ist mehr dort, wo es eigentlich sein sollte. Wenn wir die Folie entfernen, müssten wir ihn wohl in Einzelteilen aufheben. Also lassen wir es lieber so, wie es ist, schieben die Folie so gut es geht noch ein bisschen weiter unter seinen Körper und heben alles zusammen auf die Trage. Mit den beiden Gurtbändern fixieren wir das Bündel und bringen die Trage in den Rettungswagen. Damit liegt das Schlimmste hinter uns. Der Transport in das Institut für Rechtsmedizin ist Sache der Kollegen in Weiß. Noch schnell die Blutreste von der Fahrbahn ins Regensiel spülen und auch dieser Einsatz ist Geschichte. Doch wir sollen uns abermals irren.

Ich bin gerade dabei, die letzten Meter des Schnellangriffsschlauches zurück auf die Haspel zu spulen, als völlig unverhofft die Mutter des Jungen auftaucht. Kreideweiß, am ganzen Körper zitternd, läuft sie direkt zu unserem Fahrzeugführer und ruft immer wieder: »Was ist mit meinem Jungen?! Wo ist mein Kind?! Ich will sofort zu meinem Kind!« Wir sind alle wie vom Blitz getroffen und es dauert einen Moment, bis wir realisieren, was gerade geschieht. Wieso ist sie hier? Wie hat sie erfahren, was passiert ist? Wer, zum Geier, hat ihr das gesteckt?

Wir lassen alles stehen und liegen und versuchen, die Frau zu beruhigen. Aber die fragt immer wieder nach ihrem Jungen. »Was ist mit ihm? Ist er verletzt? Kann ich zu ihm? Ich will ihn sehen! Sofort!« Gott sei Dank ist der Rettungswagen bereits auf dem Weg in die Rechtsmedizin. Unser Fahrzeugführer nimmt sanft den Arm der Frau und geht mit ihr ein paar Schritte. Fort von der Unfallstelle. Er spricht mit ihr, will, dass sie ihm zuhört. Vergebens.

Die Frau kehrt um und kommt zurück. Sie ist vollkommen verzweifelt, versteht nicht, warum ihr keiner sagt, was los ist. So was geht jedem noch so abgeklärten Feuerwehrmann an die Nieren. Ich trete ihr entgegen, lege meine Hände auf ihre Schultern und versuche, sie davon zu überzeugen, dass es das Beste für sie ist, wenn sie sich in unser Fahrzeug setzt. Dort würde ich ihr in Ruhe erklären, was geschehen ist. Sie sieht mich an, ihr Mund beginnt zu zucken, dann beginnt sie zu weinen. »Kommen Sie«, sagt ein Kollege und öffnet ihr die Tür vom Mannschaftsraum. »Es ist wirklich das Beste.«

Die Frau steigt ein, ich folge ihr und schließe die Tür hinter uns. Jetzt sitzen wir uns gegenüber. Nur sie und ich. Ich reiche ihr ein Papiertaschentuch, sie wischt sich die Tränen aus dem Gesicht, dann sieht sie mir direkt in die Augen und diesen Blick werde ich nie vergessen. So flehend, so bittend, so hoffend. Hoffend, dass ich ihr sage, dass es für ihren kleinen Jungen noch eine Chance gibt. Dass es nicht zu spät ist. Dass sie nicht zu spät ist. Dass sie ihn in die Arme nehmen kann und alles wieder gut wird. Aber das kann ich nicht, so sehr ich es mir auch wünsche. Ich nehme ihre Hände und würge den Kloß, der mir im Hals steckt, herunter. »Sie müssen jetzt ganz tapfer sein. Ihr Sohn hatte einen schlimmen Unfall«, sage ich zu ihr und merke, wie sich ihre Hände in den meinen zusammenkrampfen. »Wie schlimm?«, fragt sie. »Sehr schlimm«, antworte ich ihr und versuche gedanklich, mir irgendetwas zurechtzulegen, was ich ihr sagen könnte, wenn sie mich fragt, in welchem Krankenhaus er liegt oder ob Lebensgefahr besteht. Aber mir fällt einfach nichts ein und das braucht es auch nicht mehr.

Denn schon im nächsten Augenblick fragt sie völlig unvermittelt mit leiser, aber ganz fester Stimme: »Ist er tot?« Und genauso spontan kommt nur ein einziges Wort über meine Lippen: »Ja.« Jetzt ist es heraus, denke ich bei mir und spüre die enorme Erleichterung, die sich in meinem gesamten Körper bemerkbar macht. Auch die Frau zeigt eine deutliche Reaktion. Ihre eben noch verkrampften Hände entspannen sich und liegen schlaff in meinen Händen. Ich habe das Gefühl, dass sie plötzlich durch mich hindurch sieht. Sie sagt kein Wort, sitzt nur da und starrt geradeaus. Ich setze mich neben sie und nehme sie in den Arm.

Ich weiß nicht, was ich ihr sagen soll, finde einfach keine tröstenden Worte. Wir sitzen einfach nur da. Unser Fahrzeugführer hat uns wohl von draußen beobachtet. Er öffnet die Tür zum Mannschaftsraum und sieht mich fragend an. »RTW?« Ich nicke. »Machen wir über die Polizei«, sagt er und schließt leise wieder die Tür. Und jetzt spreche ich die Frau doch noch einmal an: »Wir bringen Sie in ein Krankenhaus. Dort bekommen Sie etwas zur Beruhigung.« Dabei streiche ich ihr mit meiner Hand über die Wange.

Zunächst starrt sie nur weiter vor sich hin. Aber dann fragt sie mich plötzlich, und diesmal im Flüsterton und so leise, dass ich sie kaum noch verstehe: »Hat er sehr gelitten?« Wieder muss ich schlucken. »Nein«, flüstere ich zurück. »Er war sofort tot.« Sie nickt mehrmals mit dem Kopf, um dann wieder regungslos auf der Sitzbank zu verharren. Ich sitze stumm neben ihr und halte ihre Hand. Sie tut mir wahnsinnig leid. Etwa fünf Minuten später trifft ein weiterer Rettungswagen unserer Wache ein und bringt sie ins Krankenhaus.

In den nächsten Wochen und Monaten ist der Gehsteig vor dem Fußgängerüberweg voll mit Blumen, Lichtern, Briefen und kleinen Stofftieren. Anwohner und Freunde der Familie haben sie dort abgelegt. Es werden Mahnwachen abgehalten und kleine Demonstrationszüge organisiert. Wir sehen das auch. Immer, wenn wir mit unseren Einsatzfahrzeugen die Kreuzung passieren, haben auch wir das entsetzliche Geschehen wieder vor Augen.

Aber so sehr uns allen der Tod des kleinen Jungen zu Herzen geht, wir können ihn nicht ungeschehen machen. Es wird auch nicht das letzte Mal sein, dass sich derartige Unfälle ereignen. Menschen sind fehlbar. Wie gerne würde wohl der Lkw-Fahrer die Zeit zurückstellen, um eine zweite Chance zu erhalten, damit er seinen fatalen Fehler wiedergutmachen könnte. Leider ist dies nicht möglich. Für die Eltern des Jungen können wir nur hoffen, dass sie die Kraft aufbringen, das Geschehene irgendwann zu verarbeiten. Vergessen werden sie es wohl nie. Was ihnen bei aller Trauer aber immer bleiben wird, ist die Erinnerung an einen fröhlichen kleinen Jungen. Und die kann ihnen nichts und niemand auf der Welt nehmen.

17

GLÜCK IM UNGLÜCK

Der Hamburger Hafen nimmt mit einer Fläche von 74 Quadratkilometern etwa ein Zehntel des Stadtgebietes ein. Der Gesamtumschlag in Tonnen erreicht von Jahr zu Jahr neue Dimensionen und bewegt sich mittlerweile in einem dreistelligen Millionenbereich. Neben Stückgut- und Massengutfrachtern kommen auch immer mehr Containerschiffe. Diese werden an den entsprechenden Terminals in weniger als 24 Stunden gelöscht und wieder neu beladen. Viele Güter werden in den zahlreichen Betrieben innerhalb des Hafens veredelt oder direkt verarbeitet. Andere wiederum lagern in riesigen Hallen, den sogenannten Schuppen, bevor sie, meist per Bahn oder Lkw, an ihre endgültigen Bestimmungsorte im In- und Ausland weitertransportiert werden.

Möglich ist all dies natürlich nur mit einer entsprechenden Infrastruktur. Deshalb besteht ein engmaschiges Netz aus Gleisen, Straßen und Brücken, die sich kreuz und quer durch das gesamte Hafengebiet ziehen und auf denen dichter, meist hektischer Verkehr herrscht. Die größte dieser Brücken ist mit über dreieinhalb Kilometern Länge die Köhlbrandbrücke. Sie überspannt in einer lichten Höhe von 53 Metern einen Teil der Süderelbe, den sogenannten Köhlbrand, verbindet das Wilhelmsburger Hafengebiet mit der BAB 7 an der Anschlussstelle Waltershof und sie befindet sich in unserem Wachrevier.

Die Brücke besteht aus drei Teilen: der gut zwei Kilometer langen östlichen Rampenbrücke, der 520 Meter langen sogenannten Strombrücke, die das Mittelstück über den Fluss bildet, sowie der etwas über eintausend Meter langen westlichen Rampe. Sie wird täglich von rund dreißigtausend Fahrzeugen befahren, wobei die überwiegende Mehrzahl dieser Fahrzeuge dem Schwerlastverkehr zuzuordnen ist. Eine Vielzahl von Unfällen, die jedes Mal lange Staus nach sich zogen, was sich dann auch meist auf den gesamten übrigen Verkehr im restlichen Hafenbereich auswirkte, veranlassten irgendwann die zuständige Behörde, die Geschwindigkeit, insbesondere auf den Rampen, zu begrenzen. 50 km/h gelten seitdem für alle Fahrzeuge. Doch diese Geschwindigkeit wird keineswegs immer eingehalten. Time is money.

Dies denkt sich wohl auch der polnische Lkw-Fahrer, der an einem milden Februarnachmittag mit seinem 40-Tonner die westliche Rampe in Richtung Waltershof hinunterfährt. Mit 100 km/h! Als er den Stau am Ende der Rampe bemerkt, ist es bereits zu spät. Trotz einer Vollbremsung prallt er mit voller Wucht auf einen am Stauende wartenden Pkw und drückt diesen unter den leeren Auflieger des davor haltenden Lastzuges.

Um 15.16 Uhr läuft der Alarm an unserer Feuerwache ein: Verkehrsunfall, Person eingeklemmt, Köhlbrandbrücke Richtung Waltershof. Daraufhin rücken der Einsatzleitwagen, das Tanklöschfahrzeug und die Drehleiter aus. Unser Löschgruppenfahrzeug, das sich auf der Rückfahrt von einem anderen Einsatz zur Wache befindet, wird von der Einsatzzentrale über Funk zugeordnet. Es sind aber noch weitere Wachen an diesem Einsatz beteiligt. Von denen kommen ein Rüstwagen, ein Rettungswagen beziehungsweise ein Einsatzführungsdienst. Alles das, was an unserer Dienststelle im Augenblick nicht verfügbar ist. Außerdem ist der Rettungshubschrauber der Bundeswehr involviert. Ein ziemlich großes Aufgebot, dessen Notwendigkeit in der Besonderheit dieser Schadensart begründet ist.

Denn die Rettung eingeklemmter Personen aus Kraftfahrzeugen ist sehr personalintensiv und erfordert oftmals einen großen Einsatz an technischem Gerät unterschiedlichster Art. Das meiste davon befindet sich auf dem Rüstwagen. So auch die hydraulische Rettungsschere, der Spreitzer oder eine Seilwinde, mit deren Hilfe Fahrzeuge auseinandergezogen oder bei einem drohenden Absturz gesichert werden können. Auch die Drehleiter ist nicht unwichtig. An ihrem Leiterpark befindet sich nämlich eine Kraneinrichtung, die in der Lage ist, umgestürzte Pkw anzuheben oder aufzurichten. Und was den Rettungsdienst betrifft, so ist die Hinzuziehung eines Arztes aufgrund der meist schweren Verletzungen der eingeklemmten Personen ebenfalls zwingend erforderlich.

In meiner Funktion als Führer des ersten Angriffstrupps, dessen Aufgabe es sein wird, die Person aus dem Wrack zu befreien, sitze ich heute, gemeinsam mit meinem Partner und drei anderen Kollegen, auf dem TLF. Von meinem Platz im Mannschaftsraum aus schaue ich zwischen den Atemschutzgeräten hindurch in Richtung Frontscheibe. Schon als wir uns auf der östlichen Zufahrtsrampe befinden, beginnt sich der Verkehr zu stauen. Insbesondere auf der rechten Fahrspur. In einer endlosen Schlange reiht sich dort Fahrzeug an Fahrzeug, die meisten davon Lkw. Sie kriechen vorwärts in Richtung der großen Pylone, an denen die dicken Stahlseile befestigt sind, die das Mittelstück der Brücke halten.

Ein paar Hundert Meter weiter geht dann rechts überhaupt nichts mehr. Die Brücke hat je Fahrtrichtung zwei Fahrspuren, dazwischen befindet sich eine Schutzplanke, damit kein Fahrzeug in den Gegenverkehr gerät. Die linke Spur auf unserer Seite ist zwar auch sehr stark befahren, aber immerhin fließt der Verkehr hier noch, wenn auch langsam. Mit eingeschalteten Martinshörnern scheuchen unsere Fahrer die anderen Verkehrsteilnehmer vor sich her, die östliche Rampe hinauf, über die Mittelbrücke und schließlich auf der anderen Flussseite die westliche Rampe wieder hinunter. Immer wieder kommt die Blechlawine vor uns ins Stocken und wir müssen kurz anhalten. Vermutlich gibt es auch diesmal wieder ein paar Typen, die nicht an der Unfallstelle vorbeikommen, ohne anzuhalten und schnell ein paar Eindrücke zu erhaschen, mit denen sie dann zu Hause prahlen können. Nicht selten wird dann das Unglück der anderen sogar noch auf Fotos festgehalten. Total pervers, aber anscheinend voll im Trend.

Die eigentliche Unfallstelle befindet sich in einer Rechtskurve im unteren Teil der S-förmigen Rampe. Der Rettungswagen ist bereits vor Ort. Alle anderen Einsatzkräfte, bis auf den Einsatzführungsdienst, treffen jetzt fast zeitgleich hier ein. Unser gesamter Zug, einschließlich des über Funk alarmierten Löschgruppenfahrzeugs, fährt von oben die Rampe hinunter. Den Rüstwagen sehen wir, wie er sich von unten über die Gegenfahrbahn der Einsatzstelle nähert, und über allem kreist der Rettungshubschrauber, auf der Suche nach einem geeigneten Landeplatz.

Das Bild, das sich uns bietet, als wir aussteigen, ist bizarr. Zwischen zwei Lastzügen steckt ein Pkw, der, wie in einer Schrottpresse, auf etwa ein Drittel seiner ursprünglichen Länge zusammengequetscht wurde. Hierdurch ist in der Mitte des Fahrzeugs ein gewaltiger Knick entstanden, der die gesamte Karosserie in diesem Bereich nach oben gedrückt hat, was wiederum dazu geführt hat, dass der Abstand zwischen dessen Vorder- und Hinterachse auf zirka einen Meter geschrumpft ist. Der Vorderwagen ist bis zum Lenkrad unter dem Auflieger des vorderen Lkw verschwunden, der Kühler des hinteren Trucks befindet sich dort, wo einmal die Rücksitze des Pkw waren. Ich habe wirklich schon viele demolierte Fahrzeuge gesehen, aber so etwas noch nicht. Das Ganze hat überhaupt keine Ähnlichkeit mehr mit einem Auto.

Und mittendrin in diesem Gewirr aus verbogenem Metall entdecken wir einen Mann. Mit nach vorne durchgedrücktem Oberkörper und vollkommen bewegungsunfähig, kauert er zwischen Lenkrad und der Rückenlehne seines Fahrersitzes. Man hat den Eindruck, da steht jemand in einer arg ramponierten, sehr engen Telefonzelle. Der Mann ist eingeklemmt, aber er lebt und ist bei Bewusstsein, was angesichts des desolaten Zustandes seines fahrbaren Untersatzes an ein Wunder grenzt. Aber ist er der einzige Insasse oder hatte er Mitfahrer? Müssen wir auf weitere Opfer gefasst sein? Leute, die auf den Rücksitzen saßen und deren zerquetschte Körper sich nun irgendwo im Innern dieses Blechhaufens befinden? Womöglich sogar Kinder? Gedanken, die man am liebsten verdrängen würde, die einem aber unwillkürlich durch den Kopf schießen.

Da fast alle Scheiben, auch die Frontscheibe, durch die Kompression der Karosserie herausgedrückt wurden oder zersplittert sind, konnte die Rettungswagenbesatzung bereits mit ihm Kontakt aufnehmen. Ich kann hören, wie einer der beiden unserem Zugführer zuruft, dass sich keine weiteren Personen im Fahrzeug befinden sollen. Das wäre ja schon mal eine gute Nachricht, wenn sie denn stimmt. Denn das Gesicht des Mannes ist aschgrau, was auf einen schweren Schock hinweist. Deshalb ist seine Aussage mit Vorsicht zu bewerten. Eigentlich müsste er schnellstens in eine liegende Position gebracht werden. Nur, daran ist im Moment überhaupt nicht zu denken. Solange er in seinem Auto eingeklemmt ist, kann er nicht optimal versorgt werden.

Mit dem Eintreffen des Notarztes und der Anordnung unseres Zugführers, den Einsatz der hydraulischen Rettungsgeräte vorzubereiten, läuft kurz darauf die sogenannte patientengerechte Rettung an. Eine Serie von Maßnahmen, welche einzig und allein darauf abzielen, eine eingeklemmte Person so schonend wie irgend möglich aus ihrer prekären Lage zu befreien. Schnelligkeit hat hierbei absolut keine Priorität, weshalb derartige Einsätze meistens sehr zeitintensiv sind. Das Szenario wird mit allen Feuerwehrleuten immer und immer wieder trainiert und die meisten von uns konnten bei diversen Einsätzen ähnlicher Art bereits weitere wertvolle Erfahrungen sammeln. Ich auch. Dabei war es allerdings nie von Belang, ob sich die Fahrzeuge überschlagen hatten und auf dem Kopf lagen, ob sie sich um einen Baum gewickelt hatten oder einfach nur frontal zusammengestoßen waren. Jedes Mal gab es irgendwie und irgendwo immer noch eine Möglichkeit, in sie hineinzugelangen.

Aber bei diesem Einsatz hier ist vieles anders. Aufgrund der extremen Verformung der Karosserie passen bestimmte Umstände nicht mehr ins Schema, werden sich eigentlich erforderliche Maßnahmen nicht durchführen lassen. Improvisation wird gefragt sein.

Mit anderen Worten: Zum jetzigen Zeitpunkt weiß eigentlich noch niemand so genau, wie wir den Mann da rauskriegen sollen. Daran ändert auch die Anwesenheit des soeben eingetroffenen Einsatzführungsdienstes nichts. Denn auch der hat kein Patentrezept. Wir müssen einfach schauen, was machbar ist und was nicht.

Während unsere Kollegen den Schnellangriffsschlauch vornehmen und diverse Feuerlöscher bereitstellen, um eingreifen zu können, falls sich ausgelaufener Kraftstoff entzündet, sollen mein Partner und ich, in unserer Funktion als erster Angriffstrupp und mittels Rettungsschere vom Rüstwagen, einen ausreichend großen Zugang zu dem Mann im Pkw schaffen, damit dieser durch das Rettungsdienstpersonal versorgt werden kann. Hierfür sollen wir das Fahrzeugdach entfernen. Um zu verhindern, dass der arme Mann in seinem Blechgefängnis dabei weitere Blessuren erleidet, bugsiert ein Kollege seinen Feuerwehrhelm durch das Seitenfenster an der Fahrerseite und stülpt ihn auf dessen Kopf. Dann legen wir los.

Mit der schweren Hydraulikschere kneife ich, unterstützt von meinem Partner, nacheinander zunächst die vorderen und mittleren Holme, welche den Fahrzeugunterbau mit dem Dach verbinden und die im Fachjargon als A- und B-Säulen bezeichnet werden, auf der Fahrer- und der Beifahrerseite durch. So eine Maßnahme wird normalerweise erst dann durchgeführt, wenn das Fahrzeug unterhalb der Bodenschweller mit Pallhölzern gesichert ist, denn die Säulen haben eine statische Funktion, und wenn man sie durchtrennt, könnte der Boden des Fahrzeugs einknicken. Das kann jedoch bei diesem Trümmerhaufen nicht mehr passieren. Aufgrund der nach oben gerichteten Verformung der Karosserie kann sich hier wirklich absolut nichts mehr nach unten bewegen. Also verzichten wir darauf.

Als Nächstes schneide ich die breiten hinteren C-Säulen bis zur Hälfte ein, sodass diese immer noch eine restliche Verbindung zur Karosserie behalten. So kann das Dach nicht herunterfallen, die Kollegen können es jetzt aber nach hinten klappen und mit einer

Fangleine an den Außenspiegeln des aufgefahrenen Lkw fixieren. Der Mann im Pkw ist nun für das Rettungsteam erreichbar. Oder, besser formuliert, sein Kopf und sein Oberkörper sind es. Alles unterhalb der Gürtellinie steckt bombenfest zwischen Armaturenbrett und Sitz. Und das Lenkrad drückt ihm fast die Brust ein, behindert ihn extrem beim Atmen. Er stöhnt vor Schmerz, verweist immer wieder auf seine Beine, mit denen etwas nicht stimmen würde und die für uns leider noch nicht sichtbar sind. Das ist schlecht, denn alles, was wir nicht sehen können und wo wir nicht hinkommen, können wir auch nicht versorgen.

Gut ist allerdings, dass wir auch sonst nichts sehen. Es gibt im Augenblick keinerlei Hinweise auf weitere Insassen. Wahrscheinlich stimmt seine Aussage. Bevor wir allerdings weitermachen können, ist der Notarzt gefordert. Der muss den Mann erst einmal stabilisieren und eine Schmerzbekämpfung einleiten. Unterstützt von den Kollegen des Rettungswagens macht sich das Hubschrauberteam der Bundeswehr sogleich an die Arbeit. Als nützlich erweist sich dabei der leere Lkw-Auflieger. Er dient den Rettungskräften abwechselnd als Ablage für ihre Geräte oder als Arbeitsplattform.

Nach ungefähr zehn Minuten sind alle Maßnahmen, die sich in so einer Situation und unter diesen Umständen durchführen lassen, abgeschlossen. Der Blutkreislauf des Mannes ist jetzt mit reichlich Infusionsflüssigkeit aufgefüllt, es wurden ihm verschiedene Medikamente injiziert und er ist schmerzfrei. Seine endgültige Befreiung aus dem Wrack kann beginnen. Und nun ist mein Partner an der Reihe. Er drückt die gehärteten Stahlspitzen des Hydraulik-Spreitzers in den schmalen Spalt zwischen Fahrertür und vorderem Kotflügel und sprengt, indem er das Gerät per Knopfdruck langsam öffnet, nacheinander das obere und das untere Türscharnier ab. Während er das macht, halten ein anderer Kollege und ich die Tür, damit diese nicht unkontrolliert herausfällt.

Das Rettungsdienstpersonal beobachtet unterdessen permanent den Mann. Zeigt er irgendwann negative Reaktionen, die eventuell auf unser Tun zurückzuführen sind, müssen wir unsere Arbeiten sofort unterbrechen, um die Ursache dafür zu ergründen und gegebenenfalls nach alternativen Vorgehensweisen zu suchen. Dies passiert aber zum Glück nicht und wir können schon nach kurzer Zeit die abgetrennte Tür zur Seite legen. Jetzt sind seine Beine für uns sichtbar und wir erkennen sofort, in was für einer beschissenen Lage er sich befindet. Er sitzt nämlich wirklich nicht. Er hockt breitbeinig da wie ein Fechter, das Armaturenbrett auf seinem Schoß. Es drückt sein Becken gegen die hochgebogene Sitzfläche des Fahrersitzes und der stufenförmige Absatz an der Außenseite seines linken Oberschenkels deutet auf einen glatten Durchbruch des entsprechenden Knochens hin.

Wir geben dem Arzt und den Jungs in Weiß ein Zeichen, woraufhin sie an unsere Seite eilen. Eigentlich eine klare Indikation für eine Vakuumschiene. Nur lässt die sich so nicht anlegen, da sind wir uns alle einig. Denn in Anbetracht der räumlichen Enge kann das Bein des Mannes nicht vorgestreckt und die Schiene nicht platziert werden. Da sich zudem beide Vordersitze wegen der zusammengeschobenen Karosserie nicht einen einzigen Zentimeter mehr nach hinten verrücken lassen, ist seine Lage wirklich prekär.

Nach einer kurzen Situationsanalyse durch das Führungspersonal wird deshalb, in Absprache mit dem Notarzt, folgender Entschluss gefasst: Der Pkw wird gegen Wegrollen gesichert. Danach soll der vordere Lkw langsam so weit vorziehen, dass der Schrotthaufen frei kommt und vor diesem eine Aufstellfläche für das Löschgruppenfahrzeug entsteht. Zeitgleich sollen mein Partner und ich die Tür an der Beifahrerseite herausspreitzen. Wenn das alles geschehen ist, soll versucht werden, mit Hilfe eines Stahlseiles und einer Kette, die am Lenkrad des Pkw angeschlagen wird, dieses mitsamt Armaturenbrett nach vorne zu ziehen und somit den Brustkorb und das Becken des Mannes zu entlasten. Das Löschgruppenfahrzeug wird hierbei als Zugfahrzeug fungieren. Damit es nicht den gesamten Pkw bewegt, soll der mit einem zweiten Stahlseil am hinteren Lkw fixiert werden. Wenn alles klappt, müsste jener Freiraum entstehen, der benötigt wird, um dem Eingeklemmten die Schiene anzulegen und ihn aus dem Wrack zu befreien.

Die Aktion dauert gut fünfundvierzig Minuten. Sie erfordert von allen Beteiligten ein Höchstmaß an Geduld, Konzentration und Nervenstärke, aber sie gelingt. Am Ende kann der Mann, nachdem er nun insgesamt über eine Stunde zwischen zersplittertem Glas und deformiertem Metall ausharren musste, aus diesem Blechknäuel, welches einmal ein Auto war, gerettet werden. Er hatte wohl wirklich Glück im Unglück. Denn so, wie es aussieht, hat er außer einem Schock, einer Oberschenkelfraktur und ein paar Schnittwunden keine weiteren Verletzungen erlitten. Wäre der Aufprall nur ein wenig heftiger gewesen, sein Wagen nur um wenige Zentimeter weiter zusammengeschoben worden, dann wäre er sehr wahrscheinlich jetzt tot.

Der polnische Lkw-Fahrer wird noch an der Unfallstelle von der Polizei festgenommen.

18

GEPFLEGT – GERETTET – GESTORBEN

Es regnet in Strömen, als wir mit unserem Rettungswagen das Krankenhausgelände verlassen und uns auf den Heimweg machen in Richtung Feuerwache. Den ganzen Tag über war es schwülheiß gewesen und man konnte es förmlich spüren, dass es heute noch krachen würde. Am späten Nachmittag war es dann so weit. Zuerst verdunkelte sich der Himmel und eine schwarz-gelbe Wolkenwand rollte von Westen heran. Wind kam auf, die ersten Blitze zuckten, gefolgt von einem dumpfen Grollen. Und jetzt ist das Gewitter direkt über uns. Es taucht die Stadt in flackerndes grelles Licht und in den Häuserschluchten wandert der Hall des Donners zwischen den Hausfassaden hin und her und wird durch diese noch erheblich verstärkt. Die Bürgersteige sind wie leer gefegt. Die Menschen haben Zuflucht gesucht in den Hauseingängen oder in den großen Kaufhäusern und der Autoverkehr ist ziemlich zum Erliegen gekommen.

Mit eingeschalteten Scheinwerfern schleichen die Fahrzeuge über das durch Aquaplaning unberechenbar gewordene Straßenpflaster. Auch mein Kollege passt seine Fahrweise den örtlichen Gegebenheiten an und schaltet die höchste Stufe für die Scheibenwischer ein. »Vielleicht kühlt es sich ja ein wenig ab«, meint er, während er sich vorbeugt und versucht, den Luftstrom aus den Schlitzen im Armaturenbrett mit seinem Gesicht einzufangen. Das wäre wirklich zu wünschen, denn das schwüle Wetter hat uns heute ziemlich auf Trab gehalten. Jede Menge Herz-Kreislauf-Erkrankungen und etliche Personen mit Atemnot. Besonders ältere Leute kommen mit der feuchtwarmen Witterung nicht klar. Doch auch an uns geht die Waschküchenluft nicht spurlos vorüber. Trotz mehrmaligem Duschen zwischen den Einsätzen kleben die Sachen schon wieder am Körper.

Ein erneuter greller Blitz, direkt gefolgt von einem krachenden, pfeifenden Donner, lässt uns jäh zusammenzucken. »Alle Achtung, der hat gesessen. Würde mich nicht wundern, wenn der eingeschlagen hat«, stelle ich beeindruckt fest. »Dann wäre der Abend für die Jungs in Blau gelaufen«, ergänzt mein Kollege. »Ausgleichende Gerechtigkeit«, antworte ich ihm. »Mal sehen, ob der Stall leer ist, wenn wir wieder drin sind.« Aber erst einmal erwischt es wieder uns. Über Funk kommt der nächste Einsatz. Eine sechsundachtzigjährige Dame erwartet uns mit Herzproblemen dringend in ihrer Wohnung, ein Notarztwagen ist ebenfalls alarmiert. Wahrscheinlich das nächste Opfer der drückenden Schwüle.

Obwohl die Wohnung der Frau gar nicht so weit entfernt ist von unserem augenblicklichen Standort, brauchen wir aufgrund des Starkregens doch fast fünf Minuten, bis wir dort ankommen. Da nützt uns auch kein Blaulicht und kein Martinshorn. Dafür habe ich aber reichlich Zeit, mir meine Wetterjacke während der Fahrt überzuziehen. Glücklicherweise können wir fast direkt vor dem Hauseingang parken, denn der Häuserblock wird nur durch einen breiten Bürgersteig von der Straße getrennt. Bei dem Wetter zumindest ein kleiner Vorteil.

Und während mein Kollege noch in seine Schutzjacke schlüpft, ziehe ich mir von der meinen die Kapuze über den Kopf und stürze mich schon mal hinaus in die Regenflut. Tür auf, aussteigen, Tür zu, Seitentür aufschieben, rein in den Patientenraum. Das alles dauert nur Sekunden, reicht aber aus, um mich wie einen begossenen Pudel aussehen zu lassen. Mein Kollege hat den längeren Weg. Er muss einmal um das Fahrzeug herumlaufen, was dazu führt, dass er noch ein wenig aufgeweichter den rettenden Patientenraum erreicht. Das Wasser rinnt in kleinen Bächen an unserer Einsatzbekleidung herunter und es bilden sich sofort mehrere Pfützen auf dem versiegelten Linoleumboden, als wir das Equipment für die Erstversorgung aus den Wandhalterungen herausnehmen. Wieder aussteigen, Schiebetür zu, Zentralverriegelung drücken, im Laufschritt rüber zur Hauseingangstür. Die dicken Regentropfen, die auf den Straßenbelag und auf den Bürgersteig klatschen, spritzen von dort gut einen halben Meter wieder in die Höhe und alles, was an uns bis jetzt noch trocken war, ist nun ebenfalls durchnässt.

Es ist eine kleine einflügelige Holztür mit einer viergeteilten Scheibe im oberen Teil, typisch für etliche Altbauten in unserem Wachrevier. Zum Glück ist sie nicht verschlossen. Auf dem Klingelschild suchen wir den Namen der Frau und finden ihn auch. Sie wohnt im zweiten Stock. Wir machen, dass wir ins Trockene kommen, und mein Kollege sieht sich genötigt, unsere Situation mit einem dezenten »Leck mich am Arsch« zu kommentieren.

Drinnen im Hausflur steht die Luft. Es riecht muffig und es ist noch dunkler als draußen, deshalb drücke ich auf den ersten rot leuchtenden Knopf, den ich sehe. Mit einem lauten »Klack« schaltet sich die Treppenhausbeleuchtung ein und sorgt ab jetzt dafür, dass wir sehen, wo wir hinlaufen. Prustend und triefend stapfen wir zur Treppe, erklimmen die hölzernen Stufen und stehen kurz darauf in der zweiten Etage vor einer weit geöffneten Wohnungstür. Bereits hier im Treppenraum dringt ein deutlich vernehmbares Wimmern und Stöhnen an unsere Ohren, welches uns signalisiert, dass wir hier richtig sind. Die Intensität derartiger Geräusche sagt allerdings nichts aus über Ausmaß und Schwere einer Erkrankung oder Verletzung. Menschen reagieren völlig unterschiedlich auf Schmerz oder krankheitsbedingte Symptome. Deshalb führen solche Laute bei ausgebildeten Helfern auch nicht zu hektischem Aktionismus. Auch dann nicht, wenn diese auf unserem weiteren Weg durch die Wohnung immer lauter werden und immer dramatischer klingen.

Was uns dann allerdings im Wohnzimmer erwartet, ist ein Szenario, mit dem weder ich noch mein Kollege gerechnet hat. Zunächst erblicken wir am Kopfende eines riesigen ovalen Tisches, der einen Großteil des Raumes beansprucht und von dem eine gehäkelte elfenbeinfarbene Tischdecke bis fast auf den dunkelroten Teppichboden hinunterhängt, eine alte Frau in einem Polstersessel.

Die presst ihre Hände auf ihren Brustkorb, ihr Gesicht ist schmerzverzerrt und sie ist es auch, die die klagenden Töne von sich gibt. »Sieht nach einem Herzinfarkt aus«, ist meine erste Einschätzung.

Mein Kollege schließt sich meiner Meinung an und wir wollen uns gerade der Frau zuwenden, als uns ein Paar Beine auffällt, welches, quer zur Sitzrichtung der Frau im Sessel, unter der Tischdecke herausragt und ganz offensichtlich nicht zu ihr gehört. Es sind jedoch augenscheinlich ebenfalls Frauenbeine. Ich hebe die Decke an und ein schneller Blick unter den Tisch bringt uns Gewissheit. Da sitzt eine zweite Frau auf dem Fußboden. Ihr Oberkörper lehnt an dem Sofa, das hinter dem Tisch steht und von dem sie anscheinend heruntergerutscht ist. Ihr Kopf ist nach hinten überstreckt und ruht auf der Sitzfläche des Sofas. Das sieht gar nicht gut aus.

Während wir eiligst den schweren Tisch so weit zur Seite ziehen, wie dies in dem kleinen Zimmer möglich ist, fragen wir die Frau im Sessel, was passiert ist. Die japst nach Luft und versucht, so gut es geht, die Ereignisse zusammenzufassen. Sie sei diejenige, zu der wir gerufen wurden. Sie hat die Herzprobleme. Die Frau unterm Tisch ist ihre langjährige Pflegerin. Die habe den Rettungsdienst für sie alarmiert, die Wohnungstür geöffnet und die Hauseingangstür für uns aufgeschlossen. Nachdem sie das alles gemacht hatte, war sie so fertig, dass sie sich auf das Sofa setzen musste, um zu verschnaufen. Kurz bevor wir eingetroffen sind, sei sie dann plötzlich zusammengesackt.

Wir entledigen uns schnellstens unserer immer noch tropfenden Wetterjacken und teilen uns auf. Mein Kollege kümmert sich um die Frau im Sessel, versucht, beruhigend auf sie einzuwirken und sich ein genaueres Bild von der Art und dem Ausmaß ihrer Erkrankung zu machen. Ich bringe die Frau auf dem Fußboden in eine liegende Position und überprüfe ihre Vitalfunktionen. Sie hat Schnappatmung, ich fühle keinen Puls und ihre Pupillen sind weit. »Wir müssen sofort reanimieren«, teile ich meinem Kollegen mit. »Fordere einen zweiten RTW und einen zweiten NAW an. Was ist mit deiner Dame im Sessel?« – »Wie wir vermutet haben. Sie hat höchstwahrscheinlich einen Herzinfarkt. Ich gebe das als Info mit durch«, sagt er und reckt sich hinüber zu dem Sideboard, vor das wir den Tisch gezogen haben. Denn dort steht das Telefon. Und während er die Notrufnummer der Feuerwehr wählt und dem Disponenten in der Einsatzzentrale einen Lagebericht übermittelt, ziehe ich die Frau an den Füßen ein Stück weiter in Richtung Wohnzimmertür, um mehr Platz zum Arbeiten zu haben.

Auch sie hat, dem Aussehen nach, das Renteneintrittsalter bereits weit überschritten. Ich entferne die Zahnprothese aus ihrem Mund, lege einen Guedeltubus ein und beginne mit der Reanimation. Hinter ihrem Kopf kniend, wechsle ich zwischen Maskenbeatmung und Herzdruckmassage. Das ist ziemlich anstrengend und ich bin froh, als mein Kollege dazukommt und wir zu zweit weitermachen. Ich beatme, er führt die Druckmassage durch. Draußen tobt indessen das Gewitter mit unverminderter Heftigkeit und die grellen Blitze lassen das Zimmer immer wieder für kurze Momente taghell erscheinen.

Die Frau im Sessel kriegt unsere Wiederbelebungsbemühungen natürlich mit und der Anblick wirkt sich mit Sicherheit negativ aus auf ihren Infarkt. Aber was sollen wir tun? Würden wir sie in ein anderes Zimmer tragen, was in ihrem Zustand mit einem unkalkulierbaren Risiko verbunden wäre, dann könnten wir sie dort auch nicht einfach sich selbst überlassen. Einer von uns müsste bei ihr bleiben, sie betreuen und im Auge behalten, während der andere alleine weiter reanimiert. Das wäre nicht optimal. Und da wir ihren Umzug sowieso nur zu zweit bewerkstelligen könnten, müssten wir die Reanimation der Frau auf dem Fußboden so lange komplett einstellen. Und das geht gar nicht.

Also können wir nur hoffen, dass die anderen Kräfte bald eintreffen und sich der Zustand der Frau im Sessel nicht weiter verschlechtert. Wenn es bei ihr ebenfalls zu einem Kreislaufstillstand kommt, bevor Verstärkung da ist, sind wir überfordert. Eine verzwickte

Situation, in der ich mir erlaube, in die Trickkiste zu greifen. Mit ruhiger Stimme erkläre ich ihr, dass wir sehr zuversichtlich sind und dass es für ihre Pflegerin sehr gut aussieht. Sie müsse sich keine Sorgen mehr machen. Eine Behauptung, die eigentlich unhaltbar ist und jeder Grundlage entbehrt, denn der Ausgang unserer Maßnahmen ist noch vollkommen offen. Aber solche Worte haben erfahrungsgemäß einen nicht zu unterschätzenden psychologischen Effekt. Fast jeder von uns hat so etwas schon einmal gemacht. Und auch diesmal zeigen sie genau die Wirkung, die ich mir von ihnen erhofft hatte. Über das Gesicht der Frau im Sessel huscht ein Lächeln. Sie lehnt sich zurück und faltet ihre Hände. »Gott sei Dank«, stößt sie hervor, »sie ist doch auch noch viel zu jung.« Mein Kollege schaut mich an und ich schaue ihn an. »Wie alt ist sie denn?«, fragt er nach. »Erst vierundsiebzig!«, kommt die prompte Antwort. Wir müssen beide schmunzeln, obwohl, aus ihrer Sicht mag diese Einschätzung durchaus zutreffen.

Wir wechseln die Positionen. Mein Kollege übernimmt die Beatmung, ich mache ab jetzt die Herzdruckmassage. Denn die kostet viel Kraft und man kann sie nicht endlos lange durchführen. Irgendwann würde die Kompression des Herzens zu schwach werden, weil die Armkräfte des Helfers schwinden. Der Teppich unter uns hat sich derweil vollgesaugt mit dem Regenwasser aus unseren Rettungsdiensthosen, sodass wir allmählich das Gefühl haben, in einer Pfütze zu knien. Die Frau im Sessel sieht uns weiter zu, aber im Gegensatz zu vorher wirkt sie jetzt wesentlich entspannter. Anscheinend ist die tiefe Sorge um das Wohl ihrer Pflegerin einer vorsichtigen Zuversicht gewichen. »Wie geht es Ihnen jetzt?«, will ich wissen. »Ich habe immer noch starke Schmerzen«, flüstert sie, »aber es ist auszuhalten.« »Gleich kommt Hilfe«, verspreche ich ihr und hoffe, dass sie durchhält. Und wenn sie es tatsächlich schafft, wenn sie überlebt, vielleicht waren es dann ja auch meine Worte, die dazu beigetragen haben. Dann hätte meine kleine Lüge ihren Zweck wieder einmal erfüllt und das ist alles, was zählt. Sollte man ihr später dann doch mitteilen müssen, dass unsere Bemühungen umsonst waren, ist sie bereits stabilisiert und in ärztlicher Obhut und wird die Nachricht wesentlich besser verkraften können.

Martinshörner kündigen uns nahende Hilfe an. Kurz darauf steht die erste Notarztwagenbesatzung im Wohnzimmer und sorgt für eine erneute Bewässerung der Auslegware. Wir reanimieren weiter, während ich kurz und knapp die Situation schildere. Dann löst ein Kollege vom Team mich vorübergehend bei der Druckmassage ab. Ich kann mich aufrichten, kann meine Arme und Beine ausschütteln und ein wenig auf und ab gehen, bevor ich wieder weitermache. Der Arzt muss Prioritäten setzen und entscheidet sich zunächst für die Frau im Sessel. Er und der zweite NAW-Kollege kleben Elektroden auf ihre Brust und schließen ein EKG an. Unsere Einschätzung wird sofort bestätigt. Die Frau hat einen satten Herzinfarkt. »Weiter reanimieren, ich bin gleich bei euch«, sagt der Arzt. Auch er kann sich nicht zweiteilen. Blutdruckmessung, Legen eines intravenösen Zugangs, über den er blutverdünnende Medikamente verabreicht, sowie die Gabe von Nitro-Spray unter die Zunge der Patientin zur Gefäßerweiterung und zur Blutdrucksenkung. Das alles nimmt eine gewisse Zeit in Anspruch. Aber schließlich sind wir dran. Endotrachealtubus, EKG, Zugang legen, Infusion. Die üblichen Standardmaßnahmen, die eigentlich parallel zur Behandlung der Frau im Sessel laufen würden, wenn das entsprechende Personal bereits da wäre. Doch genau das ist hier und heute unser großes Problem. Momentan muss unser Doc zwischen zwei lebensbedrohlich erkrankten Patientinnen hin und her pendeln. Und weil das EKG ein Kammerflimmern anzeigt, muss unsere Frau auf dem Fußboden jetzt auch noch defibrilliert werden. Einmal, zweimal, dreimal. Jedes Mal wird die Dosis erhöht. Aber selbst nach dem dritten Elektroschock sehen wir auf dem Monitor noch immer keine Ausschläge, die auf eine wieder einsetzende Herztätigkeit hinweisen. Stattdessen haben wir eine Nulllinie und ich muss mit der Herzdruckmassage weitermachen.

Es vergeht Minute um Minute, in denen unser unterbesetztes Team weiterhin auf sich alleine gestellt ist. Mein Körper dampft. Ich schwitze und komme mir in meinen regennassen Klamotten vor wie ein frisch gebrühtes Schwein. Den anderen geht es mit Sicherheit ebenso. Glücklicherweise bessert sich, dank der verabreichten Medikamente, der Zustand der Frau im Sessel zunehmend. Und dann kommt endlich das erlösende Signal. In den Donner mischen sich erneut die Klänge mehrerer Martinshörner. Wenig später hören wir ein Poltern im Treppenhaus und dann ist sie da, die sehnsüchtig erwartete Verstärkung.

Ab jetzt ist alles kein Problem mehr. Wir haben zwei Ärzte vor Ort und sind genügend Helfer, sodass wir uns intensiv und optimal um beide Frauen kümmern können. Die Frau im Sessel ist mittlerweile sogar transportfähig und kann nun mit einem der Notarztwagen in ein Krankenhaus gebracht werden. Während sie von den Kollegen vorsichtig in einem Bergetuch aus dem Zimmer getragen wird, wirft sie noch einen Blick auf ihre Pflegerin, die weiter von uns reanimiert wird. »Oh nein«, sagt sie mit weinerlicher Stimme, »hoffentlich schafft sie es.«

Ungefähr zehn Minuten später steht fest, dass sie es nicht schafft. Die Aufregung wegen der plötzlichen Herzattacke der alten Dame, die sie betreut, war zu viel für sie. Jetzt will ihr eigenes Herz, trotz aller Bemühungen unsererseits, trotz zahlreicher Elektroschocks und eines ganzen Arsenals stimulierender Medikamente, nicht selbstständig wieder seinen Rhythmus aufnehmen. Wir müssen kapitulieren und es tut uns leid. Denn diese Frau hätte es wirklich verdient zu leben. Sie hat sich, trotz ihres hohen Alters, dem Dienst am Nächsten verschrieben. Sie hat ihre ganze Kraft und Energie aufgewendet, um das Leben der von ihr betreuten Person zu retten, und hat dafür letztendlich selbst mit ihrem eigenen Leben bezahlt.

Zurück an der Feuerwache ist diese, bis auf einen einzigen Rettungswagen, leer. Wie uns die beiden Kollegen berichten, sind alle Fahrzeuge des Löschzuges seit Beginn des Gewitters im Einsatz. Allerdings bekämpfen die Jungs kein Feuer. Vollgelaufene Keller, umgestürzte Bäume, abgesoffene Pkw in Unterführungen. Es herrscht Ausnahmezustand und wir gönnen es ihnen. Warum sollen nur wir uns an einem solchen Tag den Arsch aufreißen? Zum wiederholten Male wechseln wir unsere Einsatzbekleidung. Vielleicht ist es das letzte Mal für heute, denn der Regen hat allmählich nachgelassen. Die Luft hat sich erheblich abgekühlt, es ist längst nicht mehr so schwül wie vorher und der Wind ist angenehm. Wir öffnen alle Tore der Fahrzeughallen, sowohl die zur Straße als auch die zum Hof, und sorgen für kräftigen Durchzug. Und während wir uns noch eine Zigarette anzünden, kommt schon ein neuer Einsatz für den anderen Rettungswagen. Keine zehn Minuten später sind wir selbst wieder unterwegs.

19

OHNE EIN WORT

Freitagmorgen, kurz vor halb acht. Die komplette Wachabteilung findet sich im Flur vor dem Telegrafenzimmer ein und nimmt nebeneinander Aufstellung für die obligatorische Diensteinteilung. Die Reihenfolge ist genau festgelegt. Den Anfang machen die »Blauen«, die Jungs vom Löschzug. Auf der linken Seite die Besatzung des Tanklöschfahrzeuges. Daneben reihen sich zwei Mann für die Drehleiter ein, gefolgt von den Kollegen, die das Löschgruppenfahrzeug und den Rüstwagen besetzen. Sechzehn Mann beträgt die vorgegebene Zugstärke. Diese Zahl wird jedoch selten erreicht. Alle Wachen sind seit Jahren chronisch unterbesetzt. Es fehlt an geeignetem Nachwuchs. Heute sind wir immerhin zwölf, das ist gar nicht so schlecht.

Ganz rechts, am Ende der Reihe, stehen die »Weißen«, die Rettungswagenbesatzungen. Und zu denen gehöre diesmal auch wieder ich. Drei fest besetzte Rettungswagen sind an unserer Wache stationiert. Anton, Berta und Cäsar. Ich bin für drei Wochen als Einsatzleiter auf dem Cäsar eingeteilt. Ein vierter Rettungswagen, Dora, wird bei Bedarf von zwei Kollegen des Zuges besetzt, sodass dann dessen Stärke um weitere zwei Mann abnimmt. Dies passiert in einer Vierundzwanzig-Stunden-Schicht wie heute an einer stark frequentierten Wache wie der unseren durchschnittlich fünf- bis zehnmal.

Eine absolut unbefriedigende Situation, die dazu führt, dass dann dasselbe Arbeitspensum an der Wache mit weniger »Blauen« absolviert werden muss. Und im Falle eines nachfolgenden Zugeinsatzes werden logischerweise auch mehr Kräfte von anderen Feuerwachen an der Einsatzstelle benötigt, um die vorgegebene Personalstärke und somit den Schutz der Bürgerinnen und Bürger dieser Stadt zu gewährleisten. Bei mehreren gleichzeitigen Einsätzen im Stadtgebiet oder bei einem Großschadensereignis schon ein echtes Problem. Feuerwehrleute sind halt Mangelware.

Exakt um sieben Uhr dreißig erscheint unser Zugführer. In seinen Händen hält er die kleine Magnettafel mit den darauf befindlichen und je nach Dienstgrad farblich unterschiedlichen Namensschildchen aller Kollegen der Wachabteilung. Die hat er vor Dienstbeginn neben den jeweils vorgesehenen Funktionen platziert. »Guten Morgen, Männer«, begrüßt er uns und bekommt als Resonanz darauf ein vielstimmiges, langgezogenes »Moooorgen« zurück. Dann beginnt er damit, die Funktionseinteilung des heutigen Tages vorzulesen. Der Staffelführer des TLF wird als Erster aufgerufen, dann der Maschinist, danach die beiden Kollegen vom 1. Angriffstrupp und so weiter. Nach jedem Namen erhält er ein kurzes und knappes »Hier!« oder »Ja!« als Bestätigung für die Anwesenheit des jeweiligen Kollegen.

Gerade will er die DL-Besatzung aufrufen, als ein eingehender Alarm ihn daran hindert. Einsatz für den Rettungswagen Cäsar. Während mein Partner, ein junger engagierter Brandmeister, sich auf den Weg macht in Richtung Rettungswagenremise, gehe ich ins Telegrafenzimmer und hole zunächst die Einsatzdepesche aus dem Drucker, bevor ich ihm folge. Schnell überfliege ich das Stück Papier mit meinen Augen und lese, dass es sich um einen Fenstersturz handeln soll und dass der Rettungshubschrauber der Bundeswehr involviert ist. Na super. Der erste Einsatz dieser Schicht und dann gleich so etwas. »Lasst uns was vom Frühstück übrig«, rufe ich den Kollegen im Vorbeilaufen noch schnell zu, dann bin ich weg.

Mein Partner hat das Remisen-Tor bereits geöffnet und wartet bei laufendem Motor im Rettungswagen auf mich. Als ich einsteige, sehe ich sofort den halben Schokoriegel in seiner Hand. Die andere Hälfte ist bereits in seinem Mund verschwunden und wird genüsslich durchgekaut. Es ist unglaublich. Der Kerl frisst wie ein Bär, stopft sich neben den offiziellen Wachmahlzeiten von morgens bis abends das süße Zeugs rein und ist trotzdem schlank. Eine Tatsache, die ihm im Kollegenkreis sehr schnell den Beinamen »Biss und Schiss« eingebracht hat. »Schmeckt's?«, frage ich ihn neidisch, was ihn zu einem heftigen Nicken veranlasst. Ich sage ihm, wo wir hinmüssen, und nur Sekunden später fahren wir aus der Wache hinaus und mischen den morgendlichen Berufsverkehr auf.

Die Sonne steht schon recht hoch und sie blendet uns gewaltig, deshalb ist der Griff nach den Sonnenblenden eine reine Reflexbewegung. »Das geht ja gut los heute«, meint mein kauender Kollege, als ich ihm die Depesche vorlese. Dann greift er in seine Brusttasche und zieht zwei weitere Schokoriegel heraus. Einen davon reicht er mir. »Hier«, sagt er, »so ein Einsatz ist nichts für einen nüchternen Magen.« Und damit könnte er durchaus recht behalten. Leute, die aus dem Fenster fallen, sehen meistens nicht mehr so gut aus. »Was meinst du, können wir den Hubschrauber abhängen?«, stachle ich ihn an. Eine Antwort bekomme ich nicht, nur ein breites Grinsen und ein durchgetretenes Gaspedal. Für so was ist er immer zu haben und ich weiß, dass ich mir keine Gedanken um unsere Sicherheit oder um die der anderen Verkehrsteilnehmer machen muss, wenn ich ihn zu so etwas animiere. Er ist ein exzellenter Fahrer, der seine Grenzen genau kennt.

Das Martinshorn auf Dauerton geschaltet, fahren wir auf der linken Spur und ziehen an den anderen vorbei. Die meisten Autofahrer ordnen sich sofort rechts ein, wenn sie uns bemerken, und lassen uns passieren. Aber eben nicht alle. Obwohl unser akustisches Warnsignal eigentlich nicht zu überhören ist, gibt es immer einige, die uns nicht wahrnehmen. Oftmals sind es diejenigen, die ihre Musikanlage so weit aufgedreht haben, dass das Wummern der Bässe im Innern ihres Wagens alle von außen herangetragenen Geräusche mühelos unterdrückt. Und so einen Kandidaten haben wir wohl auch jetzt wieder vor uns. Wir fahren direkt hinter einem schwarzen VW Golf mit getönten Heckscheiben. Jeder aufmerksame Autofahrer würde die Lichthupe bemerken, die mein Kollege permanent betätigt. Aber einige Leute haben ihren Innenspiegel halt nur zum Schminken.

Glücklicherweise kommen wir an eine Kreuzung und die Lichtzeichenanlage dort schaltet für unsere Fahrtrichtung auf Rot um. Unser Golf wird abgebremst und rollt langsam vor bis an die Haltelinie. Während mein Partner den RTW nun nach links auf die Gegenfahrbahn zieht und sich vorsichtig in den Kreuzungsbereich hineintastet, lasse ich die Scheibe meines Seitenfensters herunter. Als wir auf einer Höhe mit dem schwarzen Golf sind, schaue ich nach rechts und sehe einen jungen Typen mit Sonnenbrille, dessen Kopf im Takt der hämmernden Mucke vor und zurück wippt. Plötzlich bemerkt er uns und blickt ziemlich irritiert zu mir herüber. Mit einer tiefen Verbeugung und einer unterwürfigen Handbewegung bedanke ich mich bei ihm für seine Kooperation.

Auf dem weiteren Weg zu unserer Einsatzstelle gibt es, mal abgesehen von einer Frau, die vor Schreck den Motor ihres Wagens abwürgt, als sie uns kommen sieht, keine nennenswerten Ereignisse. Deshalb gelangen wir dann doch noch ziemlich flott an unser Ziel. Der Hubschrauber allerdings auch. Schon von Weitem erkennen wir die rote Fahne der Rauchpatrone, die von der Polizei gezündet wurde und welche die Landezone markiert. Sie schraubt sich nach oben in den wolkenlosen blauen Morgenhimmel hinein. Mein Kollege gibt noch einmal alles, holt das Letzte aus unserem Dieselgefährt heraus. Aber wird es reichen?

Als wir fast da sind, hören wir über uns ein Geräusch wie von einem riesigen Teppichklopfer. Die rote Rauchfahne wird erfasst von mächtigen Rotorblättern, wird jäh verwirbelt und vermischt sich mit aufgewirbelten Blättern, Sand und anderem Dreck. Und dann setzt er auch schon auf, der SAR 71, der olivgrüne Rettungshubschrauber der Bundeswehr. Etwa hundertfünfzig Meter vor uns. Auf dem Scheitelpunkt einer Straßenbrücke, in einem von mehreren Einsatzfahrzeugen der Polizei abgeriegelten Bereich. Die Jungs sind immer verdammt schnell. Aber noch ist nichts verloren. Denn die Einsatzstelle befindet sich in einer Parallelstraße unterhalb der Brücke und dorthin muss die Polizei das Hubschrauberteam mit einem ihrer Streifenwagen erst einmal hinbringen. Das schaffen die nicht vor uns.

»Wir haben sie. Gut gemacht«, lobe ich meinen Partner. »Hast du was anderes erwartet?«, fragt er mich und setzt wieder sein typisches Grinsen auf, während er die Hauptstraße über die Abfahrtsrampe verlässt. Wir fahren unter der Brücke hindurch auf die andere Seite und biegen dann mit laufendem Martinshorn scharf nach rechts in eine Einbahnstraße ein. Entgegen der Fahrtrichtung. Ein Pkw, der uns hier entgegenkommt, muss anhalten und zurücksetzen. Glücklicherweise ist hinter ihm kein weiteres Fahrzeug, denn sonst hätten wir jetzt ein Problem.

Wir stoppen neben einer großen Toreinfahrt, welche die ansonsten geschlossene Häuserzeile zu unserer Linken unterbricht. Es ist die offizielle Feuerwehrzufahrt, gekennzeichnet durch ein entsprechendes Schild und versperrt durch zwei Pfosten. Neben der Zufahrt ist in Kopfhöhe an der hellen Klinkerfassade eine Leuchte angebracht, auf deren Glaskuppel mit schwarzer Folie die Hausnummern 2 – 12 aufgeklebt sind. Unter den Hausnummern weist ein abknickender schwarzer Pfeil darauf hin, dass sich die Hauseingänge auf der Gebäuderückseite befinden. Ich werfe zur Sicherheit noch einmal einen Blick auf die Einsatzdepesche und stelle fest, dass wir hier richtig sind.

Um mit dem Rettungswagen nach hinten fahren zu können, müssten wir zunächst einmal die Pfosten aufschließen und entfernen. Einen Schlüssel dafür haben wir, aber es würde zu viel kostbare Zeit verstreichen. Zeit, die wir nicht haben. Damit jetzt keine Missverständnisse aufkommen, das Ganze hat nichts damit zu tun, dass uns die Hubschrauberbesatzung vielleicht doch noch einholen könnte. Nein, wir müssen uns jetzt einfach so schnell wie möglich um die verletzte Person kümmern.

Als wir aussteigen, sehen wir in der Ferne Blaulichter aufblitzen. Von der anderen Seite und natürlich in richtiger Fahrtrichtung, nähert sich der Streifenwagen mit dem Notarzt und dem Rettungsteam. Pech für den Pkw-Fahrer vor uns, denn in Kürze wird sein Fahrzeug hoffnungslos eingekeilt sein. Schnell sind die Untersuchungshandschuhe übergestreift, dann stürmen wir, ausgerüstet mit Reanimationsequipment und Notfalltasche, durch die Einfahrt zur rückwärtigen Seite der Häuserfront.

Hinter dem Haus offenbart sich uns eine große Rasenfläche, zum Gebäude hin abgegrenzt durch eine etwa halbmeterhohe Mauer, welche in Material und Farbe der Hausfassade angepasst ist und die im Bereich der Toreinfahrt unterbrochen ist. Hinter dieser Mauer, auf dem Rasen und durch Gittersteine befestigt, verläuft links und rechts die sogenannte Feuerwehrumfahrt, die es einer Drehleiter im Brandfall ermöglicht, von dort aus zu agieren. Und vor der Mauer, direkt am Haus entlang, verbindet zu beiden Seiten ein etwa zwei Meter breiter Weg aus Natursteinen die einzelnen Hauseingänge miteinander. Hier hinten ist es kühler als vorn an der Straße, denn die Häuser blocken die Morgensonne ab und werfen einen mächtigen Schatten, der bis weit auf die Rasenfläche hinaus reicht.

Wir müssen nach links, da besteht kein Zweifel. Denn dort steht, etwa zwanzig Meter entfernt, ein Pulk von Leuten, die, als sie uns erblicken, wild zu winken beginnen. »Hier!« – »Hierher!« – »Kommen Sie schnell!« rufen alle aufgeregt durcheinander. Das dies nichts Gutes bedeutet, ist uns klar. Aber eigentlich haben wir das bei so einem Einsatz auch nicht anders erwartet. Wir laufen also hin und werden dabei von mehreren neugierigen Hausbewohnern beobachtet. Ich sehe sie aus dem Augenwinkel heraus. Sie stehen hinter den Fenstern oder auf den Balkonen und recken ihre Hälse.

Als wir den Pulk der Wartenden erreichen, treten alle zur Seite, um uns Platz zu machen. »Ich habe Sie gerufen«, sagt ein Mann, der etwas blass aussieht. Seine Stimme zittert. »Ich wollte gerade zur Arbeit gehen, war noch in der Haustür, als ich einen dumpfen Knall hörte. Und dann hab ich ihn gesehen.« Er zeigt auf einen alten Mann, dessen nach oben gebogener Körper an der kleinen

Mauer lehnt, als wolle er diese stützen. Sein Kopf, den nur noch ein schmaler weißer Haarkranz ziert, liegt auf der Mauerkante und wurde durch die Wucht des Aufpralls unterhalb der Nase in zwei Teile gespalten. Es sieht so aus, als würde ein überdimensional großer Mund versuchen, ein Stück aus dieser Mauer herauszubeißen. Blut tropft von seinem Kopf auf das Pflaster des Weges, ist dort zu einer größeren Lache zusammengelaufen.

Wir erkennen sofort, dass hier jede Hilfe zu spät kommt. Aber natürlich müssen wir uns vergewissern. Ich versuche deshalb, an seiner Halsschlagader den Puls zu ertasten. Natürlich ohne Erfolg. Da ist gar nichts mehr. Mein Partner schaut mich an und ich schüttele nur den Kopf, woraufhin im Kreis der Umstehenden eine junge Frau in Tränen ausbricht. »Oh nein«, schluchzt sie. »Die arme Frau Schmidt. Wie wird sie das bloß verkraften? Sie ist doch selbst so krank.« Eine Bemerkung, die uns sofort aufhorchen lässt. Denn womöglich haben wir hier gleich noch eine zweite Patientin.

Bei weiterer Betrachtung des Opfers fällt uns auf, dass der Mann gar keine Schuhe trägt. Er ist barfuß. Es liegen auch nirgendwo Schuhe herum, was eigentlich recht untypisch ist. Dafür ist die abnorme Stellung einiger Extremitäten wiederum sehr typisch und deutet auf einen Sturz aus großer Höhe hin. Dies lässt auf zahlreiche weitere schwere Knochenbrüche schließen und aufgrund des Unfallhergangs ist auch ziemlich sicher, dass diverse innere Organe erheblich verletzt wurden. Mit anderen Worten: Das war's dann wohl.

So sehen es auch die Kameraden der Bundeswehr, die, schwer bepackt mit ihren Notfallkoffern und in Begleitung zweier Polizisten, nun ebenfalls am Ort des Geschehens eintreffen. Ein Stabsarzt, ein Sanitätshauptfeldwebel und ein Sanitätsunteroffizier. Auch ihnen genügt ein einziger Blick auf das Opfer, um zu der Erkenntnis zu gelangen, dass nichts und niemand auf der Welt diesen Menschen ins Leben zurückholen könnte. Natürlich soll ein EKG gemacht werden. Das ist obligatorisch und wird endgültige Klarheit bringen. Hierfür muss der Mann allerdings hingelegt und sein Oberkörper entblößt werden. Eine Maßnahme, die besser nicht mehr unter den Blicken der anwesenden Passanten durchgeführt wird. Deren Psyche, die durch den Anblick der schlimmen Kopfverletzung wahrscheinlich sowieso schon angekratzt ist, sollte nicht weiter strapaziert werden.

Also bittet der Arzt die beiden Polizisten, die Leute vom Unfallort wegzuführen, was einer von denen auch postwendend erledigt. Sein Kollege bleibt bei uns. Und ich schicke meinen Partner zum Rettungswagen, damit er die Trage und ein paar Laken zum Abdecken holt. Denn wenn wir hier fertig sind, werden wir den guten Mann hier mit an Sicherheit grenzender Wahrscheinlichkeit in die Gerichtsmedizin überführen müssen. Es sei denn, die Polizei vermutet ein Verbrechen, was ich für unwahrscheinlich halte.

»Es gibt eine Frau zu dem Mann«, teile ich dem Arzt mit. »Die ist vermutlich noch in ihrer Wohnung und sie soll krank sein. Wir müssen uns um sie kümmern.« Der Arzt nickt. »Okay, machen wir gleich«, sagt er. Und an den Polizisten gewandt: »Könnten Sie vielleicht schon mal nach oben gehen und nachsehen, was da los ist?« – »Natürlich. Haben wir denn schon einen Namen?«, fragt er. »Schmidt«, antworte ich ihm, woraufhin der Ordnungshüter im Hauseingang hinter uns verschwindet. Ich nehme die Kleiderschere aus unserer Notfalltasche und dann bringen der Unteroffizier und ich den Mann in die Waagerechte. Durch die vielen Knochenbrüche ist dessen Körper überaus geschmeidig. Wir haben das Gefühl, als würden wir eine Gummipuppe bewegen. Ein nicht gerade sehr angenehmes Gefühl.

Als der gespaltene Kopf auf den Steinplatten ruht, schließt sich die klaffende Wunde ein Stück, sie wird schmaler. Der Eindruck eines überdimensionalen Mundes aber bleibt bestehen. Der eigentliche Ober- und Unterkiefer, beide befinden sich unterhalb dieses »Mundes«, sind kaum noch auseinanderzuhalten. Sie bilden eine Einheit, aus der einzelne Zähne, Zahnwurzeln und Teile einer Zahnprothese herausragen. Mit meiner Schere trenne ich das blutgetränkte Hemd auf, damit die Klebeelektroden für das EKG auf dem Brustkorb des Mannes platziert werden können. Doch dieser Brustkorb ist ebenfalls dermaßen blutverschmiert, dass die Elektroden so nicht darauf haften würden. Wir müssen ihn mit Zellstoff erst einmal trocken reiben.

Wenig später bestätigt dann das EKG mit einer absoluten Nulllinie unsere Vermutung. Der alte Herr hat sich ins Jenseits verabschiedet. Daraufhin packt das Hubschrauberteam seine Sachen zusammen und geht nun ebenfalls ins Haus, um sich um die Frau des Opfers zu kümmern. Und ich warte auf meinen Partner. Er hat die Sperrpfosten entfernt und unseren RTW rückwärts durch die Toreinfahrt direkt bis an den Natursteinweg herangefahren, was der eingekeilte Pkw-Fahrer vorne auf der Straße sicherlich sehr zu schätzen weiß. Ich allerdings auch. Dadurch verkürzt sich nämlich die Strecke, auf welcher der Tote von uns getragen werden muss, um ein ganz beachtliches Stück. Mein Kollege kommt mit der Trage und, ich kann es nicht fassen, er kaut schon wieder. Ein paar Minuten später liegt die Leiche in unserem Wagen und nur das angetrocknete Blut an der Mauer und auf den Pflastersteinen neben dem Hauseingang erinnert noch daran, dass hier ein Mensch auf so schreckliche Art und Weise ums Leben kam.

Die Frau des alten Herrn finden wir in ihrer Wohnung im vierten Stock. Sofort, als wir diese betreten, fällt uns die altmodische, aber sehr hübsche Einrichtung auf. Überall dicke Teppiche, schwere Eichenmöbel, geschwungene Messingleuchter, Vitrinen voller Porzellan und jede Menge gerahmte Familienfotos an den Wänden. Die Liebe zum Detail ist unverkennbar. Es liegt auch nirgends etwas herum. Alles ist aufgeräumt, extrem sauber und angenehm geruchsneutral. Die Frau sitzt, nur mit einem Nachthemd bekleidet, in sich zusammengesunken in einem Sessel im Wohnzimmer und wird von den Sanitätssoldaten betreut. Sie ist klein und zierlich und sie weint herzzerreißend. Ich schätze ihr Alter auf Mitte siebzig.

Neben ihr hockt der Arzt. Er schickt sich an, ihr eine Injektion zu verabreichen. Vermutlich bekommt sie ein Beruhigungsmittel.

Auch die Streifenwagenbesatzung ist wieder komplett. Einer der beiden telefoniert, der andere winkt uns zu sich. »Kommt mal mit. Das müsst ihr euch ansehen«, flüstert er und führt uns zu der geöffneten Balkontür. Auf dem Balkon erblicken wir einen kleinen Tisch, der bereits liebevoll für ein gemeinsames Frühstück eingedeckt wurde. Auf einem bestickten weißen Tischtuch stehen neben dem üblichen Geschirr auch ein Korb mit Früchten sowie eine kleine Vase mit einem Strauß Sommerblumen. Der Tisch wird flankiert von zwei Gartenstühlen, gepolstert mit bunten Auflagen. Direkt gegenüber der Balkontür aber, da steht vor der Brüstung eine kleine dreistufige Küchenleiter. Und neben dieser Leiter, sauber und ordentlich abgestellt, sehen wir einen Einkaufsbeutel und ein Paar Pantoffel. Auf all das zeigt der Polizist und schüttelt mit dem Kopf.

»Ist das nicht tragisch?«, raunt er uns zu. »Eigentlich wollten sie frühstücken, sagt seine Frau. Ihr Mann war schon beim Bäcker. Das macht er jeden Morgen, seit sie vor fünf Jahren einen Schlaganfall hatte. Immer um sieben, wenn der Laden aufmacht, holt er dort drei Brötchen und eine Zeitung. Sie meint, dass sie heute Morgen wohl noch im Bad war, als er zurückkam. Jedenfalls hat sie seine Rückkehr nicht bemerkt. Erst hat sie in der Küche auf ihn gewartet, weil er ihr dort immer beim Anziehen hilft. Nach einer halben Stunde hat sie sich dann Sorgen gemacht. Sie hat die Wohnung abgesucht und die Leiter und seine Sachen auf dem Balkon entdeckt. Und dann habe ich auch schon bei ihr geklingelt.«

Eine traurige Geschichte, die nicht nur bei meinem jungen Kollegen Betroffenheit auslöst. Nein, trotz einer gewissen Kaltschnäuzigkeit, die ich mir im Verlauf meiner Dienstzeit angeeignet habe und die jeder Feuerwehrmann braucht, um seinen Job zu erfüllen, berühren derartige Umstände auch mich immer wieder. »Gibt es Angehörige?«, will ich wissen. »Einen Sohn. Mein Kollege spricht gerade mit ihm. Mal sehen, ob er kommen kann.« »Tja, dann wollen wir uns mal beeilen, dass wir hier verschwinden«, meine ich zu meinem Partner. »Nicht, dass der seinen Vater noch mal sehen möchte. Das können wir ihm nicht zumuten.« Da es vonseiten der Polizei keine Einwände gibt, dränge ich den Arzt, die vorläufige Todesbescheinigung zügig auszustellen, was er auch macht. Danach lassen wir die beiden Ordnungshüter mit der armen Frau in der Wohnung zurück und machen uns schleunigst auf den Weg in das Institut für Rechtsmedizin. Auf dem Weg dorthin sinnieren wir über ein mögliches Motiv.

Was mag den alten Herrn bloß dazu bewogen haben, ohne ein Wort des Abschieds seinem Leben so ein jähes Ende zu bereiten? Der Mann geht zum Bäcker und kauft ein. Dann kommt er nach Hause und springt vom Balkon. Das muss man sich mal vorstellen. War es eine Kurzschlusshandlung oder vielleicht doch ein lange geplanter Schritt? Für uns jedenfalls ist es zu diesem Zeitpunkt ein echtes Rätsel.

20

MADE IN HAMBURG

Bei der Feuerwehr gibt es für fast jede erdenkliche Schadensart eine Kurzbezeichnung. Und da es wirklich sehr viele Schadensarten gibt, gibt es folglich auch sehr viele Kurzbezeichnungen. Was immer auch passiert, das Ereignis erreicht in der Regel als Buchstabenkürzel, ausgedruckt auf der Einsatzdepesche, die zuständige Feuer- und Rettungswache. Dort muss dann der jeweilige Einsatzleiter in der Lage sein, dieses Kürzel richtig zu interpretieren. Es gibt Abkürzungen, die sehr geläufig sind, weil die entsprechende Schadensart sehr häufig vorkommt, und andere, die so selten sind, dass man nachlesen muss, was sie bedeuten.

Eines der geläufigeren Kürzel ist »TIER« und es besagt, dass es sich um einen Einsatz handelt, der in irgendeiner Art und Weise mit Tieren zu tun hat. Meist befinden sich diese dann in einer Notlage, welche in einem kurzen Zusatz auf der Depesche erläutert wird. Eine Katze, die einen Baum erklommen hat und angeblich nicht wieder herunterkommt. Möwen, die auf dem Eis angefroren sind, oder ein Schwan, der sich in einer Angelschnur verfangen hat. Manchmal sind es auch Entenküken, die aus irgendeinem tieferen Wasserloch »gerettet« werden müssen, oder ein Dackel, der zu tief in einen Kaninchenbau vorgedrungen ist. Viele dieser Einsätze tragen zur allgemeinen Belustigung bei. In erster Linie bei den oft zahlreich anwesenden Schaulustigen, manchmal aber auch bei den beteiligten Feuerwehrleuten selbst. Doch es kann auch ganz anders kommen.

In einer schwülwarmen Sommernacht rückt das HLF unserer Wache zu eben einem solchen Einsatz mit der Kurzbezeichnung »TIER« aus. Aber was diesmal als Zusatz auf der Depesche zu lesen ist, sorgt augenblicklich bei der gesamten Fahrzeugbesatzung für

Verunsicherung und ratloses Kopfschütteln: »Maden auf Markt-platz«. Wir fragen uns natürlich, was das soll. Wir sind doch keine Kammerjäger. Sind die Kollegen in der Einsatzzentrale jetzt total übergeschnappt? Nein, sind sie nicht. Und das merken wir, als wir ein paar Minuten später den Ort des Geschehens inspizieren.

Zunächst ist bei unserer Ankunft nichts Außergewöhnliches fest-zustellen. Vor uns liegt ein großer dunkler Platz, eingerahmt von schmalen Straßen, hinter denen sich mehrgeschossige Mietshäuser in den Nachthimmel erheben. Aber als wir ihn betreten und ihn Stück für Stück mit unseren Handlampen ausleuchten, glauben wir plötzlich, unseren Augen nicht zu trauen. Etwa ab der Mitte des Platzes bedeckt eine durchgehende weiße Schicht den bis dahin dunklen Asphaltboden. Maden. Nicht ein paar Hundert, nicht ein paar Tausend, nein, es müssen Millionen von weißen, etwa einen Zentimeter langen Schmeißfliegenmaden sein. Sie kriechen uns mit schnellen, zappelnden Bewegungen entgegen. Der gesamte Boden scheint in Bewegung.

Die Quelle der »Invasion« ist schnell ausgemacht. Es ist ein gro-ßer gelber Abfall-Container, der am Rande des Platzes steht und in den die Händler an den Markttagen neben Kartons und Kisten auch alles hineinwerfen, was sich nicht mehr verkaufen lässt: faules Obst und Gemüse sowie jede Menge Fisch- und Fleischabfälle. Er ist so voll, dass einige der Klappen, welche eigentlich die Einwurf-Öffnungen verschließen sollen, hierzu nicht mehr in der Lage sind, weil sie auf den herausragenden Abfällen aufliegen. Warum dieser randvolle Container mit seinen geschätzten sieben Kubikmetern Fassungsvermögen, der wahrscheinlich schon seit mindestens einer Woche hier steht und der Sommerhitze ausgesetzt ist, nicht abge-holt wurde, wissen wir nicht. Fakt ist aber, dass ein unglaublicher Gestank von ihm ausgeht. Gestank, der besagte Fliegen in Scharen angelockt und zur Eiablage animiert hat.

Das Resultat quillt nun als ein nicht enden wollender weißer Strom aus den Einwurf-Öffnungen, bedeckt den satteldachförmi-

gen oberen Teil des Behälters und ergießt sich an seinen Seiten-
wänden hinab auf den Asphalt, von wo aus er sich sternförmig in
alle Himmelsrichtungen bewegt. Nicht nur große Teile des Platzes
sind betroffen, auch die hier angrenzende Straße samt Bürgersteig
ist auf breiter Front unter einer weißen, zuckenden Masse begraben.
Und deren Vorhut hat bereits die ersten Hauseingänge erreicht. Die
Viecher sind zwar nicht gefährlich und keine wirkliche Bedrohung
für die Anwohner, aber sie sind eklig und wir können nachvollziehen, dass ihr massenhaftes Auftreten bei den Leuten ein gewisses
Unbehagen ausgelöst hat. Uns geht es nämlich ebenso. Insofern ist
unsere Anwesenheit durchaus gerechtfertigt, denn mit so etwas
wie dem hier ist der Normalbürger überfordert. Und weil wir es
hier aller Wahrscheinlichkeit nach auch noch mit einer Ordnungs-
widrigkeit zu tun haben, fordert unser Fahrzeugführer jetzt zusätzlich die Polizei an. Die soll die Firma ausfindig machen, die für die
Abholung des Containers zuständig ist. Denn eines ist klar: Nicht
nur die Krabbeltierchen selbst, sondern auch ihr stinkender Brut-
behälter müssen hier schleunigst verschwinden.

Unser Maschinist fährt deshalb das HLF neben den Container
und wir machen uns augenblicklich an die Arbeit. Ein Kollege zieht
den Schnellangriffsschlauch heraus und spült mit dem Wasser aus
dem Löschtank zunächst den Abfallbehälter selbst ab. Danach lenkt
er den Strahl auf den Boden und schwemmt den weißen Madenteppich in Richtung des nächstgelegenen Regeneinlaufes. Wir ziehen uns Gummistiefel an und unterstützen ihn nach Leibeskräften,
indem wir mit Schiebern und Besen dafür sorgen, dass die Tierchen
dort so schnell wie möglich ankommen.

Das permanente Geräusch der Feuerlöschkreiselpumpe lockt
einige Anwohner aus ihren Häusern. Sie kommen zu uns herüber
und schauen angewidert zu, wie die Maden, einer Flutwelle gleich,
über die Straße und den Marktplatz schwappen und nach und nach
in den Regeneinläufen verschwinden. »Made in Hamburg!«, ruft
ihnen der Fahrzeugführer zu, wobei er die Worte nicht englisch,

sondern deutsch ausspricht. Und obwohl es natürlich scherzhaft gemeint ist, bringt er damit das hiesige Problem genau auf den Punkt.

Nach etwa zehn Minuten ist die Reichweite des S-Rohres erschöpft, die gesamten dreißig Meter des formfesten Schlauches sind abgespult. Ein Großteil der weißen »Invasion« befindet sich zu diesem Zeitpunkt zwar schon in der Kanalisation und ist auf dem Weg in Richtung Elbe, doch viele der schlüpfrigen kleinen Tierchen sind für den Wasserstrahl von hier aus nicht mehr erreichbar. Das Fahrzeug muss deshalb versetzt werden. Außerdem geht unser Wasservorrat zur Neige, die Anzeige im Schauglas pendelt zwischen zweihundert und dreihundert Litern. Das wird niemals reichen, um die restlichen Viecher fortzuspülen. Also rollen wir den Schlauch zusammen, suchen uns einen Hydranten und füllen den Wassertank auf.

Während wir das tun, trifft die Polizei ein, wird vom Fahrzeugführer über den derzeitigen Sachstand informiert und beginnt daraufhin sofort mit ihren Ermittlungen bezüglich der Containerfirma. Mit Erfolg, wie sich bald herausstellt. Doch leider ist in dieser Firma heute Nacht niemand erreichbar. Ungeachtet dessen spülen wir erst einmal weiter. Und gegen tausendsechshundert Liter frisches kaltes Wasser aus dem Hamburger Versorgungsnetz hat der Rest der Fliegenbrut nun keine Chance mehr. Wir versenken sie gnadenlos in den Gullys. Was bleibt, ist der Container. Der steht nach wie vor am Rand des Markplatzes und ist größtenteils schon wieder von Maden bedeckt. Wenn der hier nicht schnellstens verschwindet, wird sich das Spielchen in Kürze wiederholen. Weil die Polizei aber keine Möglichkeit sieht, die Firma vor morgen früh zu erreichen, wird ein Wechsellader der Technik- und Umweltwache angefordert. Der soll das Teil auf den Haken nehmen und in eine der Hamburger Müllverbrennungsanlagen befördern.

Eine halbe Stunde später ist das Problem behoben und abgesehen von ein paar verirrten Maden, die noch auf dem nassen Asphalt umherzappeln, sieht der Platz jetzt wieder wie ein ganz normaler

Marktplatz aus. Der Containerfirma wird in Kürze wohl eine saftige Rechnung ins Haus flattern. Aber das ist nicht mehr unser Problem. Für uns ist dieser ganz und gar nicht alltägliche Einsatz hiermit beendet.

21

EIN MENSCHLICHES PUZZLE

In unserer Stadt sorgen ein umfangreiches Netz aus Feuer- und Rettungswachen, die mit hauptamtlichen Berufsfeuerwehrleuten besetzt sind, eine Technik- und Umweltwache sowie an die hundert Freiwillige Feuerwehren für ein Höchstmaß an Sicherheit. Selbst am Stadtrand oder in den ländlichen Bereichen ist eine schnelle Erreichbarkeit der Bürgerinnen und Bürger, sollten diese dort verunfallen oder erkranken, gewährleistet. Dies garantieren ihnen dort zum einen speziell ausgebildete und ausgerüstete Kräfte der Freiwilligen Feuerwehr, sogenannte Erstversorgungswehren. Oder aber es kommt Hilfe von einer Rettungswagen-Außenstelle. Das sind kleine Rettungswachen, in denen meist nur ein Rettungswagen stationiert ist, besetzt mit einem Rettungsassistenten und einem Rettungssanitäter der Berufsfeuerwehr.

So eine Außenstelle gehört auch zu unserer Wache. Sie ist allerdings sehr weit davon entfernt, befindet sich in einem ganz anderen Stadtteil und somit auch im Wachrevier einer anderen Feuer- und Rettungswache. Ein Konzept, welches durchaus Sinn macht, auch wenn dies für einen Außenstehenden vielleicht nicht sofort erkennbar ist. Das Einsatzaufkommen ist nämlich nicht gleichmäßig über das gesamte Stadtgebiet verteilt. Es gibt Wachen, die weniger stark frequentiert werden als andere. Um eine möglichst gerechte Belastung aller Kolleginnen und Kollegen zu erreichen, werden Außenstellen in Wachrevieren mit hohen Einsatzzahlen durch Personal von Wachen besetzt, an denen sich die Anzahl der Einsätze in Grenzen hält. Dadurch wird das Personal der eigentlich zuständigen Wachen entlastet.

Diesmal bin ich an der Reihe. Für drei Wochen besetze ich, gemeinsam mit einem jungen Kollegen, einen Rettungswagen im

Osten unserer Stadt. Das Revier hat es in sich. Es ist sehr weitläufig, erstreckt sich über sechs Ortsteile und verläuft durch zwei Wachreviere. Und es berührt die Zuständigkeitsbereiche von nicht weniger als sieben Freiwilligen Feuerwehren, was seine Größe noch einmal eindrucksvoll deutlich macht. Zudem ist dieses Gebiet auch sehr dicht besiedelt. Überwiegend handelt es sich dabei um Menschen, die in mehrgeschossigen Wohnblocks leben. Es gibt aber auch Ein- und Zweifamilienhäuser. Industrie- und Gewerbeflächen hingegen sind die Ausnahme. Eine Fernbahntrasse verläuft, am Rande eines kleinen Naturschutzgebietes, ebenfalls durch dieses Revier. Das Publikum, mit dem wir es hier zu tun haben, ist sehr gemischt. Alle Schichten sind vertreten. Dies kann einerseits sehr abwechslungsreich sein, erfordert andererseits aber oftmals auch ein gewisses Fingerspitzengefühl. Was unsere Station betrifft, die ist in das Gebäude der für diesen Ortsteil zuständigen Freiwilligen Feuerwehr integriert. Allerdings sind die Bereiche räumlich voneinander abgetrennt. Wir arbeiten sozusagen Tür an Tür mit den Kameradinnen und Kameraden. So viel also zu den örtlichen Begebenheiten.

Es ist windig und es nieselt, als wir vom Krankenhaus zurück sind. Einer dieser nasskalten Herbsttage, an denen ich die Leute beneide, die einen Büro-Job haben. In Windeseile öffne ich meinem Kollegen das Hallentor, husche in die trockene Remise und warte, bis er den Rettungswagen zurückgesetzt hat. Ladekabel einstecken, die nasse Wetterjacke an einem der Garderobenhaken an der Wand aufhängen, das war's. Wir können wieder einen Einsatz abhaken. Und während mein Partner eben diesen Einsatz jetzt noch im Fahrtenbuch vermerkt, gehe ich schon mal vor ins Treppenhaus und stapfe über die schmale geschwungene Holztreppe nach oben und in unsere Aufenthaltsräume. Ein kurzer Blick auf die Wanduhr. Es ist Viertel vor vier. Genau die richtige Zeit für einen schönen heißen Kaffee. Ich melde uns über den Fernschreiber wieder einsatzbereit, dann aktiviere ich die Kaffeemaschine.

Eine knappe Viertelstunde später sitzen wir an dem kleinen Tisch vor dem Fenster, schlürfen genussvoll unseren Kaffee und genießen den leckeren Butterkuchen, den wir uns auf der Rückfahrt beim Bäcker an der Ecke besorgt hatten. Wir sinnieren über das Wetter und darüber, dass dies unsere vorletzte Schicht ist, die wir gemeinsam hier an der Station verbringen. Dabei gelangen wir zu der Erkenntnis, dass wir ein gutes Team sind und dass diese Mischung aus Alt und Jung eigentlich sehr vorteilhaft ist. Und zwar für beide Seiten.

Der Kollege ist Brandmeister, gerade einmal Anfang dreißig und ausgebildeter Rettungsassistent. Das befähigt ihn zum Einsatzleiter auf unserem Fahrzeug. Ich selbst bin jetzt siebenundvierzig und stehe als Hauptbrandmeister zwar dienstgradmäßig über ihm, bin aber nur Rettungssanitäter. Allerdings kann ich, im Gegensatz zu ihm, mit einer fünfundzwanzigjährigen Einsatzerfahrung in diesem Bereich aufwarten. Eine Tatsache, die auch mein Partner zu schätzen weiß. Aus diesem Grund tauschen wir jede Schicht unsere Funktionen. Während der letzten Schicht hat er geführt und ich bin gefahren, heute ist es umgekehrt. Funktioniert sehr gut.

Gerade eben hat der Kollege unsere Tassen noch einmal gefüllt, als der Alarmdrucker den nächsten Einsatz auswirft. Und diesmal kommt es ganz dicke. Wir werfen beide einen Blick auf die Depesche und meinem Partner entgleisen ein wenig die Gesichtszüge. Auf der Fernbahntrasse wurde vermutlich eine Person von einem Zug überrollt. Die genaue Einsatzstelle ist noch nicht bekannt, nur, dass sie sich in Höhe des Ortsteils Schnaakenheide befinden soll. Nähere Angaben würden über Funk folgen.

Eingesetzt sind, außer uns, ein Zug der Berufsfeuerwehr, die zuständige Freiwillige Feuerwehr, ein Einsatzführungsdienst und ein Notarztwagen. Am Schluss dann noch der Hinweis, dass die Bahnstrecke noch nicht gesperrt ist. Na klasse. Das ist einer dieser Einsätze, die sich kein Feuerwehrmann wünscht. Erst recht nicht mein junger Kollege, der mit dieser Schadensart bisher noch nie konfrontiert wurde. Und auch ich, der dieses Szenario zwar schon oft miterlebt hat, muss so etwas nicht unbedingt haben. Nur leider geht es in unserem Job danach bekanntlich nicht. »Ist ja noch gar nicht sicher, dass es wirklich ein Mensch war«, rufe ich, als wir die Treppe hinunter in Richtung Remise laufen. »Vielleicht war es ein Wildschein. Hab ich auch schon erlebt.« Meine Worte sollen dem Kollegen Mut machen, denn ich kann mir sehr gut vorstellen, was jetzt in seinem Kopf vorgeht.

Eine Minute später sind wir auf der Straße. Es nieselt immer noch, und obwohl es noch nicht einmal halb fünf ist, so ist es doch schon fast dunkel. »Fahr erst mal in Richtung Schnaakenheide«, schlage ich vor, greife mir den Stadtplan und suche darin die entsprechende Seite. Es ist eine längere Anfahrt und ich hoffe, dass sich die Einsatzzentrale bald meldet. Ich werde nicht enttäuscht.

Eben, als wir die Bundesstraße erreichen, welche parallel zur Bahntrasse verläuft, verkündet uns die Stimme aus dem Funkgerät eine Anfahrtsstraße. Damit hat sich der Stadtplan erledigt, jetzt ist der »Wahrsager« dran. Das ist, wie bereits an anderer Stelle geschildert, das Verzeichnis, in dem sämtliche Straßen, Brücken und Plätze unseres Einsatzrevieres mit den dazugehörigen Anfahrten aufgelistet sind. Die Straße, die uns die Zentrale genannt hat, ist dank alphabetischer Einteilung schnell gefunden. »Das ist ziemlich weit oben. Da brauchen wir noch ein paar Minuten«, teile ich meinem Partner mit. »Folge weiter der Bundesstraße. Ich sage dir rechtzeitig Bescheid, wann du abbiegen musst.« Er quittiert das mit einem Kopfnicken und einem »Okay«, dann konzentriert er sich wieder auf die Straße.

Wir sind beide jetzt doch etwas angespannt. Denn während der Kollege den Rettungswagen durch den Feierabendverkehr jongliert und sich garantiert in Gedanken schon ausmalt, was da gleich auf ihn zukommt, tauchen auch in meinem Kopf plötzlich wieder Bilder auf, die ich bislang ganz gut verdrängen konnte. Es sind grauenvolle Bilder von Einsätzen wie diesem hier. Ich sehe Menschen, die ich verstümmelt oder in Einzelteilen unter U- und S-Bahnen herausgezogen habe, denen beide Beine abgetrennt wurden und die einfach nicht aufhören wollten zu schreien. Menschen, deren Eingeweide sich um die Achsen der Waggons gewickelt hatten oder deren Körper zwischen Bahnsteigkante und Zug regelrecht zerplatzt sind. All diese Bilder sind mit einem Mal wieder so präsent, als wäre das alles gerade eben erst passiert.

Ein erneuter Funkspruch reißt mich aus meinen Gedanken. Der Disponent teilt mit, dass die Strecke nun in beiden Richtungen gesperrt sei und dass ein Notfallmanager der Bahn auf dem Weg zur Einsatzstelle ist. Eine gute Nachricht. Die vorrangige Aufgabe eines Notfallmanagers besteht nämlich darin, dafür zu sorgen, dass alle Einsatzkräfte optimal und vor allem gefahrlos arbeiten können. Er ist unsere direkte Verbindung zu den Schaltstellen der Bahn. Außerdem kümmert er sich um das Wohl der Fahrgäste und lässt, wenn erforderlich, den Lokführer durch einen neuen Mann ersetzen. Leider wird aber noch einige Zeit vergehen, bis der gute Mann eintrifft. So lange werden wir uns wohl, und damit meine ich alle vor Ort befindlichen Einheiten, erst einmal auf uns selbst verlassen müssen.

»Da vorne sehe ich Blaulichter!«, ruft mein Partner. »Da muss es sein!« Ich sehe sie auch. Es scheint, als würden sie sich auf uns zu bewegen. Doch dann sind sie plötzlich wieder verschwunden. Wahrscheinlich sind die Fahrzeuge, zu denen sie gehören, abgebogen. »Könnte gut sein«, stimme ich ihm zu und widme meine ganze Aufmerksamkeit nun den vorbeihuschenden Straßenschildern. »Fahr schon mal etwas langsamer«, bitte ich ihn. »Gleich müsste unsere Straße kommen.« Das nächste Straßenschild erscheint. Es ist verdreckt und schlecht zu erkennen. Mein Kollege bremst ab. »Die ist es nicht«, sage ich, »fahr langsam weiter.« Das nächste Schild taucht auf. »Da! Die ist es! Hier musst du rein.«

Wir verlassen die Bundesstraße und finden uns im nächsten Augenblick in einer verkehrsberuhigten Zone wieder. Links und rechts stehen schmucke Ein- und Zweifamilienhäuser hinter niedrigen Hecken, eingerahmt von kleinen Gärten. Wir müssen einen Zickzackkurs fahren und immer wieder riesigen, mit Grünzeug bepflanzten Betonkübeln ausweichen. Als wir die letzten Häuser passiert haben, macht die Straße einen scharfen Rechtsknick und führt hinaus in die offene Feldmark. Jetzt sehen wir wieder die Blaulichter. Sie gehören zu einer Fahrzeugkolonne, die etwa zweihundert Meter vor uns fährt. Halb links davon und noch ein gutes Stück weiter entfernt blitzen zahlreiche weitere Blaulichter auf. Dort scheint die eigentliche Einsatzstelle zu sein. Wir dürften also auf dem richtigen Weg sein und brauchen ab jetzt nur noch diesen Blaulichtern zu folgen. Kurz bevor unsere Straße den Bahndamm erreicht, wo sie durch einen kleinen Tunnel auf die andere Seite führt, müssen wir nach links in einen unbefestigten Weg einbiegen. Er verläuft direkt am Fuß des Damms entlang und steigt stetig an. Irgendwann sind wir auf gleicher Höhe mit dem Gleisbett und kurz darauf erreichen wir die Einsatzstelle.

Durch die regennasse Frontscheibe unseres Rettungswagens erblicken wir etliche Feuerwehrfahrzeuge. Auch zwei Streifenwagen der Polizei sind vor Ort. Nur den Notarztwagen können wir nirgends entdecken. Der hat aber auch den weitesten Anfahrtsweg. Erfreulicherweise sind keine Gaffer auszumachen, was sehr ungewöhnlich ist und wohl einerseits am schlechten Wetter und andererseits an der Abgeschiedenheit der Einsatzstelle liegen dürfte. Ich ziehe die Kapuze meiner Wetterjacke über den Kopf, steige aus und laufe nach vorne, um mit dem Einsatzleiter Kontakt aufzunehmen. Zuerst ist es der Löschzug der Berufsfeuerwehr, an dem ich vorbei muss. Davor steht der Einsatzleitwagen des Führungsbeamten, bei dem ich uns anmelden will, in dem aber nur noch dessen Fahrer sitzt. Der macht mir mit einer Handbewegung klar, dass ich weiter vor laufen soll, worüber ich mich bei dem Wetter auch richtig freue.

Es folgen nun die Fahrzeuge der Freiwilligen Feuerwehr, die zuerst hier eingetroffen sind, was aufgrund der räumlichen Nähe zur Einsatzstelle natürlich nicht verwundert. Als ich auch die passiert habe, treffe ich ganz vorne, noch vor dem ersten Löschfahrzeug der FF, endlich den Kollegen des Einsatzführungsdienstes. Er bespricht sich mit den anderen Führungskräften und mit der Polizei. Ich melde uns an und er teilt mir mit, dass er im Augenblick noch auf eine erste Rückmeldung wartet. Der Wehrführer der Freiwilligen Feuerwehr sei zurzeit mit zweien von seinen Leuten auf den Gleisen unterwegs, um die Lage zu erkunden. Sobald klar sei, was passiert ist, würden weitere Anweisungen folgen. Bis dahin sollen wir in Bereitschaft bleiben.

Bevor ich mich auf den Rückweg mache, werfe ich einen Blick auf den Gleiskörper, der an dieser Stelle lediglich durch einen niedrigen Maschendrahtzaun vom Weg getrennt ist. Hier hat die FF eine Bockleiter errichtet, um den Zaun zu überwinden. Ein ganzes Stück entfernt erkenne ich die Lichtkegel von Handlampen sowie schemenhaft die dazugehörigen Kameraden. Sie bewegen sich auf zwei rote Lampen zu, die ein paar Hundert Meter weiter links aufleuchten. Es müssen die Rücklichter des Zuges sein. Auf dem Weg retour zu unserem Fahrzeug entdecke ich dann ein weiteres Blaulicht in der Feldmark, das sich auf uns zu bewegt, und schon kurz darauf hält der Notarztwagen hinter unserem RTW. Jetzt sind wir komplett.

Nur ein paar Minuten später ist Lagebesprechung mit allen am Einsatz beteiligten Kräften. Und nun ist es gewiss. Es wurde kein Tier, sondern tatsächlich ein Mensch überfahren. Er liegt, zerstückelt und verteilt über mehrere Hundert Meter, zwischen beziehungsweise neben den Gleisen. Mein junger Kollege ist jetzt vermutlich nicht der Einzige in unserer Runde, dem diese Mitteilung ein mulmiges Gefühl in der Magengegend verursacht. Auch bei einigen Kameradinnen und Kameraden der FF, ebenfalls meist jüngeren, spiegelt sich das Unbehagen deutlich in den Gesichtern wieder. Dabei steht ihnen der ekligste Teil dieses Einsatzes noch bevor. Die Bergung. Die menschlichen Überreste müssen möglichst schnell von den Gleisen, damit der Zugverkehr auf diesem Streckenabschnitt wieder aufgenommen werden kann.

Der Einsatzleiter gibt den Ablauf der durchzuführenden Maßnahmen bekannt. Die Berufsfeuerwehr und die Freiwillige Feuerwehr sollen gemeinsam die Bergung der Leichenteile übernehmen. Zur Sicherheit der Einsatzkräfte werden zwei Wachtposten mit Funkgeräten zu beiden Seiten der Einsatzstelle postiert, deren einzige Aufgabe es sein wird, das Herannahen eines Zuges zu melden. Zwar ist laut Aussage der Bahn die Strecke gesperrt, trotzdem ist dies keine unnütze Maßnahme, sondern eine zusätzliche Sicherheit. Es wäre nicht das erste Mal, dass es durch eine Verkettung unglücklicher Umstände zu einer Katastrophe kommt. Davon können wir gerade bei der Feuerwehr ein Lied singen.

Um den Bergungsmannschaften bei der rasch voranschreitenden Dunkelheit die Arbeit zu erleichtern, soll der Bahnkörper mit Arbeitsstellenscheinwerfern ausgeleuchtet werden. Das wird Aufgabe der Maschinisten sein. Ein weiterer Kollege soll sich bis zum Eintreffen des Notfallmanagers um den Lokführer kümmern. Solange nicht klar ist, ob dieser ärztliche Hilfe benötigt, bleibt der Notarzt in Bereitschaft. Und die Rettungswagenbesatzung – das sind wir – übernimmt die sterblichen Überreste und überführt sie in die Rechtsmedizin. Ich hatte insgeheim gehofft, dass der Krug an uns vorbeigeht und diese Aufgabe an ein Bestattungsunternehmen fällt. Würde aber wohl zu lange dauern, bis die hier sind. So lange kann der Zugverkehr nicht ruhen.

Für uns als RTW-Besatzung stellt sich nun natürlich sofort die eine Frage: Wie können wir das Ganze am besten bewerkstelligen? Normale Leichen sind kein Problem. Davon hatte ich schon Dutzende. Auch mein Partner kann hier mit Sicherheit mitreden. Und wenn es um die Zerschmetterten, Verbrannten, Aufgeplatzten oder Zweigeteilten geht, dann weiß zumindest ich, wie man auch mit denen klarkommt. Irgendwie kann man die immer noch einwickeln und auf der Trage festschnallen. Aber das hier ist ein spezieller Fall. Hier ist Improvisation gefragt, wollen wir nicht den Patientenraum unseres Rettungswagens später stundenlang reinigen und desinfizieren.

Mein Partner wälzt das Problem anscheinend ebenfalls in seinem Kopf, denn er schaut mich etwas ratlos an. »Wir nehmen einen Leichensack«, schlage ich vor. »Von der Trage kommt alles runter. Die Auflage, das Laken, der Bezug, alles. Den Sack legen wir auf die nackte Metallfläche und lassen sie alles hineinkippen. Am Schluss ziehen wir einfach den Reißverschluss zu und fixieren das Ganze mit den Haltegurten. Fertig.« »Eigentlich logisch«, findet mein Kollege. »Es muss einem bloß einfallen.« »Deshalb sind wir ja zu zweit«, meine ich und grinse. Gesagt, getan. Während der Rest der Truppe die Bergung vorbereitet, machen wir unsere Trage klar. Ganz nebenbei bekommen wir dabei mit, dass nun wohl auch der Notfallmanager eingetroffen ist. Jedenfalls spricht der Einsatzleiter mit einem Mann in einem blauen Anorak, der einen roten Helm auf seinem Kopf trägt. Wer sollte das sonst sein? Als wir alles vorbereitet haben, fahren wir mit dem RTW nach vorne bis an die Stelle, wo die Bockleiter den Maschendrahtzaun überbrückt. Hier soll gleich die Übergabe stattfinden.

Kurz darauf ist der Bahnkörper hell erleuchtet und die Bergungstrupps machen sich auf den Weg. Unterm Arm die metallenen Mulden, in denen normalerweise Brandschutt transportiert wird. Heute werden sie dort alles hineinlegen, was irgendwie nach menschlichen Überresten aussieht. Mein Partner raucht noch schnell eine Zigarette, bevor auch er sich die Untersuchungshandschuhe überzieht. Und dann warten wir, dass sie zurückkommen, um ihre eklige Fracht bei uns abzuliefern. »Was mag wohl einen Menschen zu so einem Schritt veranlassen?«, fragt er mich plötzlich. Ich zucke mit den Schultern. »Verzweiflung, Depressionen, vielleicht eine vermeintlich ausweglose Situation? Ich kann es dir nicht sagen, ich bin kein Psychologe.« Dann rate ich ihm, darüber am besten nicht mehr nachzudenken, weil das nicht gut fürs Gemüt ist. Die Frage, die sich mir allerdings aufdrängt, ist eine ganz andere. Sie lautet: Warum macht jemand das ausgerechnet bei so einem Scheißwetter? Als ob die Sauerei, die er anrichtet, nicht schon genug wäre.

Nach etwa zehn Minuten ist es so weit. Die erste Mulde wird über den Zaun gereicht und dort von einem Kollegen entgegengenommen. Er bringt sie zu uns und schüttet den Inhalt in den Sack. Es ist eine Mischung aus blutverschmierten Knochenfragmenten und Fleischfetzen, vom Regen benetzt und teils behaftet mit Bekleidungsresten. Sie rutschen etwas zäh aus der Mulde heraus. Einige Teile bleiben am Metall kleben. Ich muss mit der Hand ein wenig nachhelfen und komme mir dabei vor wie ein Metzger, der Gulasch aus einer Fleischwanne in die Auslage seiner Verkaufstheke umfüllt. Mein Partner drückt tapfer die Sacköffnung auseinander, damit auch ja nichts daneben fällt.

Und sofort ist da wieder dieser eigentümliche Geruch, der mir nur zu gut bekannt ist. Er entstammt einem Mix aus Blut, Lymphe und Fäkalien und er ist wirklich unangenehm. Für meinen jungen Kollegen ist er neu. Angewidert dreht er seinen Kopf zur Seite. Die wenigsten Stücke lassen sich noch dem Teil des Körpers zuordnen, zu dem sie einmal gehörten. Auch ist nicht mehr zu erkennen, ob es sich um einen Mann oder um eine Frau handelt. Die Teile sind einfach zu klein.

Das ändert sich allerdings, als etwa fünf Minuten später der Torso abgeliefert wird, umhüllt von den Resten einer Regenjacke. So eine flache Brust dürfte kaum zu einer Frau gehören. Nach weiteren vier Mulden voller Schädelstücke, Hand- und Fußteilen, zerborstenen Röhrenknochen, schmutzig gelben Fleischlappen und jeder Menge Innereien haben wir dann Gewissheit. An etwas, was einmal Teil eines Beckens war, baumeln zwischen zwei Oberschenkelstümpfen männliche Genitalien. Nur spärlich bedeckt von einem schwarzen Jeansfetzen.

Nach gut einer Dreiviertelstunde ist die gesamte Aktion beendet, die letzte Mulde abgeliefert, sind alle Puzzleteile im Sack. Zumindest die, die gefunden wurden. Einige liegen mit Sicherheit noch irgendwo im Verborgenen oder kleben unter den Waggons und unter der Lok. Das ist immer so, daran kann man nichts ändern.

Irgendwann werden die Krähen sie entsorgen. Unser Leichensack ist jedenfalls bis zum Rand gefüllt. Mein Partner hat etwas Schwierigkeiten, ihn zusammenzudrücken, damit ich den Reißverschluss zuziehen kann. Wir fixieren das Teil mit den Haltegurten auf der Trage, dann können wir unsere blutverschmierten Handschuhe abstreifen. Das Schlimmste ist geschafft.

Tod durch gewaltsame äußere Einwirkung. So steht es auf dem Formular des Notarztes, das wir dem Mitarbeiter im Institut für Rechtsmedizin aushändigen. Eine nüchterne Beschreibung für das, was sich in unserem Sack befindet. Und mit dieser Meinung stehen wir wohl nicht alleine. Denn selbst hier, wo man so einiges gewohnt ist, scheint eine derartige Lieferung keinesfalls alltäglich zu sein. »Ach du meine Güte!«, ruft der junge Mann, als wir den Reißverschluss aufziehen. »Da werden unsere Herrn Professoren ja begeistert sein. Von den Medizinstudenten ganz zu schweigen. Von denen werden morgen wohl einige aus den Latschen kippen.« Es ist aber auch wirklich ein grausiger Anblick, der durch das kalte Licht der Deckenlampen noch verstärkt wird. Dazu kommt, dass es hier unten nicht gerade nach Veilchen riecht. Unser Job ist ja schon oftmals beschissen, aber hier zu arbeiten? Nein danke.

Auf der Rückfahrt an unsere RTW-Station lassen wir den Einsatz noch einmal Revue passieren. Es ist gut, wenn man über solche Ereignisse redet. Lange Zeit zum Nachdenken hat man eh nicht, denn der nächste Einsatz wird nicht lange auf sich warten lassen. Viele Bürger dieser Stadt werden morgen die Zeitung aufschlagen und in einer kleinen Randnotiz ebenfalls von dem heutigen Vorfall erfahren. Einige wird es vielleicht berühren, die meisten jedoch werden es lediglich zur Kenntnis nehmen und haben es zwei Seiten später bereits wieder vergessen. Aber keiner von ihnen wird sich auch nur annähernd vorstellen können, was sich hinter so einer Nachricht wirklich verbirgt. Wie sollten sie denn auch?

22

IN LETZTER SEKUNDE

01.33 Uhr. Einsatz für den Löschzug und den Rettungswagen Berta. Feuer in einem Heim für sehbehinderte Kinder, Menschenleben in Gefahr. Was bei so einer Meldung in den Köpfen von Feuerwehrleuten vor sich geht, kann sich ein Außenstehender nicht vorstellen. Jeder von uns, mit Ausnahme vielleicht einiger ganz junger Kollegen, hat im Laufe seiner Dienstzeit bereits bittere Erfahrungen bei ähnlich gearteten Einsätzen machen müssen. Einsätze, bei denen sich entsetzliche Tragödien abgespielt und bis dato glückliche Familien komplett oder zumindest teilweise durch Flammen und Rauch ausgelöscht wurden. Einsätze, bei denen jeder Einzelne von uns bis an die Grenzen seiner physischen und psychischen Leistungsfähigkeit gegangen ist und wo letztendlich doch jede Hilfe zu spät kam.

Ich persönlich habe, als ich im Mannschaftsraum des TLF das Atemschutzgerät anlege, sofort jenen Einsatz im Kopf, der zwar schon einige Jahre zurück liegt, jetzt aber augenblicklich wieder präsent ist und wie ein Film vor meinem geistigen Auge abläuft. Auch damals war es ein Brand in einem Blindenheim. Allerdings waren dort keine Kinder, sondern ausschließlich Erwachsene untergebracht. Das Feuer selbst war gar nicht groß und schnell gelöscht. Ein Zimmerbrand, ausgelöst durch einen defekten Fernsehapparat. Aber der Brandrauch hatte sich in dem dreistöckigen Gebäude blitzschnell über sämtliche Etagen ausgebreitet und die meisten Heimbewohner im Schlaf überrascht. Für diejenigen, die noch wach waren, war eine Flucht durch die stark verqualmten Flure unmöglich geworden. Sie öffneten die Fenster ihrer ebenfalls verqualmten Wohnungen und riefen um Hilfe, was einen Großeinsatz des Rettungsdienstes auslöste.

Bei der sofort eingeleiteten und unter Atemschutz durchgeführten Suche nach Vermissten mussten zahlreiche Wohnungstüren, besonders in der obersten Etage, gewaltsam geöffnet werden. Parallel dazu wurden die Treppenräume belüftet. Sehr personalintensive Aktionen. Damals wurden mehrere Personen bewusstlos und mit einer lebensgefährlichen Rauchgasintoxikation in ihren Betten oder auf dem Fußboden liegend aufgefunden und mussten schnellstens ins Freie gebracht werden.

Eine Angelegenheit, die sich als sehr kompliziert erwies, weil alle Treppenabgänge mit Barrieren gesichert waren, um die blinden Menschen vor einem Absturz zu bewahren. Und diese Barrieren ließen sich logischerweise nur zur Flurseite hin öffnen, sodass alleine ein Kollege pro Etage nur dafür gebraucht wurde, um diese zu öffnen, damit der jeweilige Rettungstrupp mit der Trage und dem Patienten darauf ungehindert diese Sperre passieren konnte. Trotz dieser schwierigen Umstände war es uns seinerzeit gelungen, alle Personen zu retten. Die Bilanz: sieben verletzte Heimbewohner und zwei verletzte Kollegen. Entscheidend für den Erfolg war nicht zuletzt ein massives Kräfteaufgebot. Auch jetzt, auf dem Weg zu unserer aktuellen Einsatzstelle, sind wir nicht alleine unterwegs. Zwei weitere Löschzüge sowie zwei Einsatzführungsdienste sind zeitgleich mit uns alarmiert worden und befinden sich ebenfalls auf der Anfahrt. Wir sind alle sehr angespannt. Keine lockeren Sprüche, keine versauten Witze. Jeder von uns rechnet mit dem Schlimmsten.

Unser Zugführer gibt bereits im Fahrzeug erste Anweisungen und setzt Prioritäten. »Sobald wir vor Ort sind, erkundet der Staffelführer sofort die Rückseite des Gebäudes. Und der Angriffstrupp kümmert sich ausschließlich um die Rettung der Kinder, um nichts anderes, klar?« Damit meint er mich und meinen Kollegen. »Verstanden, wird gemacht«, antwortet der Staffelführer für uns alle. Er sitzt neben uns auf der Bank, und als ich kurz zu ihm hinschaue, vermisse ich das für ihn so typische spitzbübische Grinsen in seinem Gesicht. Ein klares Zeichen dafür, dass auch er, der Älteste und

Erfahrenste unserer Wachabteilung, die Lage ernst einschätzt. Mein Partner und ich, wir kontrollieren noch einmal den Druck unserer Atemschutzgeräte, obwohl wir dies bei Dienstantritt schon einmal gemacht hatten. Dreihundert bar, voller Druck, alles o.k.

Über sein Handsprechfunkgerät spricht unser Chef nun auch die beiden anderen Fahrzeuge unseres Zuges, nämlich die Drehleiter und das Löschgruppenfahrzeug, an. Er teilt den Fahrzeugführern mit, dass das erste Rohr, entgegen der sonst üblichen Einsatztaktik, diesmal nicht vom Angriffstrupp, also nicht von uns, sondern vom Schlauchtrupp vorgenommen wird. Deshalb sollen die entsprechenden Kollegen sich ebenfalls schon jetzt mit Atemschutzgeräten ausrüsten. Die restlichen Minuten bis zur Einsatzstelle herrscht Schweigen. Keiner sagt mehr irgendetwas, jeder bereitet sich innerlich auf seine Aufgabe vor. Und während unser Maschinist das Letzte aus dem Fahrzeug herausholt, es durch die leeren Straßen unseres Wachreviers jagt, merke ich, wie plötzlich meine Beine zu zittern beginnen. Obwohl ich nun schon etliche Jahre dabei bin, ist meine Anspannung bei Einsätzen wie diesem immer noch sehr groß. Und ich weiß, dass ich nicht der Einzige bin, der so fühlt. In Gesprächen mit Kollegen habe ich gemerkt, dass es anderen ebenso ergeht.

Es ist ein Gefühl, eine innere Unruhe, die von einem Besitz ergreift und die man nicht wirklich beschreiben kann. Es ist keine Angst, oh nein. Es ist eher das Gegenteil. Zumal ich weiß, dass ich mich voll auf meinen Partner verlassen kann. Er ist ein Macher, der anpackt und nicht lange herumdiskutiert. Wir sind ein eingespieltes Team, haben schon viele Einsätze gemeinsam erlebt, sowohl auf dem Löschzug als auch auf dem Rettungswagen. Das gibt mir ein gutes Gefühl. Nein, Angst ist es wahrhaftig nicht. Es ist vermutlich die quälende Ungewissheit. Man weiß einfach nicht, mit welcher Situation man konfrontiert wird, und deshalb malt man sich aus, was einen vor Ort erwarten könnte. Dies führt wahrscheinlich dazu, dass immer mehr Adrenalin ausgestoßen wird, was letztendlich den Körper zu solchen unkontrollierbaren Reaktionen veranlasst.

Unser Maschinist stoppt das TLF. Wir sind da. Der Feuerschein ist nicht zu übersehen. Wir öffnen die Fahrzeugtüren, springen ins Freie und rennen los in Richtung Haupteingang. Das Gebäude besteht aus drei Teilen: links das Treppenhaus mit dem Hauptzugang, rechts ein flacher Anbau, dazwischen ein großer sechsgeschossiger Wohntrakt. Und dieser Wohntrakt, der das Treppenhaus mit dem Anbau verbindet, liegt in einer Senke. Eine Rasenfläche erstreckt sich von der Straße, auf der unsere Fahrzeuge halten, bis zu den Kellerfenstern dieses mittleren Gebäudeteils. Wir sehen erleuchtete Fenster und wir sehen Flammen, die ganz rechts, unmittelbar vor dem Anbau, aus einem Fenster im Erdgeschoss heraus lodern. Durch die Hanglage entsteht allerdings der Eindruck, dass sich das Feuer im ersten Stock befindet.

Diese Flammen sind aber im Augenblick nicht unser Problem. Wir sind der Rettungstrupp. Suchen, finden, rausholen, so lautet unser Auftrag und ich fürchte, dass auch dieses Mal wieder jede Sekunde zählt. Fangleinen, Lampen und Funkgerät haben wir dabei, mehr brauchen wir nicht. Zumindest nicht mehr an Gerät. Was wir allerdings unbedingt noch brauchen, sind glückliche Umstände. Der Qualm muss sich in Grenzen halten und wir müssen möglichst schnell die richtigen Zimmer finden.

Aus unserem Funkgerät hören wir die Stimme unseres Zugführers. Er lässt das S-Rohr aus dem TLF von außen auf das Erdgeschossfenster vornehmen, um einen Flammenüberschlag in die darüberliegende Etage zu verhindern. Wir rennen weiter. Als wir den Haupteingang erreichen, kommen uns im Eingangsbereich schon zahlreiche Betreuer mit einer großen Anzahl Kinder entgegen. Ein gutes Zeichen. Sie führen sie aus dem nur leicht verqualmten Treppenraum hinaus ins Freie. Einige von denen husten zwar, andere weinen, aber sie sind wenigstens draußen. Es sind mindestens dreißig Kinder, vielleicht auch mehr, und sie sind alle nur mit Nachtzeug bekleidet. Ein paar von ihnen sind sogar barfuß. Sie zittern vor Aufregung oder weil ihnen kalt ist. Die wurden alle im Schlaf überrascht, denke ich bei mir. So wie auch die Heimbewohner damals.

»Sind das alle?«, ruft mein Partner einem jungen Mann in blauer Jeansjacke zu, der einige der Kinder führt. »Ich hoffe es«, antwortet der. »Wir haben noch nicht durchgezählt. Oben sieht alles gut aus, aber der Flur hier unten scheint sehr verqualmt zu sein und ich weiß nicht, ob mein Kollege noch alle Zimmer kontrollieren konnte. Er hatte zwar mehrere Kinder bei sich, aber ob das wirklich alle waren, kann ich nicht sagen. Es musste ja auch sehr schnell gehen.« Das hört sich nicht gut an und deshalb beschleicht mich ein ungutes Gefühl. »Wo sind die Zimmer? Im vorderen oder im hinteren Bereich?«, will ich wissen. »Auf der gesamten linken Flurseite«, mischt sich eine Betreuerin ein. »Die fangen hier vorne an und das letzte Zimmer ist kurz vor dem Aufenthaltsraum. Da, wo das Feuer ist.«

Schnell schrauben wir die Lungenautomaten an unsere Atemschutzmasken, gehen in die Hocke und öffnen vorsichtig die gläsernen Rauchschutztüren, die den Treppenraum von dem dahinter befindlichen Flur abriegeln, einen kleinen Spalt weit zu uns hin. Sofort kommt uns dichter schwarzer Rauch entgegen. »Im ersten Zimmer brauchen Sie nicht zu suchen«, ruft uns der junge Mann mit der Jeansjacke noch schnell zu. »Das gehört meinem Kollegen und den habe ich hier draußen gesehen.« Dann verschwinden alle, hustend und mit den Kindern im Schlepptau, eiligst nach draußen.

Als sie weg sind, öffnen wir die Türen so weit, dass wir in den Flur hineinkriechen können. Der Rauch hüllt uns augenblicklich ein und nimmt uns jede Sicht. Außerdem ist es schon ziemlich warm hier. So viel zu den glücklichen Umständen. Jetzt können wir wirklich nur hoffen, dass hier niemand mehr drin ist. Die Rauchzone hat fast schon den Fußboden erreicht und wir müssen auf den Knien an der Wand entlang kriechen, uns im Schein unserer

Handlampen vortasten. Die erste Tür ignorieren wir, vertrauen auf die Aussage des jungen Mannes. Wir dürfen keine Zeit verlieren und werden dieses Zimmer deshalb jetzt nicht überprüfen. Wir kriechen weiter vor, erreichen die nächste Tür, stoßen sie auf und leuchten in das Zimmer hinein. Es ist ebenfalls schon stark verqualmt und vom Flur her folgt sofort weiterer Rauch nach.

»Hallo! Ist hier jemand?!« Wir rufen beide gleichzeitig, während wir hineinkriechen. Keine Antwort. Jeder von uns nimmt sich eine Seite vor. Ich taste den Boden ab, erkenne zu meiner Rechten einen Schrank und stoße gegen einen Stuhl, der neben einem Tisch steht. Es scheppert. Irgendetwas ist zu Boden gefallen. Ich weiß nicht, was es ist, aber es stand wohl auf dem Stuhl. »Das Bett ist leer!«, ruft mir mein Partner zu. »Kontrolliere auch darunter!«, rufe ich zurück, während ich dasselbe unter dem Tisch mache. Ohne Ergebnis. Unter dem Tisch ist niemand. Zurück zum Schrank. Ich öffne die Schranktür und greife, zwischen Kleidungsstücken hindurch, in Richtung Rückwand. Gerade Kinder verstecken sich, wenn sie in Panik geraten, an den unmöglichsten Stellen, das wissen wir aus Erfahrung. Aber auch hier werde ich, ebenso wie mein Kollege unter dem Bett, zum Glück nicht fündig. »Das Zimmer ist sauber!«, stelle ich fest. »Weiter!« Zum Lüften haben wir keine Zeit. Das können wir erledigen, wenn wir sicher sind, dass niemand mehr im Haus ist. Jetzt zählt wirklich jede Sekunde.

Wir kriechen wieder hinaus in den Flur und schließen die Tür hinter uns, um zu verhindern, dass das Feuer ins Zimmer hineinläuft. Erneut tasten wir uns, immer an der Wand entlang, bis zur nächsten Tür vor. Sie steht offen. Vermutlich hat der- oder diejenige sie auf der Flucht offen gelassen und vermutlich ist das Zimmer leer. Aber sicher ist das eben nicht. »Hallo! Ist da jemand?!« Wir brüllen wieder um die Wette. Auch diesmal keine Antwort. Weil die Tür nicht geschlossen war, konnte sich das Zimmer bereits komplett mit Rauch füllen, was die Suche jetzt noch schwieriger gestaltet. Die Lichtkegel unserer Lampen durchdringen die Dunkelheit nur wenige Zentimeter. Stück für Stück tasten wir uns durch den Raum. Ich wieder die rechte Seite und den Fußboden, mein Partner auf der anderen Seite im und unter dem Bett. Aber auch in diesem Zimmer finden wir, Gott sei Dank, kein Kind. Raus, Tür zu, weiter.

Schon beginne ich zu hoffen, dass alle Kinder es doch noch rechtzeitig geschafft haben, sich in Sicherheit zu bringen. Doch bereits im nächsten Zimmer wird diese Hoffnung brutal zunichtegemacht. Obwohl die Tür geschlossen war, ist der Raum sehr stark verqualmt. Ich bin es diesmal, der das Bett abtastet, weil es auf meiner Seite steht, und ich fühle sofort einen menschlichen Körper darin. Ziemlich groß, von der Statur eines Erwachsenen. Mein Herz beginnt noch wilder zu schlagen und ich habe das Gefühl, es will mir aus der Brust herausspringen.

»Hier ist jemand!«, rufe ich meinem Partner zu und beginne sofort damit, heftig an dem Körper zu rütteln. Gleichzeitig schreie ich, so laut ich kann, in meine Atemschutzmaske hinein. »Hallo! Aufwachen! Hallo! Kannst du mich hören?!« Keinerlei Anzeichen irgendeiner Reaktion. Mein Partner ist sofort bei mir am Bett. Ich lenke den Lichtkegel meiner Handlampe direkt auf den Kopf der Person und wir erkennen das regungslose, rauchgeschwärzte Gesicht eines jungen Mädchens. Ihr Mund ist geöffnet und sie ist anscheinend ohne Bewusstsein.

Nun zählt nur noch eins: Schnelligkeit. Mein Partner reißt die Bettdecke fort und wirft sie irgendwo ins Zimmer. »Ich die Beine, du die Arme!«, ruft er. »Wir heben sie aus dem Bett heraus!« Er nimmt die Fußgelenke und ich greife nach den Händen der Jugendlichen, will sie anheben. Sie ist ziemlich stämmig und scheint nicht gerade ein Leichtgewicht zu sein. Dazu kommt, dass der erschlaffte Körper eines bewusstlosen Menschen sowieso schwer zu bewegen ist. Ich schaffe es nicht, sie hochzuheben. Sie liegt in dem Bett, platt wie ein Pfannkuchen. »Das wird nichts!«, brülle ich. »Sie ist zu schwer!« In meinem Kopf beginnt es fieberhaft zu arbeiten. Wie kriegen wir sie auf dem schnellsten Weg hier raus? Ideal wäre das Fenster. Aber das können wir uns abschminken. In ihrem Zustand kriegen wir sie da niemals durchgewuchtet. Jedenfalls nicht zu zweit. Bis Hilfe von außen kommt, vergehen garantiert fünf bis zehn Minuten und wir können sie ja schließlich nicht einfach rauswerfen. Nein, es geht nur über den Flur. Einer von uns muss sie über den Flur nach draußen bringen, der andere muss weiter die Zimmer durchsuchen. Ich werde das machen. Ich bringe sie raus.

»Lass uns sie aufrichten, dann nehme ich sie mit dem Rautek-Griff!«, rufe ich, woraufhin mein Partner sofort die Handgelenke des Mädchens ergreift und sie zu sich hinzieht. Als sich ihr Oberkörper aufrichtet, knie ich mich mit einem Bein schräg hinter sie auf das Bett und greife unter ihren Achseln hindurch nach ihren Unterarmen. Mein Partner nimmt ihre Füße, dann heben wir sie aus dem Bett heraus. »Auf den Fußboden! Setz sie kurz auf den Fußboden!«, rufe ich. Und während ich dort wieder hinter ihr knie und sie festhalte: »Nimm mein Funkgerät und sag Bescheid, dass ich mit ihr rauskomme und dass wir einen NAW brauchen! Du suchst weiter in den anderen Zimmern, ich bin gleich wieder bei dir!«

Ohne auch nur eine Sekunde zu zögern oder meinen Vorschlag infrage zu stellen, fingert er das Funkgerät aus meiner Brusttasche. Und während er unseren Zugführer ruft, um die entsprechende Rückmeldung durchzugeben, umklammere ich die Unterarme des Mädchens fest mit meinen dicken Einsatzhandschuhen, richte mich auf und ziehe sie, rückwärtsgehend, aus dem Zimmer heraus in den Flur. Ich weiß, dass wir in diesem Augenblick eindeutig gegen die Dienstvorschrift verstoßen, die besagt, dass wir uns unter Atemschutz nur als Trupp in der Brandstelle bewegen dürfen, und mein Partner weiß das auch. Aber hier geht es um das Leben von Kindern und wir befinden uns ja nicht in irgendeinem unübersichtlichen Schiffsbauch, wo so eine Aktion wirklich sehr riskant wäre. Deshalb wird hier und jetzt kurzerhand auf diese Vorschrift geschissen.

Im Flur bin ich ohne meine Lampe nun allerdings vollkommen blind. Ich mache zwei weitere schnelle Schritte rückwärts, bleibe plötzlich mit der Hacke eines meiner Stiefel an etwas hängen und liege im nächsten Augenblick, mit dem Mädchen im Arm, wie ein Maikäfer auf dem Rücken. »Verdammter Mist, was ist das denn?!«, schimpfe ich und habe einige Mühe, wieder auf die Beine zu kommen. Aber dann begreife ich. Ich bin über einen prallen Schlauch gestolpert. Die Kollegen müssen ihn, während wir im Zimmer des Mädchens waren, schon in Richtung Brandstelle verlegt haben und sind nun dabei, das Feuer mit einem zweiten Rohr auch von innen zu bekämpfen.

Bloß schnell weiter rückwärts in Richtung Treppenraum, raus aus dem verfluchten Rauch mit ihr. Hoffentlich ist sie noch am Leben. Ich habe das Gefühl, dass es noch dunkler und noch wärmer geworden ist im Flur. Vielleicht ist es aber auch nur die Anstrengung, die mir den Schweiß aus den Poren treibt. Das Mädchen hängt in meinen Armen wie ein Sack Kartoffeln und ich merke, wie sie langsam, aber sicher meinen Händen entgleitet, während ich sie hinter mir her ziehe. Wie lang ist eigentlich dieser Scheißflur? Waren wir denn wirklich schon so weit hinten?

Ich muss stehen bleiben und sie kurz absetzen, bevor sie mir vollkommen wegrutscht. Meine Atmung ist schnell und flach, schon fast ein Japsen, und mein Puls garantiert weit über hundert. Ich schwitze wie ein Schwein. Habe ich mich überschätzt? Hätten wir sie doch lieber zu zweit rausbringen sollen? Blödsinn. Es war die richtige Entscheidung. Denn wenn vielleicht noch weitere Kinder in den Zimmern sind, dann müssen diese möglichst schnell gefunden werden. Ich ziehe meine Handschuhe aus, werfe sie auf den Boden und packe die Unterarme des Mädchens jetzt mit meinen bloßen Händen, was erheblich besser geht. Schnell weiter, damit sie endlich aus dem Rauch herauskommt.

Nach nur wenigen weiteren Rückwärtsschritten kracht die Stahlflasche meines Atemschutzgerätes gegen die gläserne Rauchschutztür, drückt sie auf in Richtung Treppenraum. Als ich durch bin, schließt sie sich wieder, bleibt aber wegen des hindurchgeführten Schlauches zwangsläufig einen Spalt offen. Keuchend und vollkommen fertig sinke ich, mit dem Mädchen in meinen Armen, auf meine Knie. Ich kann nicht wirklich viel sehen. Mit einer schnellen Handbewegung wische ich die Rußpartikel fort, die sich, wie bei jedem Feuer, wieder auf der Panoramascheibe meiner Atemschutzmaske abgelagert haben, und erkenne meine Umgebung. Um mich herum sind mehrere Kollegen, sowohl in Blau als auch in Weiß. Sie kümmern sich sofort um das Mädchen, legen sie auf eine Trage und bringen sie nach draußen. Durch den Spalt bei der Rauchschutztür gelangt permanent Rauch aus dem Flur in den Treppenraum. Aber während der obere Bereich sich schon stark damit gefüllt hat, herrscht hier unten noch relativ klare Sicht. Von hinten legt jemand seine Hand auf meine Schulter und ich höre die Stimme unseres Zugführers: »Ist alles in Ordnung?« Ich nicke, während ich weiter nach Luft ringe. »Wo ist dein Partner?«, fragt er mit besorgter Stimme. »Ist noch drinnen, sucht die anderen Zimmer ab«, schnaufe ich. »Wir brauchen Unterstützung.« »Ist schon längst da«, beruhigt er mich. »Zwei PA-Trupps vom anderen Zug sind ebenfalls im Gebäude unterwegs.« »Das ist gut, dann geh ich jetzt auch wieder rein«, meine ich und rapple mich auf. »Warte. Wie viel Luft hast du noch?«, will er wissen und greift nach dem Druckmanometer meines Atemschutzgerätes. »Hundertzwanzig bar. O.k. Geh rein und such deinen Partner. Und diesmal bleibt ihr zusammen, verstanden?« – »Klar«, antworte ich ihm und bin froh, dass er aus meinem Alleingang kein Drama macht. Doch vielleicht kommt das ja noch. Aber wenn schon, wenn das Mädchen überlebt, war es das wert. Er drückt mir seine Lampe in die Hand und ich schlüpfe, immer noch schwer atmend, durch die Rauchschutztür zurück in den verrauchten Flur. Wieder taste ich mich an der Wand entlang von einer Zimmertür zur nächsten vorwärts. Nach meinen Handschuhen suche ich jetzt erst gar nicht. Es würde mich zu viel Zeit kosten und vermutlich würde ich sie im Augenblick sowieso nicht finden. Außerdem brauche ich sie hierfür nicht wirklich. Nachdem ich an dem Zimmer vorbei bin, in dem wir das Mädchen gefunden haben, wird es wieder deutlich wärmer und ich kann plötzlich irgendwo vor mir das Prasseln von Flammen und das Fauchen und Zischen eines Löschwasserstrahls hören. Wortfetzen aus einem Funkgerät weisen auf die Anwesenheit von Kollegen hin. Im darauffolgenden Zimmer ist mein Partner vermutlich schon gewesen und hat es durchsucht. Trotzdem öffne ich die Tür, leuchte hinein und rufe seinen Namen. Ich bekomme aber keine Antwort. Tür wieder zu, zum nächsten Zimmer. Auch hier ist die Tür geschlossen und auch hier rufe ich hinein. Diesmal kommt ein gedämpftes »Hier«. Doch es kommt nicht aus diesem Raum. Er muss bereits noch eine Tür weiter sein. Ich krieche vor und finde ihn tatsächlich im nächsten Zimmer. Es ist das letzte und es befindet sich unmittelbar vor dem Brandraum. Nur ein kleines Stück weiter liegen unsere Kollegen auf dem Fußboden und bekämpfen das Feuer, das im Aufenthaltsraum des Heimes wütet. Es ist höllisch heiß hier. »Hast du was gefunden?«, rufe ich. »Nein, nichts. Alles leer. Keiner mehr drin!«, ruft er zurück. Mir fällt ein Stein vom Herzen. Sofort geben wir eine entsprechende Rückmeldung an unseren Zugführer durch. Dann kriechen wir zurück in Richtung Treppenraum, um uns dem Zimmer zuzuwenden, welches der Betreuer bewohnt hat. Auf dem Weg dorthin ruft uns der Staffelführer über Funk. Er teilt uns mit, dass das Aufsichtspersonal komplett ist und die Vollzähligkeit der geretteten Personen festgestellt hat. Wir sollen rauskommen. Eine sehr gute Nachricht. Ein Blick auf mein Druckmanometer zeigt mir, dass mein Luftvorrat sowieso in Kürze zu Ende geht. Die enorme Anstrengung bei dem Transport des Mädchens über den Flur hat sich deutlich auf den Verbrauch ausgewirkt.

Draußen reißen wir uns die Atemschutzmasken vom Gesicht und der Schweiß, der sich darin angesammelt hat, tropft heraus. Wir atmen tief durch. Auf der Straße vor dem Gebäude reihen sich die Einsatzfahrzeuge aneinander wie Perlen an einer Kette. Löschfahrzeuge von verschiedenen Feuerwachen, Rettungs- und

Notarztwagen sowie zahlreiche Streifenwagen der Polizei. Auch ein Großrettungswagen ist vor Ort. Er dient den geretteten Kindern vorübergehend als Unterkunft. Noch bevor wir zu unserem TLF gehen, um uns der Atemschutzgeräte zu entledigen, wollen wir wissen, was mit unserem Mädchen ist. Der Notarztwagen parkt nicht weit vom Haupteingang. Wir gehen hin und mein Partner öffnet die Seitenschiebetür.

Drinnen herrscht rege Betriebsamkeit. Alle sind mit der Versorgung des Mädchens beschäftigt. Ich sehe den Schlauch, über den Sauerstoff verabreicht wird, ich sehe auch den Infusionsbeutel an der Decke des Fahrzeugs hängen, aber ich sehe niemanden, der eine Herzdruckmassage durchführt. Das lässt mich hoffen. »Wie sieht es aus?«, frage ich. Der Arzt schaut kurz in unsere Richtung und antwortet ebenso kurz und knapp: »Sie hat eine schwere Rauchgasintoxikation, ist aber am Leben.« Mehr wollten wir gar nicht hören. Wir schließen die Tür und klatschen uns mit unseren flachen Händen gegenseitig ab. Erleichtert setzen wir uns in unser Fahrzeug, legen die Pressluftatmer im Mannschaftsraum auf den Boden und stürzen das erste Mineralwasser fast auf Ex hinunter.

Insgesamt konnten 44 Kinder und 13 Betreuer rechtzeitig das Gebäude verlassen. Ein Mädchen hat es nicht mehr geschafft. Sie wurde, buchstäblich in letzter Sekunde, von uns gerettet. Mit diesem Bewusstsein steigt ein Gefühl in mir auf, das sich mit Worten kaum beschreiben lässt. Obwohl ich fix und fertig bin, fühle ich mich unheimlich gut. Und ich bin sehr stolz darauf, Feuerwehrmann zu sein.

Als wir uns etwas regeneriert haben, gehen wir noch einmal in das Gebäude zurück, um unseren Kollegen bei der Rücknahme der Geräte zu helfen. Drinnen herrscht wieder ziemlich freie Sicht, sodass ich meine Handschuhe auf Anhieb wiederfinde. Und es ist auch gut, dass ich sie jetzt wieder dabeihabe. Die Brandermittler des LKA nehmen ihre Arbeit noch in der Nacht auf und können eindeutig Brandstiftung als Ursache für dieses Feuer feststellen.

Wir fragen uns alle, was das nur für Menschen sind, die eiskalt das Leben anderer aufs Spiel setzen und selbst den Tod unschuldiger Kinder billigend in Kauf nehmen? Nach einer plausiblen Antwort wird ein gesunder Menschenverstand vermutlich vergeblich suchen.

23

DARAUF WIRD MAN NICHT VORBEREITET

Würde der Fahrzeugboden unseres Rettungswagens seinem Fuß nicht Einhalt gebieten, dann hätte mein Kollege das Gaspedal vermutlich bis auf den Straßenbelag durchgetreten. Meine rechte Hand umklammert den Haltegriff über der Beifahrertür und meine Augen konzentrieren sich auf den abendlichen Großstadtverkehr. An jeder Kreuzung und an jeder Einmündung achte ich auf alles, was sich auf meiner Seite bewegt, und teile ihm mit, was ich sehe. »Vorsicht! Motorradfahrer von rechts! Danach ist gut. Der Rest hält an, sie haben uns gesehen.« Es geht wieder einmal um Sekunden und es geht wieder einmal um das Leben eines Kindes.

Dass die Lage tatsächlich ernst sein muss, merken wir sofort, als wir wenig später die Treppe des Mehrfamilienhauses hinaufhetzen in den dritten Stock. Die Schreie der Frau sind nicht zu überhören: »Kommen Sie schnell! Hier oben! Schnell! Mein Kind!« Diese Worte, diese schrille Tonlage, diese Verzweiflung, die darin mitschwingt, das alles trifft mich augenblicklich bis ins Mark. Ich merke, wie sich mein Herzschlag beschleunigt, und ich spüre wieder dieses Pochen in meinen Halsschlagadern.

Die Frau kommt uns auf der Treppe ein Stück entgegen. Sie ist noch sehr jung, vielleicht Anfang zwanzig. »Er sagt nichts mehr! Er sagt nichts mehr!«, kreischt sie. »Sind Sie der Arzt?« Sie greift nach meinem Arm, als wolle sie mich daran nach oben ziehen. »Der Arzt kommt gleich. Wo müssen wir denn hin?«, frage ich, während wir die letzten paar Stufen bis zur dritten Etage nehmen. Noch bevor sie uns antwortet, sehen wir die offene Tür und stürmen in die dazugehörige Wohnung hinein. Sekunden später sind wir im Schlafzimmer. Wir treffen auf einen jungen Mann, der neben einem großen Doppelbett kniet. Auf dem Bett liegt ein Säugling, bekleidet mit einem blauen Strampelanzug. Der Mann, vermutlich der Vater, versucht, das Kind zu beatmen. Unsere schlimmsten Befürchtungen scheinen sich zu bewahrheiten.

Als der Mann uns bemerkt, brüllt er sofort los: »Schnell! Machen Sie was! Er atmet nicht mehr!« Dann presst er seinen Mund wieder auf das Gesicht des Kleinen und versucht erneut, ihm seinen Atem einzuhauchen. Ein einziger Blick genügt, um zu erkennen, dass seine Versuche zum Scheitern verurteilt sind. Er hat den Kopf des Kindes nicht überstreckt. Somit sind die oberen Atemwege blockiert und die eingeblasene Luft kann unmöglich in die Luftröhre, geschweige denn in die Lunge gelangen. Er ist Laie, er ist aufgeregt, er weiß es nicht besser. Wir werden ihn diesbezüglich auch nicht belehren. »Wie alt ist das Kind?« » Fünf Monate.« »Okay, lassen Sie uns bitte mal weitermachen.«

Die Vitalfunktionen des Säuglings überprüfen, mit dem Ergebnis, dass weder Atmung noch Puls vorhanden sind, den Strampelanzug aufschneiden und den Brustbereich des Kleinen freilegen, das Reanimationsequipment für Kleinkinder aus dem Notfallkoffer nehmen, Sauerstoffflasche aufdrehen und den Schlauch mit dem Beatmungsbeutel verbinden, Tubus in den Rachen einführen, den Kopf des Kindes überstrecken, Beatmungsmaske auf dessen Mund und Nase setzen, behutsam und mit Gefühl den Beatmungsbeutel zusammendrücken, Herzdruckmassage lediglich mit zwei Fingern durchführen. Alles Abläufe, die von jedem Feuerwehrmann sicher beherrscht werden. Abläufe, die so allerdings im täglichen Rettungsdienstgeschäft nicht unbedingt die Regel sind. Reanimationen werden zu neunzig Prozent an Erwachsenen durchgeführt. Kinder sind da glücklicherweise in der Unterzahl und Säuglinge die absolute Ausnahme.

Für meinen Kollegen und mich ist es das erste Mal, dass wir einen Säugling wiederbeleben müssen. Und das in Anwesenheit der verzweifelten Eltern, die schluchzend am Fußende des Bettes stehen, dort, wo auch das kleine Kinderbett aufgestellt ist. Die flehenden Blicke der beiden jungen Leute sind auf uns und auf unser Tun gerichtet, in das sie ihre ganze Hoffnung setzen. Auf so eine Situation bereitet einen in der Ausbildung niemand vor.

»Was genau ist passiert?«, frage ich vorsichtig, während wir weiter reanimieren. »Ich … weiß es nicht«, antwortet der Vater stockend und mit tränenerstickter Stimme. »Der Kleine lag … in seinem … Bettchen. Wir waren im Wohnzimmer … haben ferngesehen. Die Türen … waren nur angelehnt. Das … machen wir immer …, damit … wir ihn hören können, falls er … weint.« Seine Stimme versagt und seine Frau übernimmt. »Er hat aber nicht geweint«, schluchzt sie. »Er war … ganz still. Das war ungewöhnlich, deshalb … haben wir … nachgesehen. Zuerst … dachten wir, er schläft ganz fest. Aber dann … haben wir gemerkt, dass er nicht … atmet! Oh Gott!« Sie bekommt einen Weinkrampf.

»Setzen Sie sich doch ins Wohnzimmer«, schlägt mein Kollege den beiden vor. »Sie können hier im Moment wirklich nichts machen.« »Wo bleibt denn der Arzt?!«, ruft der Mann zornig. Seine Nerven liegen vollkommen blank. »Der muss jeden Augenblick eintreffen«, verspreche ich und versuche, dabei ruhig zu wirken. Tatsächlich bin aber auch ich innerlich ziemlich aufgewühlt und ich merke, dass es meinem Kollegen nicht anders ergeht. Wir denken beide dasselbe. Jeder von uns wünscht sich sehnlichst, dass die Verstärkung möglichst schnell hier ist, dass wir nicht mehr alleine dieser schrecklichen Situation ausgesetzt sind. Wobei uns die Reanimation selbst überhaupt keine Schwierigkeiten bereitet. Ganz im Gegenteil. Es gibt weder bei der Beatmung noch bei der Herzdruckmassage Probleme. Die Matratze ist sehr hart und der Druck mit nur zwei Fingern auf den Brustkorb des Säuglings führt nicht dazu, dass sie sich durchbiegt. Insofern haben wir hier auf dem Bett eine optimale Arbeitshöhe. Wesentlich besser, als wenn wir das Kind auf den Boden gelegt hätten. Nein, das ist es nicht.

Was uns zu schaffen macht, ist die Anwesenheit der Eltern. Ihre Verzweiflung, ihre Sorge, ihre Angst, das geliebte Kind zu verlieren, das alles geht uns verdammt an die Nieren. Es sollte eigentlich an uns abprallen, aber das tut es nicht. So ein dickes Fell hat niemand. Hinzu kommt die Tatsache, dass es bislang nicht eine einzige positive Reaktion vonseiten des Kindes gibt. Der Kleine macht keinerlei Anstalten, selbstständig zu atmen, von einer eigenen Herztätigkeit ganz zu schweigen. Er liegt einfach nur da, in seinem blauen Strampler, auf dem großen Bett. Keine strahlenden Kinderaugen, die zu uns aufblicken. Hinter halb geöffneten Lidern verbergen sich trübe, reglose Pupillen. Und die Eltern wollen einfach nicht hinausgehen. Sie bleiben im Zimmer. Sie stehen eng umschlungen neben dem Kinderbett, schauen mit verweinten Augen zu uns herüber und hoffen, dass wir ihnen sagen, dass alles gut wird und sie ihren kleinen Jungen wieder in ihre Arme nehmen können. Aber das können wir nicht.

Das Martinshorn des herannahenden Notarztwagens klingt für uns wie eine Erlösung und keine zwei Minuten, nachdem wir es vernommen haben, steht das Team bereits bei uns im Zimmer. Große Aluminiumkoffer werden auf dem Ehebett und auf dem Fußboden abgestellt und auseinandergeklappt. Es wird plötzlich ziemlich eng im Schlafzimmer. Eine Tatsache, welche die Eltern nun doch veranlasst, hinauszugehen. Sie wollen nicht im Weg stehen. Während sich die junge Notärztin über den Säugling beugt und unseren winzigen Guedeltubus durch den kleinsten Endotrachealtubus, den sie zur Verfügung hat, ersetzt, berichte ich kurz, was wir bislang in Erfahrung bringen konnten.

Unterdessen macht mein Partner weiter seine Herzdruckmassagen, und als sie ihren Tubus geblockt hat, kümmere ich mich sofort wieder um die Beatmung. Die Kollegen vom NAW versuchen inzwischen, einen Zugang an einem der winzigen Ärmchen zu legen, was ihnen nicht auf Anhieb gelingen will. Die Venen des Säuglings sind sehr schlecht zu lokalisieren. Erst beim zweiten Versuch schaffen sie es. Sie bereiten eine Infusion vor, ziehen die Medikamente auf, nach denen die Ärztin verlangt, kleben Elektroden auf den kleinen

Brustkorb und verbinden diese mit dem EKG-Monitor. Ein paar Sekunden später haben wir ein Bild und es zeigt die traurige Wahrheit. Ein Ausschlag ist nur dann zu erkennen, wenn mein Partner seine Herzdruckmassage durchführt. Hört er auf, erscheint eine durchgezogene Nulllinie. Das kleine Kinderherz hat nicht die Kraft, aus eigenem Antrieb zu schlagen.

Die Ärztin möchte wissen, wie lange der Kleine in seinem Bett lag, bevor er in diesem Zustand aufgefunden wurde. Einer der Kollegen vom NAW geht raus und befragt die Eltern. »Sie wissen es nicht genau«, sagt er, als er zurückkommt. »Fünfzehn, vielleicht zwanzig Minuten. Maximal eine halbe Stunde, schätzen sie.« »Eine halbe Stunde. Das wäre verdammt lange«, flüstert Frau Doktor und man merkt ihr an, dass auch sie ziemlich angespannt ist, so wie wir alle. »Wir versuchen es weiter«, sagt sie und lässt die nächste Spritze aufziehen. Ich beatme, mein Partner macht die Druckmassage, die Ärztin spritzt das Medikament in den Zugang und wir alle hoffen auf eine positive Reaktion. Aber die will sich auch diesmal nicht einstellen.

Vom Wohnzimmer her dringt permanent das Wimmern und Wehklagen der Eltern zu uns herüber. Was die im Moment durchmachen, können wir nur ahnen. Wirklich vorstellen können wir es uns wahrscheinlich nicht. Frau Doktor versucht es weiter, setzt nacheinander alle herzstimulierenden Substanzen ein, die ihr zur Verfügung stehen, will nicht aufgeben. Genauso wenig wie wir. Ich drücke weiter den Beatmungsbeutel mit Daumen, Zeige- und Mittelfinger zusammen und mein Partner massiert weiter den kleinen Brustkorb. Vergeblich. Wir schaffen es einfach nicht, dieses kleine Würmchen zurückzuholen.

Zehn Minuten später muss die junge Ärztin einsehen, dass wir den Kampf um das Kind verloren haben. Alle Aktivitäten werden eingestellt. Und obwohl diese Entscheidung die einzig richtige ist, so ist sie doch so endgültig, dass sie bei allen Beteiligten tiefe Betroffenheit auslöst. Auch bei Frau Doktor selbst. Vor uns liegt ein unschuldiges Kind, dessen Leben nach nicht einmal einem halben Jahr zu Ende ist. Eine Tatsache, mit der wir uns alle abfinden müssen, auch wenn sie nur sehr schwer zu akzeptieren ist. Natürlich weiß auch ich das. Trotzdem spüre ich, wie ein Gefühl der Hilflosigkeit sich meiner bemächtigt, als wir unsere Sachen zusammenpacken.

Wir ziehen den Tubus aus dem winzigen Rachen des Jungen, entfernen den intravenösen Zugang und die Klebeelektroden. Dann geht die Ärztin ins Wohnzimmer und übermittelt den Eltern die schreckliche Nachricht. Deren Reaktion ist nicht zu überhören. Gemeinsam mit der Ärztin kommen sie ins Schlafzimmer, stützen sich gegenseitig. Wir machen ihnen Platz und sie gehen zu dem großen Ehebett, auf dem ihr Baby in seinem blauen Strampelanzug liegt und auf dem es jetzt, wo das gesamte Equipment weggeräumt ist, ganz verloren wirkt. Sie knien nieder, streicheln das kleine Köpfchen, die Mutter küsst es auf die Stirn. Dann umschlingen ihre Arme den Hals ihres Mannes und beide weinen hemmungslos. Vor unseren Augen spielt sich eine menschliche Tragödie ab.

Durch dieses tragische Ereignis ist das Leben der beiden jungen Leute innerhalb kürzester Zeit komplett aus den Fugen geraten. Und wir können das nachvollziehen. Mein Partner, die Kollegen vom Notarztwagen, die Ärztin und ich, wir alle stehen schweigend und mit gesenkten Köpfen im Zimmer, lassen die Eltern einfach nur trauern. Ich muss wieder unwillkürlich an meine Frau und an meine beiden Kinder denken, stelle mir vor, unsere kleine Familie würde dieses furchtbare Schicksal ereilen. Ganz plötzlich habe auch ich mit den Tränen zu kämpfen. Und das soll was heißen.

Es dauert eine Weile, dann gehen die Eltern, wenn auch schweren Herzens, zurück ins Wohnzimmer. Begleitet von der Ärztin. Dort bekommt die junge Mutter ein Beruhigungsmittel. Kurz darauf verabschiedet sich das NAW-Team, denn deren Job ist nun erledigt. Der unsere leider noch nicht. Mein Partner bringt unsere Sachen runter in den Rettungswagen und benachrichtigt über Funk die Polizei. So wie immer, wenn es sich um einen Todesfall handelt.

Ich selbst bleibe im Schlafzimmer bei dem toten Säugling. In meinen Händen halte ich die vorläufige Todesbescheinigung, die Frau Doktor zwischenzeitlich gefertigt hat. Plötzlicher Kindstod steht auf dem Formular. Was genau diesen hervorgerufen hat, werden die Rechtsmediziner noch klären müssen.

Als mein Kollege zurückkommt, bringt er ein Laken mit. Darin wollen wir den Kleinen einwickeln. Als wir gerade damit beginnen, kommen die Eltern dazu und die Mutter bittet uns unter Tränen, sein Gesicht frei zu lassen. Selbstverständlich entsprechen wir ihrem Wunsch. Sie möchte jetzt bei ihrem Baby bleiben, aber ihr Mann kann sie glücklicherweise davon überzeugen, dass es besser für sie ist, wenn sie dies nicht tut. Er nimmt sie in den Arm und führt sie aus dem Raum, zurück ins Wohnzimmer. Wir folgen ihnen und gemeinsam warten wir nun alle auf das Eintreffen der Polizei.

Und plötzlich ist sie wieder da, diese beklemmende Atmosphäre. Die Eltern sitzen auf der Couch hinter dem kleinen runden Glastisch. Vor sich zwei Gläser, das eine leer, in dem anderen ein Rest Cola. Daneben eine halb volle Cola-Flasche und eine angebrochene Chips-Tüte. Überbleibsel eines gemütlichen Fernsehabends, der so jäh in einer Katastrophe endete. Man merkt ihnen an, dass sie von Schuldgefühlen geplagt werden. Sie halten einander fest, weinen still vor sich hin und wir wissen nicht so recht, was wir ihnen sagen sollen.

Ich sitze ihnen genau gegenüber, in einem niedrigen Korbsessel, fühle mich beschissen und hoffe, dass mir möglichst schnell ein paar tröstende Worte einfallen. Mein Partner zieht es lieber vor zu stehen. Nervös tritt er von einem Fuß auf den anderen, den Blick gesenkt. Ich glaube, er würde jetzt am liebsten runterlaufen auf die Straße, um dort bei einer Zigarette die Ankunft des Streifenwagens abzuwarten. Ich könnte es ihm nicht verdenken. Auch mir steht der Sinn danach. Aber das geht leider nun mal nicht. Wir müssen hier ausharren.

»Ich hoffe, dass es Ihnen ein wenig hilft, wenn ich Ihnen versichere, dass Sie keine Schuld trifft«, beginne ich etwas zaghaft, woraufhin sich die Blicke des jungen Paares mir zuwenden. »Sehen Sie, die Ärztin vermutet einen sogenannten plötzlichen Kindstod«, erkläre ich. »Die Ursachen für dieses Phänomen sind noch nicht erforscht. Es tritt vollkommen unerwartet bei scheinbar völlig gesunden Kindern auf. Niemand kann es vorhersehen. Keine Hebamme, kein Kinderarzt und Sie als Eltern schon gar nicht. Sie haben genau das Richtige getan, als sie ihn gefunden haben.«

»Aber wir haben ihn zu spät gefunden«, wirft der Vater ein. »Wir hätten früher nach ihm sehen sollen, dann hätte er jetzt vielleicht noch gelebt.« Er schlägt die Hände vor sein Gesicht und weint erneut heftig. Ich wusste, dass dieser Einwand kommt, und habe ein entsprechendes Gegenargument parat. Ich erhebe mich aus meinem Sessel und lege meine Hand auf seine Schulter: »Kein Vater, keine Mutter auf der ganzen Welt sitzt permanent am Bett ihres Kindes und schaut, ob es noch lebt. Schon gar nicht, wenn das Kind nicht krank ist. Es gibt keinen Grund dafür. Auch bei Ihrem Kind gab es keinen Grund. Sie beide haben sich absolut nichts vorzuwerfen.«

Meine Worte können den Mann nicht wirklich trösten. Er weint immer weiter, kann sich einfach nicht beruhigen. »Was passiert eigentlich jetzt?«, fragt dafür kurz und knapp und völlig unverhofft seine Frau und sie sieht plötzlich total verändert aus. Sie wirkt mit einem Mal sehr gefasst, schenkt uns sogar ein Lächeln. »Wir warten, bis die Polizei da ist«, antwortet mein Kollege, »dann werden wir Ihr Kind mitnehmen müssen, damit es untersucht werden kann.« Die Frau erhebt sich seelenruhig von der Couch, lächelt uns weiter an und sagt mit betont freundlicher Stimme: »Warum?« Ich schaue ihr direkt ins Gesicht und habe das Gefühl, dass sie durch mich hindurchsieht. Ich spüre, wie sich mein Herzschlag wieder beschleunigt. Dennoch ist meine Stimme ganz ruhig, als ich zu ihr spreche: »Damit die Todesursache geklärt wird.«

Jetzt wird sie laut. »Neiiiin!«, ruft sie und aus ihrem Lächeln wird ein unnatürliches Lachen. »Er ist nicht tot! Er schläft doch nur!« Sie drückt mich zur Seite, und bevor wir begreifen, was passiert, rennt sie in Richtung Schlafzimmer. Ich bin so überrascht, dass ich sie nicht mehr festhalten kann. Wir laufen ihr sofort nach, holen sie aber erst im Schlafzimmer ein. Immerhin können wir dort noch verhindern, dass sie den Kleinen an sich nimmt. Dies gelingt uns allerdings nur unter Anwendung sanfter Gewalt. Zu zweit halten wir sie fest, versuchen, sie zu beruhigen. »Lassen Sie mich!«, schreit sie uns an. »Ich will mein Kind!« Auch ihr Mann kommt dazu. Er nimmt sie in den Arm und redet weinend auf sie ein. »Hör auf!«, ruft er immer wieder. »Hör bitte auf! Es ist gut, es ist gut!« Dann sacken beide vor dem Bett zusammen und die Frau bekommt einen erneuten Weinkrampf.

Mein Kollege ist völlig fertig und ich bin es auch. In meinen Halsschlagadern wummert es, mein Kopf scheint auseinanderplatzen zu wollen. Warum mussten ausgerechnet wir diesen Einsatz kriegen? Und wann, zum Geier, wirkt eigentlich das Beruhigungsmittel bei der Frau? Wir helfen den verzweifelten Eltern wieder auf die Beine und führen sie zurück ins Wohnzimmer, lassen sie wieder auf der Couch hinter dem kleinen runden Glastisch Platz nehmen. Aber diesmal setze ich mich nicht wieder in den Korbsessel. Ich gehe im Zimmer auf und ab, genau wie mein Partner. Dabei behalten wir die beiden permanent im Auge, sehen, wie sie eng umschlungen dasitzen und weinen. Sie erneut anzusprechen, das traut sich jetzt keiner mehr von uns. Die unerwartete Reaktion der Frau steckt uns beiden noch zu tief in den Knochen.

Alle paar Minuten blicke ich auf meine Armbanduhr. Es ist kurz vor dreiundzwanzig Uhr. Vor zehn Minuten hat mein Kollege die Polizei angefordert. Eigentlich sollten die doch schon hier sein. Sind sie aber nicht. Und so wird das Warten nun erneut zur Qual. Fünf Minuten, zehn Minuten, fünfzehn Minuten auf und ab gehen. Niemand sagt etwas, es herrscht beklemmende Stille, die aber anscheinend auch etwas Gutes hat, denn die junge Mutter schläft tatsächlich irgendwann ein. Das Beruhigungsmittel zeigt Wirkung. Dann endlich, nach zwanzig Minuten (gefühlt wie anderthalb Stunden), erscheint die Polizei.

Während meiner gesamten Dienstzeit habe ich noch niemals so schnell eine Einsatzstelle übergeben wie dieses Mal. Als die beiden Polizeibeamten dann mit der Befragung der Eltern beginnen, holen wir den Säugling aus dem Schlafzimmer. Die Eltern bekommen das natürlich mit und die Mutter will den Kleinen noch einmal sehen. Aber sowohl ihr Mann als auch die beiden Polizisten können ihr das zum Glück ausreden. Schnell trage ich deshalb das tote Baby in dem Laken durch das Treppenhaus nach unten. Ich lege es in unserem Rettungswagen auf die Trage, wo mein Partner das kleine Bündel fixiert. Dazu genügt ihm ein einziger Gurt. Wir atmen beide tief durch. Endlich haben wir es hinter uns, sind raus aus der Wohnung. Alles, was jetzt folgt, ist nicht mehr zu vergleichen mit dem, was wir in der letzten Stunde erlebt haben. Zwar müssen wir gleich noch ein totes Baby in die Rechtsmedizin bringen, wo wir es in eine kalte Edelstahlwanne legen werden, was natürlich eine traurige Angelegenheit ist. Aber es ist nichts gegen die schrecklich beklemmende Situation in der Wohnung. Diese Verzweiflung, diesen Schmerz der Eltern mit ansehen zu müssen, das ist es, was einen wirklich fertigmacht.

24

FILMREIF

Alle Szenarien, die bislang in diesem Buch von mir beschrieben wurden, waren geprägt von Dramatik, Ekel, Leid oder Trauer und die meisten von ihnen nahmen kein gutes Ende. Keine leichte Kost. Deshalb möchte ich Sie mit der nun folgenden letzten Geschichte ein wenig aufheitern. Und sollte Ihr Gemütszustand, während Sie mich bei meinen Einsätzen begleitet haben, etwas in den negativen Bereich abgerutscht sein, dann hoffe ich, dass er sich jetzt wieder normalisiert.

Der Einsatz, um den es diesmal geht, ist so verrückt, dass er zweifellos als Stoff für einen Film herhalten könnte. Deshalb wird auch er für alle Zeiten einen festen Platz in meinem Kopf einnehmen. Allerdings ist die Story etwas kompliziert, weil keiner der beteiligten Einsatzkräfte den gesamten Einsatz in einem Stück, also von Anfang bis Ende, miterlebt hat. Ich auch nicht. Wir waren alle nur Teil eines Puzzles, dessen volle Größe erst am Ende der Ereignisse sichtbar wurde. Aus diesem Grund schildere ich diesen Einsatz aus verschiedenen Blickwinkeln. Aber keine Angst. Damit Sie als Leser nicht den Überblick verlieren, werden Sie all das, was sich mir und meinen Kollegen erst nach den teils sehr lebhaften Schilderungen der beteiligten Fahrzeugbesatzungen offenbarte, sofort und im entsprechenden zeitlichen Ablauf miterleben.

Feuerwache 18, Montagmorgen, kurz nach sieben Uhr. Fahrzeug- und Geräteübernahme. In meiner Funktion als TLF-Maschinist sitze ich im »Cockpit« meines Fahrzeugs und wechsle die Tachoscheibe, als die Stimme des Telegrafisten bereits den ersten Einsatz in dieser gerade erst beginnenden achtstündigen Schicht verkündet: »Einsatz für den Rettungswagen Anton! Erkrankung Köcherstraße!« Es folgen zwei Schläge der Alarmglocke.

Die beiden Kollegen haben eine kurze Anfahrt. Die Einsatzstelle ist nur wenige Hundert Meter von unserer Feuerwache entfernt. Es ist nasskalt an diesem Märzmorgen und ein paar Nebelschwaden wabern um das alte dreigeschossige Wohnhaus Nummer 163, vor dem der junge Oberfeuerwehrmann den Rettungswagen stoppt. Das Gebäude steht direkt am Köcherkanal, den die Straße hier mithilfe einer Brücke überwindet. Er verläuft unmittelbar hinter dem Haus, parallel zur rechten Gebäudeseite.

Die Wohnung, in der sich die erkrankte Person laut Einsatzdepesche aufhält, befindet sich im Erdgeschoss. »Wenigstens nicht so weit oben«, meint sein Kollege, ein etwas betagter Oberbrandmeister, der als Einsatzleiter verantwortlich zeichnet. Ein paar Steinstufen führen nach oben zu einer großen doppelflügeligen Eingangstür. Der junge Kollege ist mit zwei, drei Sätzen oben und wirft einen Blick auf das Klingeltableau. »Wie war noch gleich der Name?!«, ruft er seinem älteren Partner zu, der erst einmal am Fußende der Treppe stehen bleibt. »Stolle!«, ruft der zurück. » Alles klar, wohnt hier«, bestätigt der Junge. »Kannst hochkommen.«

Die Tür ist nicht verschlossen, sodass die beiden ohne Umschweife in den schummrigen Hausflur gelangen. »Ich mach erst mal Licht«, sagt der Alte und drückt auf den rot leuchtenden Taster für die Treppenhausbeleuchtung. Der Junge hat die Wohnung von Stolle aber bereits gefunden. Sie befindet sich auf der rechten, also auf der Kanalseite. Er stellt die Tasche mit den Erste-Hilfe-Utensilien ab, drückt den Klingelknopf und wartet. Aber niemand öffnet. Also drückt er noch mal. Diesmal klingelt er Sturm. Und auch diesmal macht keiner auf. Nun schlägt er mit der Faust gegen die Tür, tritt auch mit den Stiefelspitzen dagegen, die übliche Feuerwehrvorgehensweise halt. In der Wohnung rührt sich jedoch absolut nichts.

»Geh mal ans Funkgerät und frag nach, wer uns angerufen hat«, sagt der Alte. »Ich halt hier die Stellung.« Und während der Junge zum Rettungswagen läuft, um sich mit der Einsatzzentrale in Verbindung zu setzen, klingelt der Alte an der gegenüberliegenden Wohnungstür.

Er hofft, dass die Nachbarn vielleicht etwas wissen. Aber auch da macht niemand auf.

Kurz darauf kommt der junge Oberfeuerwehrmann mit neuen Erkenntnissen zurück. »Die Mutter von der Frau Stolle hat angerufen«, berichtet er. »Der Disponent sagt, sie hätte erzählt, dass sie heute Morgen mit ihrer Tochter telefoniert hat und die hätte lauter wirres Zeug geredet und plötzlich einfach den Hörer aufgelegt. Seitdem erreicht sie sie nicht mehr und macht sich Sorgen. Sie hat zwar einen Schlüssel für die Wohnung, braucht aber eine Stunde, bis sie hier ist. Er fragt, ob er uns ein LF zur Türöffnung schicken soll.« Der Alte runzelt die Stirn. Dann versucht er ein letztes Mal sein Glück an der Tür. Als wieder nichts passiert, schickt er den Jungen noch einmal zum Rettungswagen und lässt ihn über Funk Verstärkung anfordern.

Ich bin dabei, die Einsatzgeräte zu kontrollieren, als die Stimme des Telegrafisten abermals aus den Lautsprechern der Rundspruchanlage ertönt: »Achtung! Ein Einsatz für das LF! Notfall, Tür verschlossen, Köcherstraße! Anforderung von Rettungswagen 18 Anton!« Der Maschinist des betroffenen Löschgruppenfahrzeugs, der, so wie ich, ebenfalls mit der Überprüfung seiner Geräte beschäftigt ist, schließt die Klappen der Gerätefächer und schwingt sich auf den Fahrersitz. Und während noch die letzten Töne der Alarmglocke durch die Fahrzeughalle schallen, eilen aus allen Richtungen die Kollegen herbei, die zur Besatzung seines Fahrzeugs gehören, um im Mannschaftsraum desselbigen Platz zu nehmen.

Der Gruppenführer holt sich die Einsatzdepesche aus dem Telegrafenzimmer, öffnet das Hallentor, setzt sich auf seinen Platz neben dem Maschinisten und dann verlässt das LF mit eingeschalteten Blaulichtern auch schon die Wache in Richtung Köcherstraße. Es ist jetzt zwanzig nach sieben. »Das geht ja gut los heute Morgen«, denke ich bei mir und widme mich dann weiter dem Equipment in den Gerätefächern.

Vor der Wohnungseingangstür von Frau Stolle packt die Besatzung des Löschgruppenfahrzeugs die Gerätschaften für die Türöffnung aus.

Das Sicherheitsschloss sieht zwar sehr stabil aus, erweist sich aber als kein großes Hindernis. Nachdem die Blende entfernt ist, lässt sich der Schließzylinder in kürzester Zeit mittels einer Rohrzange herausbrechen. Ein kurzer Dreh mit dem »Dietrich«, dann sind die Kollegen in der Wohnung. Im Flur brennt Licht, aber niemand ist zu sehen.

»Hallo! Ist jemand zu Hause?«, ruft der Gruppenführer. Eine Antwort erhält er nicht. Die Zimmer links und rechts des Flures sind schnell durchsucht. Aber weder in der Küche und im Bad, noch im Schlafzimmer werden sie fündig. Die Tür am Kopfende des Flures ist dann aber wieder verschlossen. Dahinter befindet sich vermutlich das Wohnzimmer und ... Frau Stolle. Ein Kollege klopft. »Hallo! Frau Stolle, sind Sie da drinnen?!«, ruft er. »Hier ist die Feuerwehr! Machen Sie doch bitte mal die Tür auf!«

Keine Resonanz. Der Kollege geht in die Knie und wirft einen Blick durch das Schlüsselloch. »Ach, du Scheiße«, zischt er und springt auf. »Ich sehe Flammen. Irgendwas brennt da drinnen.« Der Gruppenführer überlegt nicht lange. »Alle in Deckung!«, brüllt er. Dann tritt er gegen die Tür. Der Holzrahmen, in dem sich der Riegel des Buntbartschlosses festkrallt, hat keine Chance. Er wird auf der anderen Schlossseite in zwei Hälften gespalten und klappt auseinander. Die Tür schwingt augenblicklich auf und wird erst durch jene Wand auf der linken Seite gestoppt, die dort das Zimmer begrenzt. Alle liegen oder hocken auf dem Fußboden, um einer eventuellen Stichflamme kein Ziel zu bieten.

Aber nichts passiert. Denn das Feuer, welches der Kollege bei seinem Blick durch das Schlüsselloch entdeckt hatte, ist nur sehr klein. Etwa in der Mitte des Raumes, neben einem Couchtisch, auf dem eine fast leere Schnapsflasche steht, züngeln Flammen aus einem Papierkorb und der Geruch des aufsteigenden Qualms, der durch den plötzlichen Windzug der sich öffnenden Zimmertür verwirbelt wurde, dringt nun in die Nasen der Anwesenden. Alle rappeln sich wieder auf. Und dann sehen sie die Frau. Sie hat das Fenster geöffnet und sitzt, mit dem Rücken zur Tür, auf dem Fensterbrett. Ihre Beine ragen weit über den Sims hinaus ins Freie, baumeln über dem unter ihr dahinfließenden Kanal.

»Frau Stolle?« Mit ruhiger Stimme spricht der Gruppenführer die Frau an, geht langsam ins Zimmer hinein und gibt dem Rest der Truppe durch entsprechende Handzeichen zu verstehen, zurückzubleiben. Als Frau Stolle ihren Namen hört, dreht sie ihren Kopf in Richtung Zimmer. Sie ist etwa Mitte vierzig, von kräftiger Statur, hat gerötete, verweinte Augen und verzieht den Mund zu einem gequälten Lächeln. Schon hegen einige der jüngeren Kollegen die leise Hoffnung, alles würde sich nun zum Guten wenden, Frau Stolle würde in wenigen Augenblicken dem Gruppenführer, selig und vor Glück schluchzend, in die Arme sinken.

Doch stattdessen schaut sie wieder in die andere Richtung, und noch bevor der Kollege den nächsten Schritt macht, lässt sie sich aus dem Fenster fallen und landet mit einem deutlich vernehmbaren Platsch im Kanal. Blankes Entsetzen bei allen Einsatzkräften. Der Gruppenführer springt sofort ans Fenster und blickt hinunter in den Kanal, der etwa fünf Meter tiefer träge dahinfließt. Er entdeckt die Frau. Sie treibt mit der Strömung langsam in Richtung Straßenbrücke. »Helmut, du löschst den Papierkorb und bewachst die Wohnung!«, ruft er einem Kollegen seiner Mannschaft zu. »Alle anderen runter zum Bootsanleger!« Ganz plötzlich nimmt der Einsatz eine völlig unerwartete Wende.

Die restlichen Kollegen des Löschzuges, die sich noch immer an der Wache befinden und zu denen auch ich zähle, erwischt es beim Kartoffelnschälen in der Gemeinschaftsküche. »Achtung! Achtung! Von LF 18, Person im Wasser, Köcherstraßenbrücke! Einsatz für TLF, DL und Rüstwagen! Notarztwagen und C-Dienst mit aus!«

Die Frau schwimmt mit kräftigen Kraulbewegungen unter der Brücke hindurch. Sie befindet sich jetzt weitab vom Ufer, schwimmt fast in der Mitte des etwa vierzig Meter breiten Kanals. Als sie auf gleicher Höhe mit den Kollegen ist, die am Bootsanleger direkt hinter der Brücke stehen, die ihr zurufen, dass sie ans Ufer schwimmen soll, hält sie inne.

Sie schwimmt im Kreis, winkt in Richtung Bootsanleger, lacht und ruft: »Juuuuhu!« Das Bad in dem kalten Wasser scheint ihr zu gefallen.

»Ist die verrückt?« Der junge Oberfeuerwehrmann vom Rettungswagen Anton kann es kaum fassen. »Nee, besoffen«, klärt ihn sein Partner auf. »Hast du nicht die Schnapsflasche gesehen, die auf dem Wohnzimmertisch stand? Die merkt nichts mehr. Schon gar nicht die Kälte.« Die Frau schwimmt eine weitere Runde, hört dann aber abrupt auf. Und plötzlich beginnt sie, um Hilfe zu rufen. Ganz leise, so, als wäre es ihr peinlich. Die wärmende Wirkung des Schnapses scheint mit einem Mal verflogen zu sein. »Soll ich sie holen?«, schaltet sich Kai ein. Er gehört zur LF-Besatzung und zieht sich sogleich die Jacke aus. Der Gruppenführer weiß, dass Kai ein guter Schwimmer ist. Und weil der Rüstwagen mit dem Schlauchboot noch nicht in Sicht ist, gibt er sein Okay. »Aber du schwimmst nicht ohne Sicherung da hin«, mahnt er. »Wir leinen dich an.«

Wir sind nur zu dritt auf dem TLF. Der Zugführer, der Staffelführer und ich. Die beiden Kollegen vom Angriffstrupp müssen den Rüstwagen besetzen. Eigentlich wird dessen Besatzung aus den Reihen der LF-Mannschaft gestellt, aber die Jungs sind ja bereits mitsamt Fahrzeug an der Einsatzstelle. Deshalb wurde kurzerhand umdisponiert.

Als die Köcherstraßenbrücke in Sichtweite ist, taucht aus dem Nebelgrau einer unserer Kollegen auf. Er weist uns ein. Das TLF und die Drehleiter winkt er vorbei. Also fahren wir erst mal weiter bis zur Brückenmitte, bevor wir endgültig anhalten. »Bringt eine Decke mit!«, ruft er uns zu, als wir aus den Fahrzeugen springen. Der Staffelführer greift sich die Wolldecke aus dem Mannschaftsraum und klemmt sie sich unter den Arm. Dann laufen wir alle zurück zum Kopfende der Brücke. Dorthin, wo man über flache Treppenstufen hinunter zum Bootsanleger gelangt und wo der Einweiser auch den Rüstwagen gestoppt hat. Das Erste, was wir sehen, als wir einen Blick in Richtung Kanal werfen, ist ein patschnasser Kollege, der vor Kälte schlotternd am Ufer steht.

Ist das nicht Kai? Geht es etwa um ihn? Ist er es, der ins Wasser gefallen ist? Und wenn ja, wieso? So ganz verstehen wir im Augenblick noch nicht, was hier los ist. Der einweisende Kollege klärt uns schnell auf: »Da schwimmt eine Frau im Kanal. Kai wollte sie rausholen. Aber kurz bevor er bei ihr war, kriegte er plötzlich keine Luft mehr und wir mussten ihn zurückziehen. Das Wasser ist nämlich arschkalt. Bestimmt wird auch die Frau das nicht mehr lange durchhalten. Wir müssen uns beeilen!« Während der Zugführer und der Staffelführer schon auf dem Weg zum Kanal sind, helfen der einweisende Kollege und ich den beiden vom Rüstwagen, das Schlauchboot vom Dach ihres Fahrzeugs zu hieven. Unterdessen kommen aus verschiedenen Richtungen Streifenwagen der Polizei angerast. Mit quietschenden Reifen stoppen sie vor, hinter und mitten auf der Brücke. Ein paar Schaulustige werden beiseitegedrängt, die gesamte Einsatzstelle großräumig abgesperrt.

Wir sind mit dem Boot noch nicht einmal ganz am Anleger angekommen, als sich die Einschätzung des Kollegen zu bewahrheiten scheint. Aus der Mitte des Kanals ertönen jetzt schrille, gurgelnde Hilferufe. Wir sehen einen Kopf aus der dunklen trüben Brühe herausragen und wir sehen Arme, die wild auf die Wasseroberfläche einschlagen. Die Frau ist in Panik. Unser Zugführer übernimmt das Kommando: »Erster Angriffstrupp – Schwimmwesten anlegen! Schlauchtrupp – das Boot sichern und zu Wasser lassen! Fertig machen zur Menschenrettung.«

Da es unter anderem meine Aufgabe als TLF-Maschinist ist, den Funkkontakt zur Einsatzzentrale zu halten, solange der Einsatzführungsdienst noch nicht vor Ort ist, schickt mich der Zugführer zurück zum Fahrzeug, damit ich von dort aus folgende Rückmeldung absetze: »Von Zug 18, eine weibliche Person im Köcherkanal. Rettung eingeleitet. Zugführer 18.« Der Disponent wiederholt meine Worte und im Anschluss daran bestätige ich dann dem Zugführer mittels Handsprechfunkgerät, dass die Rückmeldung raus ist. So ist nun mal das Prozedere. Und weil ich ja am Fahrzeug bleiben muss, kann ich ab sofort die gesamte Rettungsaktion von der Brücke aus verfolgen. Und die ist wirklich dramatisch.

Die Kollegen vom Angriffstrupp paddeln, was das Zeug hält. Die Frau, auf die die beiden zusteuern, sie zappelt, versinkt plötzlich in dem grauen, kalten Nass des Kanals, um kurz danach wieder aufzutauchen. Sie hustet, spuckt Wasser, versinkt abermals und taucht erneut wieder auf. Gerade als sie ein drittes Mal zu versinken droht, sind die Jungs bei ihr. Keine Sekunde zu früh. Der Kollege, der vorne im Boot hockt, wirft sein Paddel hinter sich und kriegt sie am Haarschopf zu fassen. Die Frau schreit sofort los wie am Spieß. Vielleicht aus Angst, vielleicht aber auch, weil der Griff des Kollegen ihr Schmerzen bereitet. Was auch immer der Grund ist, es ist scheißegal. Er hat sie und er sorgt dafür, dass ihr Kopf über der Wasseroberfläche bleibt.

Der Rettungswagen Berta hat soeben die Wache verlassen und ist auf der Anfahrt zu einem Verkehrsunfall. Deshalb macht sich der Telegrafist, wie üblich, auf den Weg in die Fahrzeughalle, um das noch offen stehende Tor zu schließen. Schon als er die Halle betritt, hört er das Horn eines Streifenwagens, das sich schnell nähert. Es wird lauter und immer lauter und er erwartet eigentlich, dass das dazugehörige Fahrzeug in wenigen Augenblicken an der Wache vorbeirast. Doch stattdessen kommt dieser Streifenwagen direkt durch jenes Tor, welches er gerade zu schließen beabsichtigt, fährt an ihm vorbei in die Halle hinein und hält dann an.

Die beiden Polizisten steigen aus und der eine von ihnen öffnet eine der hinteren Fahrzeugtüren. Der Telegrafist traut seinen Augen nicht. Denn jetzt steigt auch Kai aus. Zitternd und zähneklappernd steht er da, eingehüllt in eine Wolldecke, sieht aus wie ein begossener Pudel. »Der Kollege braucht schnellstens eine heiße Dusche«, ruft der ältere Polizist und amüsiert sich über das verdutzte Gesicht des Telegrafisten.

Die zwei Kollegen haben einige Mühe, die Frau aus dem Wasser zu ziehen. Sie scheint nicht gerade ein Leichtgewicht zu sein. Aber

schließlich gelingt es ihnen, sie über die mit Luft gefüllte Gummiwulst ins Innere des Bootes zu zerren. Bäuchlings, wie eine Robbe,
gleitet sie darüber hinweg und bleibt zwischen der vorderen und der
hinteren Sitzbank auf dem Bootsboden liegen. Sie japst nach Luft
– genau wie die beiden Kollegen. »Ziiiiiieht!«, brüllt der eine von
ihnen in Richtung Anleger und sofort schmeißen sich alle mächtig ins Zeug. Mit vereinten Kräften und mithilfe der Sicherungsleine wird das Boot samt Insassen an Land gezogen. Dort wird die
Frau sofort auf die bereitgestellte Trage gelegt und in eine dicke
Decke gewickelt. Mit Sicherheit ist sie unterkühlt. Deshalb wird
sie, so schnell es geht, von vier Kollegen die Treppe hinauf zum
Rettungswagen getragen. Den hat der junge Oberfeuerwehrmann
zwischenzeitlich von dem alten dreigeschossigen Wohnhaus auf
der gegenüberliegenden Straßenseite weggefahren und auf dieser
Seite hinter dem Rüstwagen geparkt. Wohlweislich hat er den Motor laufen lassen und vorsorglich auch schon mal die Heizung voll
aufgedreht, was wohl sehr im Sinne der Frau sein dürfte.

Jetzt ist die nächste Rückmeldung fällig. Sie kommt aber nicht
mehr von unserem Zugführer, sondern vom C-Dienst, der mittlerweile die Einsatzführung übernommen hat. Und übermittelt
wird sie auch nicht von mir, sondern von dessen Fahrer. Der teilt
der Einsatzzentrale nämlich nun mit, dass die Frau gerettet ist und
keine weiteren Kräfte benötigt werden, was im Feuerwehrjargon
»Abspannen« heißt. Ein Wort, das bei allen wie Musik in den Ohren
klingt. Denn immerhin ist es bereits nach acht und es wird langsam
Zeit, dass wir was in den Magen kriegen.

*Der soeben eintreffende Notarzt begibt sich in den RTW und
macht sich ein Bild von der körperlichen Verfassung der Frau. Die
liegt zitternd unter der Decke, lallt irgendwelches unverständliches
Zeug daher und hat eine beachtliche Fahne. Er misst ihren Blutdruck
und kommt zu dem Schluss, dass seine Anwesenheit während des
Transports ins Krankenhaus nicht vonnöten ist. Die beiden Kollegen vom Rettungswagen Anton dürfen den selbstständig und alleine*

*durchführen. Als der Doktor dann die Blutdruckmanschette wieder
von ihrem Arm entfernt, brabbelt die Dame etwas vor sich hin, was
wohl »lassssmichdochinruhe« heißen soll. Dann dreht sie sich auf die
Seite, zieht sich die Decke über die Ohren und schläft auf der Stelle
ein. Der alte Obermeister schüttelt den Kopf. »Die Frau hat wirklich
einen Schutzengel«, murmelt er und schickt sich schon an, neben ihr
im Begleitersessel Platz zu nehmen, als plötzlich vom anderen Ende
der Brücke einer der Polizisten angerannt kommt. Im Schlepptau hat
er einen etwa fünfzig Jahre alten Mann.*

*»Hallo, Kollegen! Wartet mal!«, ruft er und schwenkt seine Arme.
Als die beiden kurz darauf ziemlich außer Atem am Rettungswagen
ankommen, stellt sich heraus, dass es sich bei dem Mann, der den
Polizisten begleitet, um den Ehemann der Frau im RTW handelt. Er
ist total fertig, seine Nerven liegen vollkommen blank und er fragt
mit zitternder Stimme, ob er seine Frau ins Krankenhaus begleiten
dürfe. Selbstverständlich darf er. Denn zum einen ist die Dame keine
Patientin, die eine intensive Betreuung benötigt. Das Wichtigste für
sie ist jetzt ausreichend Wärme. Dafür ist gesorgt. Und zum anderen
liefert natürlich dieser Ehemann die erforderlichen Daten für den
Beförderungsbericht. Hierdurch entfällt die mühsame Recherche am
Ende des Einsatzes. Der ältere Kollege überlässt ihm großzügig den
bequemen Sessel und begnügt sich mit dem Klappsitz am Kopfende
der Trage. Als sie ihre Sitzpositionen eingenommen haben, klemmt
sich auch sein Junior-Partner hinters Lenkrad und schon sind die vier
auf dem Weg in die nächstgelegene Klinik.*

*Der Mann kümmert sich rührend um seine schlafende Frau. Er
streicht ihr mit der Hand immer wieder über ihre nassen Haare. Die
sind nämlich so ziemlich das Einzige, was von ihr noch aus dem De-
ckenberg herausragt. Mit tränenerstickter Stimme redet er auf sie ein:
»Liebling, was machst du nur für Sachen? Es tut mir leid, dass wir
uns so furchtbar gestritten haben. Lass uns noch mal in Ruhe über
alles reden. Ich bin dir doch auch gar nicht mehr böse.« Seine Fürsorge
wird von seiner Frau mit einem langgezogenen und an Lautstärke*

stetig zunehmenden Schnarchen erwidert. Der alte Obermeister muss
innerlich grinsen.

Eine Weile lauscht er den herzzerreißenden Worten des Mannes,
dann spricht er ihn an. »Wie ist denn der Vorname Ihrer Frau?«, fragt
er vorsichtig. Der Mann schaut zu ihm auf, dabei streichelt seine Hand
weiter den nassen Haarschopf. »Anneliese«, schluchzt er. »Ich hätte nie
gedacht, dass sie so was macht. Ich liebe sie doch.« Dann beginnt er
zu weinen. Der Kollege reicht ihm ein Stück Zellstoff, mit dem er sich
die Nase putzen kann. Danach fragt er sich behutsam weiter durch.
Geburtsdatum, Krankenversicherung, mehr muss er gar nicht wissen.
Die Adresse steht ja bereits auf der Einsatzdepesche.

In der medizinischen Notaufnahme des Krankenhauses angekom-
men, wird die immer noch schlafende und schnarchende Dame »um-
gebettet«. Das heißt, sie wird unter Mithilfe des Pflegepersonals von
unserer Krankentrage auf eine der krankenhauseigenen Tragen um-
gelagert. Die inzwischen völlig durchnässte Zudecke wird entfernt und
die Schwestern machen sich daran, der Frau die nassen Kleidungs-
stücke auszuziehen. Dabei wird die Dame wach und beginnt, laut-
hals zu protestieren. Der im Flur vor dem Aufnahmeraum wartende
Ehemann bekommt das mit und steht plötzlich neben der Trage. Er
ergreift eine Hand von ihr, will, dass sie spürt, dass er bei ihr ist, lässt
diese Hand jedoch augenblicklich wieder los. So als hätte er gerade
einen elektrischen Schlag bekommen. Ungläubig starrt er in ihr Ge-
sicht. »Das ist ja gar nicht meine Frau!«, ruft er.

Eine Ansage, die bei allen Anwesenden, insbesondere bei der Besat-
zung des Rettungswagens 18 Anton, zu erheblichen Irritationen führt.
»Wie? Was? Wieso nicht Ihre Frau?«, fragt ihn der ältere Kollege.
»Wie meinen Sie das denn?« »Genau so, wie ich das sage«, entgegnet
der Mann. »Diese Frau kenne ich nicht!« »Moment mal«, mischt sich
sein Partner ein. »Wenn das nicht Ihre Frau ist, wieso fahren Sie dann
mit uns ins Krankenhaus?« »Na, weil ich dachte, dass sie's ist!«, brüllt
der Mann. Seine Stimme bebt, er ist jetzt vollkommen außer sich. Der
alte Obermeister vermutet bei ihm einen Nervenzusammenbruch und

will ihn beruhigen. »Herr Stolle, kommen Sie wieder runter. Es ist alles in Ordnung. Ihrer Frau geht's bestimmt schon bald wieder viel besser.« »Verdammt noch mal, das ist nicht meine Frau! Und ich bin auch nicht Herr Stolle! Mein Name ist Schlüter!« *Für einen Moment herrscht Stille. Dann ergreift eine der Schwestern das Wort.* »Könnt ihr das bitte draußen klären?«, *fragt sie und die Tonlage ihrer Stimme duldet keinen Widerspruch.*

Im Wartebereich vor dem Behandlungsraum beginnt jetzt ein Frage-und-Antwort-Spiel, in dessen Verlauf sich für die beiden Kollegen vom Rettungswagen 18 Anton eine völlig neue Situation ergibt. Herr Schlüter, der vermeintliche Ehemann von der Frau Stolle, wurde heute Morgen von seiner rechtmäßigen Ehefrau an seinem Arbeitsplatz angerufen. Bei dem Telefonat ging es um den Streit, den die beiden am gestrigen Abend hatten. Frau Schlüter drohte ihrem Gatten damit, dass sie sich von der Köcherstraßenbrücke in den Kanal stürzen würde, um sich das Leben zu nehmen. Daraufhin hat der sich sofort auf den Weg gemacht, um sie davon abzuhalten. Als er dann auf der Brücke das Feuerwehr- und Polizeiaufgebot sah, dachte er, dass seine Frau ihre Drohung bereits in die Tat umgesetzt hätte. Er erkundigte sich bei dem erstbesten Polizisten, der ihm über den Weg lief, und dann nahm die Verwechslungsgeschichte ihren Lauf.

Herr Schlüter sackt auf dem Stuhl, auf dem er Platz genommen hat, vollkommen in sich zusammen. Er sieht blass aus. Kein Wunder. Als er Frau Stolles Gesicht erblickte, muss ihm sofort klar gewesen sein, dass seine Frau womöglich immer noch irgendwo im Kanal treibt. »Ich brauche sofort Ihre Telefonnummer«, *sagt der Obermeister. Er schreibt sie sich auf die Rückseite seiner Einsatzdepesche und läuft ins Schwesternzimmer. Vom dortigen Diensttelefon aus versucht er, Frau Schlüter zu erreichen. Als die nicht abnimmt, kommt er zurück.*

»Wo wohnen Sie?«, *fragt er ihren Mann, der wie ein Häuflein Elend auf seinem Stuhl ausharrt. Der antwortet mit einer Gegenfrage.* »Ist sie zu Hause?«, *will er wissen.* »Ich weiß es nicht. Sie geht jedenfalls nicht ans Telefon.« »Oh nein!« *Herr Schlüter vergräbt sein Gesicht in seinen Händen. Der alte Kollege packt ihn an den Schultern und schüttelt ihn. »Herr Schlüter«, sagt er ziemlich barsch, »nennen Sie mir Ihre Adresse! Schnell! Ich muss wissen, wo Sie wohnen«! Herr Schlüter nimmt die Hände von seinem Gesicht, richtet seinen Oberkörper auf, schaut den Kollegen verstört an und stammelt: »Kanalweg 5. Gleich hinter der Brücke.« Dann sackt er wieder in sich zusammen.*

Halb neun. Nach und nach verstummen die Motorengeräusche in der Fahrzeughalle der Feuerwache 18. Ich zücke den Kugelschreiber aus der Brusttasche meines Diensthemdes und schlage das Fahrtenbuch auf, um den Einsatz zu dokumentieren. Aber noch bevor ich alle Spalten ausgefüllt habe, geht das Alarmlicht an und wieder ertönt die markante Stimme des Telegrafisten aus dem Lautsprecher: »Achtung! Achtung! Person im Wasser, Köcherstraßenbrücke! Einsatz für Zug, Rüstwagen und Rettungswagen Cäsar! Notarztwagen und C-Dienst mit aus!« Und wieder folgt das Hämmern der Alarmglocke.

Was bitte ist das denn jetzt? Habe ich ein Déjà-vu? Genau da waren wir doch eben. Hey Leute, aufwachen. Die Frau ist längst im Krankenhaus. Ich werfe einen Blick hinüber in Richtung Drehleiter. Der Maschinist zuckt mit den Schultern. Anscheinend ist er genauso ratlos wie ich. Aber dann kommt unser Zugführer mit der Einsatzdepesche. Und der weiß schon mehr. »Die Anforderung kommt von unserem Rettungswagen Anton. Es soll noch eine zweite Frau gesprungen sein.« Eine Behauptung, die zwar keiner von uns so richtig glauben kann, was aber nichts daran ändert, dass wir erst einmal wieder dorthin zurück müssen, um nachzusehen. Also Blaulicht an und los.

An der Köcherkanalbrücke wird die Mannschaft in mehrere kleine Gruppen aufgeteilt. Die Mehrzahl der Kollegen soll vom Ufer aus zu beiden Seiten der Brücke den Kanal absuchen. Vier von ihnen sollen erneut das Schlauchboot klarmachen. Wenn die Frau vom Ufer aus nicht gesichtet wird, soll der Grund des Köcherkanals vom Boot aus mit einer Totenangel abgefischt werden.

Aber dazu kommt es glücklicherweise nicht mehr. Denn inmitten der Vorbereitungen meldet sich die Zentrale über Funk: »Florian Hamburg 18/1 von Florian Hamburg – kommen!« Ich nehme den Hörer ab und melde mich: »Hier Florian Hamburg 18/1, Standort Köcherstraßenbrücke – kommen!« – »18/1, die Polizei teilt mit, dass die Frau wohlbehalten in ihrer Wohnung angetroffen wurde. Sie können den Einsatz abbrechen. Das gilt auch für alle Einsatzkräfte, die sich noch auf der Anfahrt befinden!« »Verstanden«, bestätige ich. »Zug 18 bricht den Einsatz ab.« Mit den Worten »Ende von Florian Hamburg« wird das Gespräch dann endgültig durch den Disponenten beendet. Na also. Es hätte mich auch sehr verwundert, wenn zwei Frauen gleichzeitig in denselben Kanal gesprungen wären. Auf die Erklärung der Anton-Besatzung, was der Grund für die erneute Anforderung war, bin ich schon jetzt gespannt. Und der Rest der Truppe wahrscheinlich auch. Was auch immer die Jungs dazu bewegt hat, uns noch einmal loszujagen, wir werden es in Kürze wissen. Jetzt aber erst mal nichts wie weg hier und so schnell wie möglich zurück an die Wache. Denn mein Magen rebelliert bereits gewaltig.

Um Viertel nach neun sitzen alle beim Frühstück. Es gibt viel zu erzählen und eben so viel zu lachen. Jede Fahrzeugbesatzung schildert die Ereignisse aus ihrer Sicht und am Ende wird für alle das große Ganze sichtbar. Wer an diesem Montagmorgen dabei ist, für den gibt es keinerlei Zweifel daran, dass dies der verrückteste Dienstbeginn war, den er jemals erlebt hat.

SCHLUSSWORT

Sie haben das Buch bis zum Ende gelesen? Gut. Dann wissen Sie jetzt nicht nur ein wenig mehr darüber, wie Feuerwehr funktioniert, sondern können vielleicht auch nachempfinden, was sich in bestimmten Situationen in den Köpfen der Einsatzkräfte abspielt. Und vielleicht fragt sich mancher von Ihnen sogar: »Wie verarbeitet man solche Erlebnisse?« Die Antwort darauf ist ganz einfach. Man sperrt sie weg. Man verbannt sie in den hintersten Bereich seines Gehirns. Oder anders ausgedrückt, man verdrängt sie. Den meisten von uns gelingt das ganz gut. Zu dieser Gattung gehöre glücklicherweise auch ich.

All die schlimmen Dinge, die ich erlebt habe, sind zwar nach wie vor in meinem Kopf, aber ich kann sie kontrollieren und sie bereiten mir keine Albträume. Einige schaffen das jedoch nicht und sind auf professionelle Hilfe angewiesen. Deshalb gibt es seit etlichen Jahren das Kriseninterventionsteam und auch Seelsorger, die diese Aufgabe wahrnehmen. Die gab es damals, als ich anfing, leider noch nicht. Oftmals waren nach solchen Einsätzen dann die Gespräche im Kollegenkreis ein probates Mittel, um das seelische Gleichgewicht wiederzuerlangen. Manchmal aber eben nicht.

Bevor bei Ihnen nun aber der Eindruck entsteht, Feuerwehrleute seien tagein, tagaus derartigen Horrorszenarien ausgesetzt, lassen Sie mich Folgendes erklären. Die von mir geschilderten Ereignisse fanden innerhalb eines sehr langen Zeitraumes statt. Zwischen den einzelnen Einsätzen lagen manchmal mehrere Jahre. Das normale Tagesgeschäft an einer Feuer- und Rettungswache ist zwar oftmals sehr hektisch, aber meist viel weniger dramatisch. Es gibt eine Vielzahl an schönen Momenten und selbst Einsätze können manchmal sehr lustig sein. Unser Job ist allerdings mit keinem anderen Job vergleichbar. Wir retten Menschen, schützen deren Hab und Gut, gehen dorthin, wo alle anderen weglaufen. Oft unter widrigen Bedingungen und manchmal sogar unter Lebensgefahr. Dieser Job verlangt jedem Einzelnen, der sich für ihn entscheidet, sehr viel ab. Aber er befriedigt auch. Und zwar in höchstem Maße. Aufgrund dieser Tatsache habe ich meine Berufsentscheidung auch niemals bereut. Ich war mit Leib und Seele Feuerwehrmann und bin es noch immer. Für mich ist und bleibt dieser Beruf, mit all seinen Facetten, der schönste Beruf der Welt.

112 GRÜNDE, FEUERWEHRMANN ZU SEIN

PRÄGENDE ERLEBNISSE, SPANNENDE MOMENTE UND SCHLAFLOSE NÄCHTE:
EINE BERÜHRENDE LIEBESERKLÄRUNG AN DEN SCHÖNSTEN BERUF DER WELT

112 GRÜNDE, FEUERWEHRMANN ZU SEIN
EINE HOMMAGE AN DEN SCHÖNSTEN BERUF DER WELT
Von Martin Meyer-Pyritz
ca. 288 Seiten, Taschenbuch
ISBN 978-3-86265-550-2 | Preis 9,99 €

Feuerwehrmänner sind 24 Stunden im Einsatz, geben alles und sind bei Alarm sofort von null auf hundert. Um Leben zu retten, müssen sie oft blitzschnell handeln, manchmal auch improvisieren und immer einen kühlen Kopf bewahren. Es ist ein knochenharter Job, aber die meisten machen ihn mit absoluter Leidenschaft.

Der Autor hat 112 Gründe zusammengetragen, warum der Beruf des Feuerwehrmannes so attraktiv ist. Er erzählt von prägenden Erlebnissen am Einsatzort, spannenden und auch lebensbedrohlichen Momenten sowie schlaflosen Nächten.

Das Buch ist eine berührende Liebeserklärung an den wohl faszinierendsten Beruf der Welt! Feuerwehrmänner müssen Allround-Talente sein, manchmal sind sie sogar Hebammen. Sie leben gefährlich und wollen doch nie mehr etwas anderes sein.

110 GRÜNDE, POLIZIST ZU SEIN

EINE HOMMAGE AN DEN SCHÖNSTEN BERUF DER WELT – LUSTIGE UND SPANNENDE EINBLICKE IN DAS EINSATZGESCHEHEN DER POLIZEI

110 GRÜNDE, POLIZIST ZU SEIN
EINE HOMMAGE AN DEN SCHÖNSTEN BERUF DER WELT
Von Ann-Kathrin Richter und Henry Haack
ca. 288 Seiten, Taschenbuch
ISBN 978-3-86265-385-0 | Preis 9,99 €

Es gibt kaum einen Beruf, der so viele Emotionen und Begeisterung bei Groß und Klein auslöst, wie der eines Polizisten. In diesem Buch erfahren Sie, was die Faszination Polizei ausmacht und wer eigentlich hinter der Uniform steckt.

Gleichzeitig nehmen Sie im Polizeiauto auf dem Beifahrersitz Platz und erleben hautnah die Arbeit zweier junger Polizisten. So finden Sie sich zwischen Verfolgungsfahr-ten, Festnahmen, Verkehrsunfällen, faulen Ausreden der Verkehrsteilnehmer und einem Haufen Bürokratie wieder. Dabei ist kein Tag wie der andere.

Das Buch 110 GRÜNDE, POLIZIST ZU SEIN gewährt Einblicke hinter die Kulissen des Polizeialltags, einer Welt voller Kuriositäten und spannender Einsätze und ist zugleich eine liebevolle Hommage an den Beruf des Polizisten, die Sie eindeutig fesseln wird!

111 GRÜNDE, ARZT ZU SEIN

EINE HOMMAGE AN DEN SCHÖNSTEN BERUF DER WELT – DAS NEUE BUCH VON SPIEGEL-BESTSELLER-AUTOR FALK STIRKAT

111 GRÜNDE, ARZT ZU SEIN
EINE HOMMAGE AN DEN SCHÖNSTEN BERUF DER WELT
Von Falk Stirkat
ca. 288 Seiten, Taschenbuch
ISBN 978-3-86265-551-9 | Preis 9,99 €

In dem SPIEGEL-Bestseller ICH KAM, SAH UND INTUBIERTE gewährte Falk Stirkat Einblicke in seinen aufregenden Alltag als Notarzt. Nun legt der Autor nach und liefert 111 Gründe, einen der verantwortungsvollsten Berufe überhaupt zu ergreifen. Denn ob aus Idealismus, um TV-Idolen wie Meredith Grey und Doug Ross nachzueifern oder der guten Bezahlung wegen – Arzt zu werden ist immer eine gute Idee, findet Stirkat und erörtert ebenso umfassend wie unterhaltsam das anspruchsvolle Studium sowie die vielfältigen Tätigkeitsgebiete eines Mediziners. Außerdem nimmt er das deutsche Gesundheitswesen kritisch unter die Lupe, zum Glück ohne dass ihm dabei der Humor vergeht.

111 GRÜNDE, ARZT ZU SEIN ist eine kurzweilige Hommage an einen überaus erfüllenden Beruf und eine Entscheidungshilfe für alle, die ihn ergreifen wollen.

WOLFGANG ISING, geboren 1950, ging nach einer ab-
geschlossenen Handwerkslehre zur Berufsfeuerwehr. Bei
einer großen norddeutschen Feuerwehr verrichtete er seinen Dienst an acht verschiedenen Feuer- und Rettungswachen. Nach 38 Jahren Einsatzdienst fasste er seine gra-
vierendsten Erlebnisse in diesem Buch zusammen. Heute
arbeitet er freiberuflich für die Feuerwehrakademie in
seiner Heimatstadt.

Wolfgang Ising
FÜR IMMER IM KOPF
Schockierende und berührende Erlebnisse eines Feuerwehrmannes –
24 Einsätze der besonderen Art

ISBN 978-3-86265-538-0
© Schwarzkopf & Schwarzkopf Verlag GmbH, Berlin 2016
1. Auflage Januar 2016
2. Auflage Februar 2016
3. Auflage März 2016

KATALOG
Wir senden Ihnen gern kostenlos unseren Katalog.
Schwarzkopf & Schwarzkopf Verlag GmbH
Kastanienallee 32, 10435 Berlin
Telefon: 030 – 44 33 63 00
Fax: 030 – 44 33 63 044

INTERNET | E-MAIL
www.schwarzkopf-schwarzkopf.de
info@schwarzkopf-schwarzkopf.de